RICARDO RAVELO

Narcomex

Ricardo Ravelo nació en Veracruz en 1966. Estudió periodismo en la Universidad Veracruzana y lo ejerce desde 1987, cuando inició su carrera como reportero de los periódicos *El Dictamen*, *La Nación*, *Sur* y la revista *Llave*. En 1991 empezó a trabajar como corresponsal de la revista *Proceso* en Veracruz, y a partir de 1996 se incorporó a la redacción de este semanario. Se dedica a la investigación de temas relacionados con el narcotráfico, la seguridad y la justicia. Por sus reportajes y crónicas, en 2008 ganó el Premio Nacional de Periodismo, otorgado por el Club de Periodistas de México. Es autor de *Los capos: Las narco-rutas de México*, *Los narcoabogados*, *Herencia maldita*, *Crónicas de sangre* y *Osiel: Vida y tragedia de un capo*.

Narcomex

Narcomex

Historia e historias de una guerra

RICARDO RAVELO

Vintage Español
Una división de Random House, Inc.
Nueva York

A Denixe, luz de mis días

Índice

Introducción

Los hechos demuestran que en el gobierno de Felipe Calderón, quien le declaró la guerra al narcotráfico al iniciar su gestión en diciembre de 2006, ni el Ejército ni las policías han podido derrotar al crimen organizado; por el contrario, el narco en México no sólo se ha fortalecido junto con las complicidades políticas, sino que cada vez es más evidente que los dominios del narcotráfico mexicano se extienden por toda América Latina, Estados Unidos y, lo que aún es peor, ya pisan territorios del viejo continente.

Este libro reúne historias del narcotráfico y de sus aliados en el poder político que permiten entender la penetración de los intereses mafiosos en la presidencia de la República desde el sexenio de Ernesto Zedillo a la fecha. Con mayores detalles se explican las causas de la desenfrenada violencia que azota al país y el avance del narcotráfico en más de la mitad del territorio nacional, donde los narcos están en abierta disputa por el poder político en muchos municipios y varias entidades federativas.

Algunas de esas historias, como la fuga del capo Joaquín Guzmán Loera, *el Chapo*, o la semblanza de la abogada Raquenel Villanueva apareceieron en mis libros *Los narcoabogados* y *Los capos*, por ejemplo, publicados en 2005 y 2006, respectivamente, por esta casa editorial. Sin embargo, ahora el lector conocerá más detalles sobre lo que aconteció antes del escape del líder del cártel de Sinaloa y el turbio entorno que envolvió a la llamada *Abogada blindada* antes de ser asesinada en Monterrey, Nuevo León. Se trata, pues, de historias no solamente revisadas, sino también puestas al día.

El lector encontrará, además, un detallado mapa criminal de la evolución de los cárteles de la droga en México durante el llamado "sexenio de la guerra", la etapa más oscura que ha vivido el país y la peor que se recuerde después de la Revolución mexicana y la matanza estudiantil de 1968.

También se incluyen casos dramáticos de impotencia social frente al narcotráfico transformado, como el del empresario tamaulipeco Alejo Garza Tamez, a quien *Los Zetas* exigieron la entrega de su rancho y para concretar la operación llegaron armados hasta con un notario público para dar fe de la cesión de la propiedad. Garza, cazador implacable de venados, los esperó armado hasta los dientes y defendió a tiros su propiedad hasta caer abatido por las balas de sus enemigos.

Casos como éste se multiplican en México, al igual que los secuestros, también perpetrados por células del crimen organizado. Y es tanta la impunidad que protege a los criminales que se llegan a dar el lujo de recibir en abonos el pago de los rescates, sin que ninguna autoridad haga absolutamente nada frente a estos hechos. Por ello, tiene razón Edgardo Buscaglia, asesor de la ONU en asuntos de crimen organizado, al afirmar: "El presidente Felipe Calderón es una figura decorativa frente al desastre ocasionado por la delincuencia. Su gobierno no tiene capacidad para garantizarle a nadie ni la vida ni el patrimonio".

En otros capítulos inéditos se acredita, por ejemplo, que el crecimiento de los carteles mexicanos es, sin duda, descomunal; prueba de ello es que en España, Italia y Reino Unido ya operan los narcos mexicanos moviendo la droga a través de puertos y aeropuertos nacionales, donde tienen amplias complicidades con policías y altos funcionarios del gobierno, e incluso envían sus cargamentos en buques mercante y en aviones comerciales. Hasta esos confines México exporta ingobernabilidad y violencia. El cártel de Sinaloa, la organización que más ha crecido en el actual gobierno, está presente en 48 países del mundo y por doquier se pasea impune el capo, que por segunda vez consecutiva, es considerado por la revista *Forbes* como uno de los hombres más ricos de México: Joaquín *el Chapo* Guzmán, a quien se le atribuye una fortuna de poco más de mil millones de dólares.

Los Zetas, por su parte, entran y salen de Estados Unidos sin ser molestados. Otro grupo armado que en sus orígenes reclutó a desertores del Ejército, terminó por consolidarse como cártel independiente. Actualmente entran y salen de los Estados Unidos sin ser molestados; se mueven con toda libertad por Centro y Sudamérica; en Italia son ampliamente conocidos y ya ni se diga en México, donde su expansión es tan fuerte que controlan el corredor Tamaulipas-Nuevo León; por si fuera poco dan órdenes en un buen número de aduanas donde trafican con armas y drogas cobijados por funcionarios públicos y hasta por altos mandos del Ejército.

La Familia Michoacana es quizás el caso más ejemplar de la expansión de un cártel en plena guerra y durante un corto tiempo. Se ha desarrollado en Michoacán, la tierra natal del presidente Felipe Calderón, y con cinco años de estar operando ya dominan el norte de México. Desde Guatemala controlan el tráfico de cocaína y metanfetaminas en varios países de Centroamérica. La clave de su éxito fue la alianza original que establecieron con el cártel de Sinaloa y con el de Tijuana, la cual pudieron consolidar pese a la persecución de sus principales líderes. El resto de las organizaciones criminales que operan en México, de las que también se aportan detalles sobre su expansión en este libro, se mantienen tan poderosas como intocadas.

Es este escenario caótico al que Felipe Calderón ha precipitado al México. Y lo que se observa en su guerra contra el crimen organizado son dos paradojas: en primer lugar, que dicha cruzada ha resultado un fiasco, pues no se ha exterminado a nadie —el narco está fortalecido dentro y fuera de México—; en segundo lugar, también resulta evidente y hasta sospechoso que en el llamado "sexenio de la guerra" el gobierno combate, pero al mismo tiempo brinda protección, a algunos barones de la droga; y esto lo hace a través de policías, militares e incluso servidores públicos de todos los niveles, pues de otra manera no puede explicarse la impunidad con la que se mueven capos como Joaquín *El Chapo* Guzmán, Ismael *el Mayo* Zambada o el jefe de *Los Zetas*, Heriberto Lazcano Lazcano, por citar sólo a dos de los más connotados.

Mención aparte merece el tema del lavado de dinero en México, sobre el que poco se investiga y menos se castiga a sus responsables. Inversiones multimillonarias se realizan a lo largo y ancho del país mediante la compra de inmuebles, todo tipo de empresas y amplias extensiones territoriales. Todas estas adquisiciones se utilizan para lavar activos ilegales, sin que hasta ahora existan indagaciones oficiales de por medio. El narco, por todas partes, parece estar blindado.

Y dentro de este complejo contexto de violación, también resulta muy preocupante el tema de la prensa en México. Cada vez es más difícil y riesgoso hacer periodismo. Aunque estos casos no son materia del presente libro, es preciso exponer que dados los altos niveles de impunidad, los reporteros que se dedican a la investigación de temas de narcotráfico y delincuencia organizada, corren el riesgo de perder la vida o de ser desaparecidos por alguno de estos poderes fácticos ligados siempre al poder político. Decenas de periodistas han muerto y otros están desaparecidos. Sus casos siguen impunes.

Pero hay otra modalidad de coartar la libertad de expresión: la calumnia desde el poder central, con la que también se ha pretendido acallar a la prensa crítica de México. Uno entre muchos casos es la experiencia que viví en diciembre de 2010, cuando después de publicar un reportaje en el semanario *Proceso* sobre los presuntos nexos del capo Sergio Villarreal Barragán con políticos panistas dando a conocer un encuentro de este personaje con el presidente de la República como respuesta se me haya acusado falsamente —y de paso también a la revista en que trabajo— de recibir pagos del narcotraficante a cambio de no volver a mencionarlo en mis reportajes.

Para orquestar ese temerario golpe político se confabularon tres poderes: la presidencia de la República, el narcotráfico y una empresa televisiva: Televisa. La triada actuó exhibiéndose como cómplice de los intereses criminales con el poder político, lo cual no podría entenderse en un México democrático —al que no veo por ningún lado—, pero sí se explican cuando un gobierno se ve afectado por la crítica y para defender sus oscuros intereses responde atacando la libertad de expresión que pregona proteger y defender.

Desde que comenzó la guerra contra el narcotráfico comenzaron a surgir las sospechas sobre las causas de tantas muertes en México. Nadie otorga crédito a la versión oficial de que las matanzas de seres humanos son producto de las venganzas y *vendettas* entre los capos. Hoy se sabe que de los más de 40 mil muertos por lo menos la mitad desaparecieron o murieron por la saña de algunos grupos criminales que, identificados o no, han logrado su propósito frente a la parálisis del gobierno federal: generar terror y psicosis.

Sobre los más de 200 mil kilómetros cuadrados del territorio nacional se extiende, sombría, una cortina de miedo. No hay un solo pedazo de tierra libre de tensión y por todas partes cabalga el jinete de la impunidad. Ninguna muerte es investigada, ninguna desaparición se indaga, ninguna voz se escucha. Es el sello panista, la ultraderecha en el poder que, como en los tiempos aciagos de Hitler en la Alemania nazi, ha cerrado los ojos ante tantas injusticias. Al presidente Felipe Calderón lo devoraron sus debilidades y sus errores. Caprichoso, no asoma en sus decisiones ningún signo de inteligencia. Es la brutalidad ejercida desde el poder. Cerrado a oír, insiste en mantener al ejército en las calles para combatir a la criminalidad que, lejos de abatirla, se fortalece. Este, sin duda, es el más claro ejemplo de la honda debilidad del México "democrático". Nada más falaz.

Lo peor de este escenario trágico es que los responsables de tantas muertes no tienen rostro. Todo cabe en el abismo del narcotráfico. ¿Quién investigará la causa de tantos asesinatos? ¿Quién llamará a cuentas al presidente Felipe Calderón?

Estas y otras preguntas de la sociedad no parecen tener respuestas.

Este libro tiene como propósito aportarle al lector trozos de realidad que no conoce y ayudarle con información documentada a penetrar en el entramado del narcotráfico y sus ligas con el poder y los hombres poderosos. Se trata de que el lector comprenda por qué la violencia atenaza a este país que hoy vive la crisis de inseguridad más cruda de los últimos años. La realidad, que en otro tiempo pudo imaginarse descabellada, ahora cumple su función proporcionando imágenes; el reportero proporciona las palabras donde observa que están haciendo falta.

RICARDO RAVELO
14 de marzo de 2011

Primera parte

LA HISTORIA

I

Las raíces feroces

A finales de 2006, el gobierno de Vicente Fox Quesada, primer presidente de oposición en México tras 70 años de dictadura priísta (régimen del Partido Revolucionario Institucional, PRI), llegó a su fin con un saldo en contra: todos los intentos que hizo por frenar al crimen organizado, principalmente al narcotráfico, resultaron fallidos. La violencia comenzó a desbordarse sin que dique alguno la contuviera. De hecho, la pesadilla de su sexenio comenzó el 19 de enero de 2001, a 50 días de haber asumido el poder.

Ese día, el capo más famoso de México, Joaquín *el Chapo* Guzmán Loera se fugó del penal de máxima seguridad de Puente Grande, en el estado de Jalisco, tras haber maquinado un plan en el que resultaron implicados tanto funcionarios de la prisión como del gobierno federal. Aunque las investigaciones posteriores arrojaron evidencias de que su escape fue largamente planeado, lo cierto es que, a 10 años de distancia, aún pesan las sospechas de que al actual jefe del cártel de Sinaloa "le abrieron la puerta" de la prisión, y que para concretar ese plan se confabularon los hombres de la delincuencia en el poder, aprovechando la debilidad de la transición política en el país.

Vicente Fox, en efecto, había puesto fin a la larga etapa priísta, de 70 años en el poder presidencial. Era aquélla la dictadura perfecta, como la llamó el Premio Nobel de Literatura, el peruano Mario Vargas Llosa. No obstante, el viejo sistema mantuvo incólume su estructura en todo el país, pues hoy sigue gobernando en la mayoría de los estados y municipios de la República mexicana. No sólo eso:

todas las redes de complicidades permanecen sólidas e inquebrantables, como en los espléndidos tiempos en que tuvo el poder presidencial. El PRI está tan posicionado que se prepara para regresar al poder en el año 2012.

Fox, el presidente de las botas vaqueras, le declaró la guerra al narco cuando la seguridad del país se vio amenazada por la violencia, pero sus acciones entre los años 2000 y 2006, los de su presidencia, resultaron un fiasco, más impetuosas que efectivas. Si bien descabezó a dos cárteles —lo que no significa que los haya exterminado, pues se rearticularon y actualmente están activos—, al detener a Benjamín Arellano Félix y Osiel Cárdenas Guillén, jefes de los cárteles de Tijuana y del Golfo, respectivamente, lo cierto es que nueve organizaciones gozaron de impunidad y de libertades para manejar el negocio del narcotráfico, con la complicidad de las policías y aun de algunos altos jefes del Ejército.

En México, las ligas entre narcos, políticos y militares tienen antecedentes escandalosos, que se inscriben en el fenómeno de la narcopolítica, pues, como lo demuestra la historia, para mantener a salvo sus negocios, los grupos criminales necesitan de la complicidad del poder.

Por ejemplo, tres años antes de que Vicente Fox asumiera la presidencia de la República, había muerto en una cirugía el capo mexicano más aventajado en los años noventa: Amado Carrillo Fuentes, *el Señor de los Cielos*. Había tejido fino en la estructura del poder político. El último gobierno priísta, el que encabezó Ernesto Zedillo Ponce de León, atravesaba el segundo tramo de su periodo gubernamental en medio de fuertes golpes: las bandas de narcotraficantes se disputaban las principales rutas de trasiego de droga en el país, sobre todo las zonas fronterizas con los Estados Unidos.

Entidades como Baja California, Nuevo León, Tamaulipas, Sinaloa, Sonora y Chihuahua, por citar sólo algunas, enfrentaron cotidianamente verdaderos baños de sangre. En estos estados, las fuerzas federales comenzaron a verse avasalladas por la violencia desatada por el narco. A la vista, la artillería de los capos resultaba más poderosa y efectiva desde entonces.

EL ZAR DEFENESTRADO

En el periodo gubernamental de Ernesto Zedillo (1994-2000), la corrupción del narcotráfico alcanzó al Ejército, al que ya se le utilizaba de manera frecuente en la lucha contra el crimen organizado. Algunos de sus altos mandos resultaron implicados en escándalos de dimensiones mayores, al ponerse al descubierto una parte del entramado de complicidades que Carrillo Fuentes había construido al interior de la Secretaría de la Defensa Nacional (Sedena).

Al general Jesús Gutiérrez Rebollo —zar antidrogas mexicano avalado por la Agencia Antidrogas de los Estados Unidos (DEA) y reconocido en ese país por los golpes que asestó al narcotráfico—, se le relacionó con el jefe del cártel de Juárez y, junto con él, otros altos mandos castrenses tuvieron que ser investigados por existir sospechas de que servían al crimen organizado desde la cúpula militar.

Aunque este escándalo salpicó a otros mandos superiores del Ejército, el peso de la justicia cayó sobre Gutiérrez Rebollo. El militar tuvo que ir a prisión: lo encarcelaron el 16 de febrero de 1997. Tras su detención, lo ingresaron en el Hospital Central Militar y, en tanto se le atendía de un supuesto padecimiento cardiaco, el entonces secretario de la Defensa, Enrique Cervantes Aguirre, enviaba con celeridad inusitada una tarjeta informativa al presidente Zedillo, diciéndole que la detención de Gutiérrez Rebollo se realizaba "por razones de Estado".

Familiares del general Gutiérrez Rebollo denunciaron que en el interior del hospital los médicos argumentaron que estaba gravemente enfermo. El militar, en cambio, dijo que en el nosocomio atentaron contra su vida, utilizando un cateterismo intravenoso, y que tal intento (de asesinarlo) había fracasado gracias a la presencia de su hija y de un amigo suyo, el general Antonio Riviello Bazán, quien fue secretario de la Defensa durante el gobierno del entonces presidente de México, Carlos Salinas de Gortari.

Desde 1997 a la fecha, Gutiérrez Rebollo permanece recluido en el penal de máxima seguridad del Altiplano (popularmente conocido como La Palma; antes, Almoloya). Su caída derivó en un escándalo internacional que el gobierno zedillista supo aprovechar muy bien, al menos mediáticamente, para dar muestras de una supuesta autolimpieza, aunque la corrupción en el sistema político ya era avasallante: gobernadores, alcaldes, funcionarios del gobierno federal, fiscales antidrogas, policías federales… todo el sistema político se mostraba permeado por el narco, a tal grado que, luego de la derrota del PRI en las elecciones presidenciales del año 2000, los llamados barones de la droga ejercieron una suerte de cogobierno en varios estados de la República, pues se aliaron con cuanta autoridad les podía garantizar la ansiada impunidad.

CANCÚN, PARAÍSO DEL NARCO

La descomposición gubernamental saltó aún más a la luz pública durante el sexenio que antecedió al de Vicente Fox, al ser encarcelado, por primera vez en la historia de México, un gobernador priísta, a causa de sus nexos con el narcotráfico. Se trató de Mario Villanueva Madrid, gobernador del estado de Quintana Roo. Su caída fue tan estruendosa como la de Gutiérrez Rebollo, aunque de una mayor agonía política y personal: Villanueva tuvo que huir del país para evitar que lo detuvieran al término de su mandato.

A Villanueva Madrid también se le relacionó con el capo Amado Carrillo, quien corrompía todo lo que tocaba. La acusación en su contra lo vinculaba con la presunta protección, desde el poder político, de las actividades de narcotráfico del cártel de Juárez en la zona turística conocida como Riviera Maya. En el voluminoso expediente de su caso que integró la Procuraduría General de la República (PGR), salieron a relucir historias sorprendentes, como la que señala que el cobijo al narco era de tal magnitud que los cargamentos de cocaína provenientes de Colombia se descargaban incluso en el hangar del gobierno estatal, bajo la custodia de policías y militares al servicio del Ejecutivo local.

En la Riviera Maya, el capo Carrillo Fuentes gozaba de la protección no sólo de la policía del estado de Quintana Roo, sino de altos mandos del Ejército, según narró el hijo del capo, Vicente Carrillo Leyva, *Vicentillo,* en una declaración ministerial rendida el 1 de abril de 2009 y que forma parte de la averiguación previa PGR/SIEDO/UEIDCS/097/2004.

El famoso *Vicentillo* fue detenido en la Ciudad de México. Tenía 33 años y hacía tres la DEA, así como la PGR, lo consideraban como prototipo, dentro del crimen organizado, de la nueva generación de narcotraficantes y lavadores de dinero en ascenso. Su detención se ejecutó por las acusaciones que pesaban en su contra por delitos relacionados con la delincuencia organizada, el narcotráfico y el lavado de activos.

En su testimonio, Carrillo Leyva abordó varios temas: las inversiones del cártel de Juárez en el Banco Anáhuac, los negocios y las inversiones en empresas mexicanas, pero, sobre todo, se enfocó en hablar de la protección que recibía su padre, Amado Carrillo Fuentes, por parte de personal del Ejército mexicano.

Dijo, entre otras cosas, que el cártel de Juárez siempre ha contado con protección de efectivos del Ejército, así como de las policías estatales y federales. No tuvo empacho en afirmar que tales efectivos "cuidaban a mi padre durante los viajes que realizaba en México y en el extranjero". En un pasaje de su declaración, el hijo del capo da algunos pormenores:

"En una ocasión […] llegamos a Cozumel, Quintana Roo, por la época de la Semana Santa. Mi papá nos dijo que nos adelantáramos al lugar y que ahí nos iban a recibir unos amigos de él y a tono de broma que no nos fuéramos a asustar con las personas que nos iban a recoger en el aeropuerto; preguntando que quiénes eran y no nos quiso decir, sólo que nos iban a encontrar a nosotros."

Según Carrillo Leyva, llegaron a Cozumel en un avión privado. En seguida, cuenta, los "militares rodearon el avión y al abrir las puertas nos saludaron muy amablemente diciéndonos que venían de parte del general Curiel". Se referían, en efecto, al general Gonzalo Curiel

García, quien falleció en septiembre de 1995, cuando cuatro aviones de la Fuerza Aérea Mexicana colisionaron en el aire durante una exhibición conmemorativa del día de la Independencia.

Los soldados los llevaron a un hotel:

"Nos trasladaron en vehículos oficiales que, recuerdo [eran] un Jeep y una Suburban, instalándonos en el hotel. Ya por la tarde llegó el general Curiel presentándose y poniéndose a las órdenes, y fue hasta entonces cuando supe de quién se trataba, pues era el jefe de la base aérea militar de Cozumel."

Amado Carrillo arribó a Cozumel —en aquel tiempo, la Riviera Maya formaba parte de los enclaves más importantes del poderoso cártel de Juárez— cuatro días más tarde. Y al respecto Carrillo Leyva abundó: "En el hotel donde nos hospedamos mi padre se reunió con el general Curiel, donde también estuvo Eduardo Quirarte [publirrelacionista de Amado Carrillo] y, según supe después, fue él quien los presentó, ya que el general había estado en la base aérea de Guadalajara, con sede en Zapopan, Jalisco".

En otro apartado de su testimonio, Carrillo Leyva recordó que, tras la muerte del general Curiel, acudió a su velorio acompañado de su padre, y ahí conoció a otros militares que resultaron piezas claves para la protección del cártel de Juárez:

"Estando en el velorio del general Curiel, tres días después del avionazo, se nos informó que iban a llegar Rebollo [Jesús Gutiérrez], del cual Lalo Quitarte, quien se jactaba de ser su amigo, dijo que nos lo iba a presentar, lo cual nunca sucedió, pero después supe por medios informativos que lo acusaron de haber colaborado con mi padre."

De 1993 a 1997, años de esplendor del cártel de Juárez, bajo el liderazgo de Amado Carrillo, Cancún, famoso destino turístico internacional, fue un sitio de pujanza para el narcotráfico en América Latina. Antes y durante el gobierno de Mario Villanueva en el estado de Quintana Roo, proliferaron las pistas aéreas clandestinas, para facilitar el descenso de aviones a cualquier hora del día o de la noche. Desde ese enclave del Caribe mexicano, el cártel de Juárez tejió sus amplias conexiones hacia los Estados Unidos, Centro y Sudamérica, y Europa.

Para garantizar la impunidad de sus operaciones, el cártel de Juárez necesitó del apoyo gubernamental, y los hombres del poder parecían estar dispuestos a otorgárselo. Se hizo de los servicios de la policía estatal y, según la acusación de la PGR, las ligas alcanzaron al mandatario Villanueva Madrid, quien terminó preso en el penal de máxima seguridad de La Palma, atenazado por el escándalo criminal y político. Durante su juicio, adujo que el suyo era un encarcelamiento político y acusó al presidente Ernesto Zedillo de cobrar venganza por negarse a trabar relaciones de negocios con su hermano Rodolfo Zedillo, quien le exigía, según el dicho de Villanueva, que solicitara préstamos internacionales para emprender obras millonarias en Quintana Roo y, así, beneficiar a las empresas de la familia presidencial.

EN EL DESPACHO PRESIDENCIAL

Cosas del destino, el entorno del presidente Ernesto Zedillo no quedó exento de los embates del narco, cuyos escándalos lo alcanzaron tiempo después. Esta vez era Liébano Sáenz, su secretario particular, quien resultaba acusado de recibir dinero del narcotráfico a cambio de brindar protección al cártel de Juárez. El señalamiento lo hizo José Jaime Olvera Olvera, un testigo protegido que, durante el desempeño de sus actividades delictivas, trabajó para esa organización criminal y, en lo particular, para el capo Amado Carrillo.

Este caso se había mantenido más o menos controlado políticamente allá por el año de 1999, aunque no durante mucho tiempo. Hacia el mes de febrero, la investigación contra Liébano Sáenz dormía en un archivo de la PGR, donde el expediente judicial se guardaba celosamente después de que, según se dijo, había sido agotada la investigación sin novedades aparentes.

Habían transcurrido escasos cuatro meses de haberse archivado el expediente, cuando el caso estalló en los Estados Unidos. *The New York Times (NYT)*, el diario más influyente de ese país, publicó detalles de las acusaciones contra el secretario particular del presidente Ernesto Zedillo, y se encendieron los reflectores en contra de los funcionarios mexicanos que, por haber cerrado la indagatoria en medio del sigilo, se colocaron bajo sospecha.

La nota, firmada por el corresponsal Tim Golden, causó reacciones encontradas. "Son acusaciones muy serias", dijo el entonces procurador estadounidense Eric Holder. Liébano Sáenz reviró con sobriedad: "Siempre he tenido una conducta ética".Y Stephen Engelberg, editor del *NYT*, expuso: "El contenido de la nota no ha sido desmentido por nadie".

La historia de Sáenz, que se inscribe en los escándalos de "narcopolítica" que trastocaron al último sexenio priísta, fue destapada y cerrada por la PGR el 5 de febrero de 1999, cuando, a través de un boletín de prensa, informó que, para despejar cualquier duda, el secretario particular del presidente Zedillo había solicitado una investigación el 24 de mayo de 1997.

Según aquel comunicado (el número 032/99), "de inmediato tomaron conocimiento de la solicitud de investigación la Fiscalía Especializada para la Atención de Delitos contra la Salud [FEADS] y la Unidad contra la Delincuencia Organizada [UCDO], ordenándose la realización de todas las diligencias necesarias".

Se dijo entonces que la investigación sobre Sáenz fue tan exhaustiva que incluyó, entre lo más significativo, declaraciones de testigos, la verificación de su situación patrimonial, informes rendidos por la Secretaría de Hacienda, información de las oficinas del Registro Público de la Propiedad y el Comercio, diligencias de fe ministerial, análisis psiquiátricos y poligráficos de los declarantes.

La PGR no facilitó a la prensa esos informes, pero explicó que "los tres testigos que fueron examinados y que refirieron haber escuchado sobre supuestas actividades ilícitas realizadas por el licenciado Sáenz, resultaron ser de los calificados como de oídas, sin que nada les constara de manera directa. Uno de los testigos resultó ser falso después del análisis de polígrafo y psiquiátrico que se practicó", según las conclusiones oficiales.

Algo así sucedió en otros casos, "en donde presuntos delincuentes han pretendido involucrar a altos personajes de la vida pública nacional". Los hermanos Amezcua Contreras, que presumían relaciones —que resultaron inexistentes— con familiares del presidente Zedillo, se encuentran también presos y sujetos a proceso penal por actividades de narcotráfico en los Estados Unidos.

El boletín oficial fue destacado como nota de primera plana en varios periódicos mexicanos, pero ningún medio indagó más allá de los datos sobre los cuales informó la PGR, y sólo algunos columnistas se ocuparon del asunto, encasillándolo en los espacios de la sucesión presidencial.

El miércoles 2 de junio de 1999, el caso Sáenz se colocó en el pináculo del escándalo político internacional. Ese día, *The New York Times* reabrió el expediente Sáenz en una nota de primera plana que, desde su título, puso en duda las averiguaciones de la procuraduría: "México exonera a un alto funcionario, pero no puede convencer a los Estados Unidos".

En su información, el corresponsal Tim Golden ahondó en detalles sobre la investigación a Sáenz y, en particular, acerca de la identidad y el testimonio de José Jaime Olvera Olvera, uno de los testigos "protegidos" de la PGR, quien en su historia laboral dentro del narcotráfico aparece como guardaespaldas de Amado Carrillo, legendario jefe del cártel de Juárez.

En su declaración ministerial, en abril de 1998, Olvera contó que en 1996 dos socios de Carrillo informaron al capo que habían contactado a "gente directamente ligada a Sáenz". A su vez, Carrillo aseguró a 60 colegas que habían entrado en contacto con Sáenz por medio de abogados. Con base en el testimonio de Olvera, Sáenz daría protección al narcotráfico a cambio de 100 millones de dólares, e impondría una "prohibición estricta a la venta de cocaína en México".

Según Olvera, los narcos hicieron una contraoferta por 60 millones de dólares, y, finalmente, en agosto de 1996, Carrillo entregó el dinero para Sáenz a dos abogados jóvenes y a un hombre mayor, al que llamaban "General". De regreso a su casa, Carrillo Fuentes confió a su guardaespaldas que "todo va a ir mejor porque todo ha sido arreglado" con Sáenz.

En su momento, el procurador general de la República, Jorge Madrazo Cuéllar, consideró a Olvera como uno de los mejores informantes. Pero después el estatus del testigo cambió repentinamente, y el mismo funcionario llegó a considerarlo como "un tipo que tenía problemas psiquiátricos. Para nosotros su información no tiene valor. Su información es totalmente falsa".

Tiempo después, supuestamente a petición suya, el gobierno mexicano, sin dar mayores explicaciones, retiró la protección al testigo Jaime Olvera Olvera, quien meses más tarde murió asesinado en una calle de la Ciudad de México.

Una hidra imbatible

Toda esta madeja de complicidades y contubernios, tejidos durante varias décadas, no sólo permaneció intocada después de la alternancia política del año 2000, sino que se incrementó con el paso del tiempo debido a que los gobiernos y los altos funcionarios públicos poco hicieron por limpiarse y fortalecer las instituciones responsables de garantizar la seguridad.

Zedillo no logró desarticular las complicidades del narco con personajes del poder político y, al concluir su gobierno, heredó a Vicente Fox un grave problema de inseguridad, pero, sobre todo, de vínculos tejidos por el narco en varias dependencias federales, como la PGR y la Secretaría de Seguridad Pública federal (SSP), los cuales se convirtieron en una bomba de tiempo que más tarde haría crisis.

Vicente Fox, por su parte, tampoco se ocupó de limpiar el Ejército ni las policías y, a la postre, los más de 2 mil cuerpos policiacos del país —estatales, municipales y federales— se transformaron en cercos protectores de los cárteles y de múltiples organizaciones criminales dedicadas al secuestro, la extorsión y otros delitos graves.

Y es que a Vicente Fox no le interesó combatir a fondo el narcotráfico, a pesar de que las redes de un cártel —el que encabezaban los hermanos Beltrán Leyva— tuvieron tratos con su jefe de giras, Nahúm Acosta, según pudo documentar la PGR en una investigación en la que acreditó que éste y Arturo Beltrán mantenían comunicación telefónica. El funcionario más importante de Los Pinos terminó en la cárcel, pero meses después recuperó la libertad por falta de evidencias. En medio de aquel escándalo, el entonces procurador general de la República, Rafael Macedo de la Concha, y el fiscal antidrogas, José Luis Santiago Vasconcelos, contaban con información de la DEA sobre la penetración del narco en la casa presidencial. Vasconcelos propuso intervenir los teléfonos de la presidencia de la República para conocer mayores detalles sobre aquella asombrosa infiltración criminal, pero el procurador se negó a llevar a cabo la investigación.

Esto no quiere decir que Fox haya cerrado los ojos ante la inminente amenaza del narco. Sin embargo, su política judicial, si bien se basó en el descabezamiento de los cárteles, de poco sirvió. Tan pronto como caía una cabeza importante, ya por detención, ya por asesinato, surgía otra, cual hidra imbatible.

Lo que sí acarreó críticas al régimen foxista fue la marcada inclinación por enfocar los combates en los cárteles de Tijuana y del Golfo, no así en el de Sinaloa, cuyo jefe, Joaquín Guzmán Loera, gozó de tal impunidad que se daba el lujo de pasearse orondamente por varios estados. No es todo: incluso solía comer en restaurantes de postín, rodeado de hombres fornidos, rostro duro y pelo corto. Por esa razón, Guzmán Loera comenzó a ser llamado "el capo consentido del sexenio".

La fuga del *Chapo* Guzmán no fue de balde. Significó la consolidación de una de las empresas más boyantes del narcotráfico en América Latina: el cártel de Sinaloa. Y, de esa manera, el capo se afianzó en el organigrama criminal del país como el más poderoso, porque su organización aglutinó a varias figuras importantes del narco que años atrás habían militado en el longevo cártel de Juárez, cuya base de operaciones está en la violenta ciudad epónima, ubicada en el estado norteño de Chihuahua, la zona más violenta del mundo.

Bajo el liderazgo del *Chapo* Guzmán, se incorporaron al cártel de Sinaloa capos como Ismael *el Mayo* Zambada, Juan José Esparragoza Moreno, *el Azul* —llamado así por el color oscuro de su piel—, Ignacio *Nacho* Coronel (acribillado por efectivos de la Marina el 29 de julio de 2010 en su refugio de Zapopan, Jalisco) y los hermanos Marcos Arturo, Alfredo y Héctor Beltrán Leyva. Todos ellos crearon una fuerza casi imbatible durante el sexenio foxista, la que, por la unificación de tantos talentos criminales, fue llamada "la federación de narcotraficantes", un viejo proyecto de Esparragoza Moreno casi hecho realidad y que consistía en que el negocio del narco se manejara, como antaño, por un solo grupo, con lo cual se diera fin a las guerras por el control de las plazas en México. Esto nunca sucedió. La guerra entre los cárteles no sólo continuó, sino que cobró mayor intensidad con el paso del tiempo.

Las organizaciones criminales adquirieron armamento de mayor poder, en su mayoría proveniente de los Estados Unidos, y echaron mano de otra herramienta letal: la corrupción. Mediante cañonazos de dólares, se infiltraron en dependencias gubernamentales para obtener información e impunidad. De esta forma, los barones de la droga se afianzaron en 71% de los casi 2 mil 500 municipios del país; secuestraron a las autoridades municipales, y tomaron el control político y económico de regiones enteras, frente a un Estado atrofiado y sin capacidad de respuesta.

FEUDOS DEL NARCO

Ante el evidente avance del narcotráfico en el país, que aceleradamente se apropiaba de importantes trozos territoriales, el gobierno de Vicente Fox no podía alegar ignorancia. Su administración, y particularmente el Ejecutivo federal, estuvo puntualmente informado de la amenaza que se gestaba para el país con el posicionamiento de las fuerzas criminales, el secuestro de las estructuras policiacas y la infiltración en las instituciones responsables de combatir la delincuencia.

Fox tuvo en sus manos información oportuna del control político que empezaban a ejercer los barones del narco, de cómo penetraron la vida pública municipal: directamente o por interpósita persona, apoyaron con dinero a varios candidatos a presidentes municipales, gobernadores y legisladores.

Tales apoyos tenían un cometido: que no los molestaran en los territorios dominados por ellos y que, para lograrlo, les asignaran protección a través de las policías municipales. Aparentemente, hacían un favor para recibir otro. Pero los narcos fueron más visionarios que los políticos: poco a poco ganaron aceptación social —su principal propósito—, y luego se adueñaron de la vida política. Así comenzaron a imponer a los candidatos, y garantizaban sus triunfos electorales mediante amenazas e incluso poniendo orden en un territorio codiciado, cuando era necesario, jalando del gatillo.

En 2001, meses después de que Vicente Fox tomara posesión como presidente de la República, la Secretaría de Desarrollo Social (Sedesol) le entregó el estudio "Producción, tráfico de estupefacientes y microrregiones prioritarias", que advertía sobre la invasión del narcotráfico en distintas zonas del país. Esto, desde luego, no sólo significaba un obstáculo para aterrizar los programas sociales del gobierno, sino que se convirtió en una amenaza para el desarrollo de la vida política y la convivencia social.

El diagnóstico también dio cuenta de que algunos municipios, localizados en siete estados de la República, ya eran considerados "feudos del narco", debido a la fuerte presencia de grupos dedicados al tráfico de drogas en la zona rural y urbana, los cuales, a sangre y fuego, se entrometieron en la actividad política.

Según el documento, algunos feudos del narco localizados entonces se ubicaban en zonas de Tierra Caliente y La Montaña, en el estado de Guerrero; en la Mixteca y los Chimalapas, en el de Oaxaca; las Cañadas y la Zona Selva, en el de Chiapas; la Huasteca y Zongolica, en el de Veracruz; la Tarahumara, en el de Chihuahua, y en Las Quebradas, ubicadas entre los estados de Durango y Sinaloa. Por tratarse de una de las más boyantes para el tráfico de drogas, a esta ruta: Sinaloa-Durango-Chihuahua se le conoce desde hace varios años como "el Triángulo Dorado".

En esos territorios, la presencia del narco ya era, desde 2001, una amenaza para la vida pública, y así lo reportó la Sedesol en su radiografía. Debido a ello, durante el gobierno de Vicente Fox los empleados de esta secretaría enfrentaron serios problemas para implantar los programas Contigo y Manos a la Obra. Y es que los capos habían "capturado" a los habitantes de los municipios referidos, con todo y autoridades; acapararon los programas de bienestar social, y ellos, los narcos, se convirtieron en benefactores sociales, ante el evidente vacío de poder.

Así se tejía una amplia red de complicidades en los municipios de México. El narco comenzó a bloquear al gobierno, primero anulando sus programas sociales, para después controlar a la gente, sobre todo a la de menos recursos. En 2001, la entonces titular de la Sedesol, Josefina Vázquez Mota, supo desde el principio de la administración foxista que este fenómeno se encaminaba a una suerte de "feudalización" territorial por parte del narcotráfico.

Fiel al doble discurso que caracteriza a la política mexicana, la funcionaria "maquilló" la realidad, al pintarla con estas palabras: "Hemos detectado casi 900 municipios, de acuerdo con los índices del Consejo Nacional de Población, de muy alta marginación, y en el 80% de esos territorios se revela información de amplias zonas cultivadas con enervantes".

La realidad era cruda: el narco se posicionaba en todo el territorio mexicano y extendía sus redes hacia Sudamérica, Europa y los Estados Unidos, sus boyantes mercados de consumo, ejerciendo un control continental. En México, los grupos criminales se multiplicaron. Los cárteles se asociaron como hábiles empresas del crimen y comenzaron a ejercer todo su poder en la vida pública del país. Lo que Vicente Fox heredó a Felipe Calderón fue un gobierno penetrado por el narco, y el nuevo presidente de México tuvo que cogobernar con el enemigo en casa.

HERENCIA MALDITA

Felipe Calderón asumió la presidencia de la República en 2006. Su arribo al poder se dio en medio de un escenario enturbiado por las dudas sobre las elecciones presidenciales celebradas en el mes de julio de ese año. Andrés Manuel López Obrador, su adversario político, quien fue candidato presidencial del Partido de la Revolución Democrática (PRD), lo acusó de ser "el jefe de una mafia que nos robó la presidencia".

Durante su campaña como candidato presidencial del Partido Acción Nacional (PAN), Felipe Calderón no tomó el tema del narcotráfico como bandera política. Escasas fueron las ocasiones en las que, lacónicamente, se refirió a ese flagelo como un problema grave del país, a pesar de que la República mexicana estaba incendiada por la inseguridad pública, pues múltiples "levantones" de personas, decapitaciones, asesinatos y balaceras sacudían los estados y municipios por donde transitaba el candidato panista en busca del voto popular.

El 26 de febrero de 2006, Calderón abordó el tema del narco de manera escueta. A pesar de su parco discurso, dejó un claro mensaje durante una conferencia de prensa celebrada en Ciudad Juárez, Chihuahua. En aquella ocasión, expuso que su gobierno no acabaría con el narcotráfico. El candidato, al aceptar que sería irresponsable de su parte comprometerse a erradicar el tráfico de drogas durante su gobierno, tenía un discurso diferente del que después propagó como presidente.

La posición asumida por Calderón no cobraría sentido sin considerar en qué ciudad expresaba su posición el abanderado del PAN. Felipe Calderón pisaba el territorio que es cuna del cártel de Juárez, la organización criminal que encabeza Vicente Carrillo y que, históricamente, desde el sexenio de Ernesto Zedillo Ponce de León —durante el cual salieron a relucir los vínculos que unían a miembros de esa organización criminal con altos mandos del Ejército—, ha sido la mejor relacionada con el poder político.

Desde Ciudad Juárez, Calderón envió un claro mensaje a los cárteles de la droga: no los iba a exterminar. Y delineó, con unas cuantas palabras, cuáles serían los alcances de la política antidrogas que instrumentaría como presidente de la República: "Lo que sí creo es que se podrán hacer tareas que permitan al Estado retomar el control de las calles y que los ciudadanos, en vez de que estén tras las rejas de sus casas y los delincuentes en la calle, puedan volver a salir a las calles y los [narcotraficantes] estén en la cárcel".

Era evidente que Calderón buscó la legitimación política en la presidencia de la República y que el narco —que sigue haciendo de las suyas en el país— no sería combatido, a pesar de que puntuales diagnósticos oficiales daban cuenta de su creciente poder en el territorio mexicano.

Sin embargo, Calderón puso en marcha la cruzada contra la delincuencia organizada para lograr su propósito: rescatar los espacios públicos y la convivencia social. Sólo que, en busca de su objetivo, se trazó metas que hasta hoy no ha podido lograr: derrotar al narco. Tampoco se han rescatado los espacios públicos, como se lo propuso, pues las redes del crimen siguen violentando el territorio, pese a la fuerte presencia de efectivos militares que se desplazan a lo largo y a lo ancho del país, no sin incurrir en excesos de fuerza, lo que ha provocado la muerte de personas inocentes.

Tan pronto como tomó posesión, Felipe Calderón le otorgó al Ejército mayor poder, a tal grado que los uniformados de verde olivo suplieron, incluso, a las propias policías, pues la mayoría de los cuerpos policiacos, tanto estatales como federales, estaban infiltrados por el narcotráfico, según ha reconocido el gobierno federal. Por ello, Calderón diseminó a más de 30 mil efectivos militares por los estados —particularmente, los que son asiento de cárteles, como Sinaloa,

Tamaulipas, Michoacán, Nuevo León, entre otros— con mayor violencia.

El uso excesivo de la fuerza militar no fue bien vista por la clase política opositora al régimen ni por amplios sectores de la sociedad. Mientras el gobierno se empeñaba en afirmar que la presencia del Ejército en las calles era para apuntalar la seguridad del país, la gente consideró esta medida como un grave signo que evidenciaba la debilidad del Estado mexicano.

Aunque debe decirse que fueron varias las razones que motivaron la salida del Ejército de sus cuarteles, sólo dos cobraron mayor importancia: por un lado, la necesidad de Calderón de legitimarse en el poder y ante la sociedad y, por el otro, la clara urgencia de apuntalar al gobierno frente al creciente poderío del narcotráfico, pues el Estado ya veía mermada su fuerza en varios estados y municipios.

UN MAPA DEL CRIMEN ORGANIZADO

Al iniciar el gobierno de Felipe Calderón, en diciembre de 2006, nueve cárteles controlaban el país. Bien protegidos por las policías de los estados y por algunos gobernadores, los grupos criminales estaban bien posicionados a lo largo y ancho del territorio nacional. Sinaloa destacó como el cártel más poderoso, bajo el liderazgo de Joaquín *el Chapo* Guzmán Loera, consolidado durante la época panista como "el capo de capos" en México.

En poder y fuerza le seguía el cártel del Golfo, con Eduardo Costilla Sánchez, *el Coss,* como jefe máximo. Tijuana se fortaleció con el arribo al poder de Fernando Sánchez Arellano, conocido como *el Ingeniero,* o *el Alineador,* sobrino directo de Benjamín y Ramón Arellano Félix, fundadores de esa organización, caídos en desgracia en 2003: hoy Benjamín está encarcelado en una prisión de máxima seguridad y Ramón fue asesinado en la ciudad de Mazatlán, Sinaloa, cuando iba decidido a matar a Ismael *el Mayo* Zambada García, pieza clave del cártel de Sinaloa.

En Ciudad Juárez reina el cártel de Juárez, una de las organizaciones más longevas de México que, bajo la jefatura de Vicente Carrillo Fuentes, *el Viceroy,* siembra terror en esa zona fronteriza, la más violenta del mundo. Vicente Carrillo se entronizó en 1997, tras la muerte de su hermano Amado. Nunca se le ha podido detener, pese a que es uno de los capos más buscados dentro y fuera de México. El cártel de Juárez cuenta con dos brazos armados, responsables de matanzas y desapariciones en Chihuahua: *La Línea* y *Los Mexicas.*

Aunque golpeada en su estructura, la organización que hicieron florecer los hermanos Beltrán Leyva está de pie. La muerte de Arturo Beltrán y el encarcelamiento de Alfredo —a quien se le conoce como *el Mochomo*— no mermaron la fuerza de este cártel, que durante décadas fue encabezado por los llamados *Tres Caballeros,* cuyos dominios se extienden a una docena de entidades. Ahora este cártel lo encabeza Héctor Beltrán, quien, dentro de esa organización criminal, desempeñaba tareas de blanqueo de activos.

En el Pacífico mexicano —zona del país donde a lo largo de la historia han surgido las organizaciones más poderosas— también opera el cártel de Colima, fundado por los hermanos José de Jesús y Adán Amezcua Contreras. Las drogas sintéticas los colocaron, en la década de los noventa, en la cima del mundo criminal como un grupo inteligente relacionado también con la importación ilegal de efedrina tanto de Alemania y China como de la India. Por ello, pronto fueron considerados por la DEA como "los reyes de las metanfetaminas", pues en México fueron los pioneros en el manejo de las drogas de diseño.

No todo fue esplendor para los Amezcua. En 2005, José de Jesús fue sentenciado a 53 años de prisión, y su hermano Adán, a veintidós. Extrañamente, dicha sentencia fue reducida a 22, y nueve y medio años, respectivamente. A pesar de su encarcelamiento, la organización se mantiene pujante bajo la conducción de un personaje que las autoridades mexicanas identifican como Jaime Arturo Ladino Ávila.

El estado de Michoacán, puerta de entrada de la llamada "ruta del Pacífico", se ha caracterizado, como consecuencia de la guerra entre cárteles por el dominio de ese territorio, por fuertes choques violentos y matanzas. Situado a escasas cuatro horas del Distrito Federal, capital del país, Michoacán vive jornadas de recurrentes masacres en las que pierden la vida policías estatales, federales, militares y narcos, cuyos cuerpos suelen aparecer decapitados y, en otros casos, descuartizados. Antes de 2005, el territorio michoacano estaba dominado por el cártel del Golfo. Su representante era Carlos Rosales.

Por ser zona de desembarque de cargamentos de droga procedentes de América del Sur, todos los cárteles tenían (y tienen) representación en Michoacán, tierra natal del presidente Felipe Calderón. Pero, al concluir el año 2005, irrumpió en el escenario nacional un nuevo cártel: *La Familia Michoacana*. En cinco años, este grupo criminal, que se enarbola, asimismo, como un movimiento de carácter sectario-religioso, alcanzó notoriedad por su capacidad de fuego, por lo que ya se le considera uno de los más violentos. Actualmente domina en cinco estados del país. En diciembre de 2009 fue asesinado Nazario Moreno, su fundador, pero su muerte no trastocó sus operaciones. La organización ahora es comandada por Servando Gómez Martínez, conocido como *la Tuta,* un profesor de primaria que, según el gobierno federal, mantenía su salario como docente en el estado de Michoacán —cobró más de 51 mil pesos en 2010—, a lo que el gobernador de estado, Leonel Godoy, respondió que el presidente Calderón estaba desinformado, ya que al capo se le había suspendido su salario —no su plaza de maestro— desde 2009. En realidad, el 11 de diciembre de 2010, la Secretaría de Educación estatal canceló y dio de baja definitivamente su plaza.

Tan violentos como los miembros de *La Familia, Los Zetas,* en enero de 2009, dejaron de ser el brazo armado del cártel del Golfo para convertirse en una organización delictiva más, bajo el liderazgo de Heriberto Lazcano Lazcano, *el Lazca,* un ex militar que, como cientos de militares más, desertó del Ejército mexicano para ligarse al narcotráfico. *Los Zetas* tienen su base de operaciones en el estado norteño de Tamaulipas y controlan el corredor que comprende al estado de Nuevo León y también tienen fuerte presencia en todo el Golfo de México, particularmente en Tabasco, Veracruz y Campeche.

Aunque la mayoría de sus integrantes ya no son militares, tanto éstos como los nuevos elementos son entrenados de acuerdo con disciplinas paramilitares.

A *Los Zetas* se les atribuye la práctica del descuartizamiento de víctimas. La llevaron a sus filas los *kaibiles,* desertores del Ejército de Guatemala. Después de la creación de *Los Zetas,* en 1996, fue común ver en estados como Veracruz o Guerrero, por citar sólo dos ejemplos, cómo los cuerpos de policías o narcotraficantes rivales aparecían cercenados: sin brazos, sin piernas, sin lengua, sin pene… o sin cabeza. Ahora *Los Zetas* no sólo se dedican al negocio del narcotráfico: en su abanico criminal están incorporadas 24 actividades delictivas, como, por mencionar sólo algunas, la extorsión, la piratería, el tráfico de personas, la venta de protección y el cobro de rentas mensuales a empresarios de todos los giros por permitirles operar sus negocios.

Una más de las operaciones ilícitas consiste en el secuestro masivo y eventual ejecución de migrantes centroamericanos, como es el caso de los 72 cadáveres hallados en una fosa en el rancho San Fernando, en Tamaulipas, el 25 de agosto de 2010.

Otra organización poderosa en México es la que encabezan los hermanos Díaz Parada, afincada en el estado de Oaxaca. Pedro Díaz Parada, fundador de este cártel que opera el tráfico de mariguana a gran escala, fue detenido por la Policía Federal en 2007. Sin embargo, su caída no significó el derrumbe de la organización criminal, pues otros miembros del clan ahora dirigen el cártel: Domingo Aniceto y Eugenio Jesús Díaz Parada. A este último se le conoce como *Don Chuy.* De acuerdo con la SSP federal, en el cuerpo directivo del cártel figuran dos personajes más: Ignacio Luna Toledo y Apolinar Albarrás Salazar.

RADIOGRAFÍA DE LA DEBACLE

La pérdida de poder del Estado en buena parte del territorio mexicano causó preocupación entre los hombres del gabinete federal, pues advirtieron que el crimen organizado era una amenaza real para la gobernabilidad del país. En público y en privado, altos funcionarios del gobierno reconocieron su impotencia para investigar delitos en las entidades controladas por el narcotráfico, como Tamaulipas, Sinaloa, Michoacán, Guerrero, entre otras.

En septiembre de 2010, por ejemplo, un grupo de legisladores del PRI visitó al procurador general de la República, Arturo Chávez Chávez, con un objetivo: conocer el avance de la investigación respecto del asesinato, en julio de ese año, del candidato priísta al gobierno de Tamaulipas, Rodolfo Torre Cantú, ejecutado en vísperas de las elecciones estatales por un comando armado presuntamente relacionado con el cártel del Golfo.

Chávez Chávez dialogó con los legisladores, les mostró videos y les explicó detalles que los diputados pusieron en tela de duda, como la hipótesis de que el móvil del crimen era el robo. Los visitantes increparon al procurador mexicano y le reclamaron que no hubiera avances en esa investigación y por qué otros crímenes no son esclarecidos por las autoridades.

De acuerdo con un testigo de ese encuentro, Chávez escuchó con atención a su interlocutor y le respondió que en el país hay territorios "a los que no puedo entrar… sin el apoyo del Ejército".Y uno de esos territorios, siguió el procurador Arturo Chávez, es, precisamente, el estado de Tamaulipas; otros son Chihuahua, Sinaloa y Guerrero.

La respuesta del funcionario federal sólo corroboró lo que investigadores y ex funcionarios del gobierno venían diciendo desde hacía tiempo: que el Estado mexicano no sólo ha perdido fuerza en cientos de municipios, sino que el crimen organizado disputa el control territorial a las autoridades en más de la mitad de las entidades federativas.

Edgardo Buscaglia, profesor visitante y coordinador del Programa Internacional de Justicia y Desarrollo del Instituto Tecnológico Autónomo de México (ITAM), es uno de los investigadores más críticos de la lucha antidrogas emprendida por el gobierno mexicano. En 2007 afirmó que la guerra contra el narcotráfico había comenzado tarde, pues éste, dijo, "ya controla territorios, promueve y financia candidatos a alcaldes y diputados, y mantiene secuestrada a buena parte de la estructura municipal del país".

Un año después, en 2008, cuando en México se contabilizaban 6 mil bajas a causa de los enfrentamientos entre los sicarios de las organizaciones antagónicas y de éstos contra las fuerzas federales, el entonces procurador general de la República, Eduardo Medina Mora, habló sin tapujos de la debilidad del Estado mexicano frente a la amenaza del crimen organizado: aquél "ha perdido potestad en buena parte del territorio del país, los grupos criminales se han apoderado de territorios y ejercen fuerza y violencia para imponer su voluntad, cobran impuestos a través de las extorsiones y se han convertido en una verdadera amenaza para el Estado".

Las voces de alerta siguieron emitiendo señales, y esta vez llegaron a Europa en un tono más enfático y directo: el titular del Centro de Investigación y Seguridad Nacional (Cisen), Guillermo Valdés Castellanos, declaró en julio de 2008 al diario británico *Financial Times* que el narcotráfico ya estaba involucrado en las campañas de algunos legisladores federales. Lo dijo en estos términos: "Los cárteles de la droga han cooptado a muchos agentes regionales, integrantes del Poder Judicial y del gobierno federal, quienes brindan protección a los narcotraficantes". Y agregó: "El Congreso de la Unión no está exento".

Más tarde, la Comisión de Desarrollo Municipal de la Cámara de Senadores realizó radiografía del avance del narcotráfico en el país. Sus conclusiones, dadas a conocer en agosto de 2010, son escalofriantes. Establecen, por ejemplo, que los capos de la droga controlan desde hace varios años grandes extensiones territoriales, en las que el Estado ya no puede gobernar a través de sus instituciones. El estudio aporta un dato revelador: las redes del narcotráfico mantienen bajo su control 71% del territorio nacional, el cual está conformado por 2 mil 439 municipios.

Ramón Galindo, presidente de la comisión legislativa que elaboró el análisis, asegura que "el narco ejerce total hegemonía en 195 municipios del país y tiene fuertes influencias [políticas y económicas] en otras mil 500 demarcaciones". Admite, también, que los capos han impuesto su voluntad mediante sobornos y amenazas a la clase política.

Elaborado por un grupo de expertos contratados por el Senado de la República, el documento detalla la forma en que las células de la delincuencia penetraron la estructura de los municipios: "En la mayoría de las alcaldías existe una estructura criminal capaz de controlar los negocios del crimen organizado, el narcomenudeo, el cultivo y el tráfico de drogas y la extorsión".

Esta realidad, agravada en los años posteriores, no era ignorada por el presidente Felipe Calderón al arribar a la casa presidencial, en diciembre de 2006. Tan pronto como intentó tomar las riendas del país, el nuevo presidente de México recibió un amplio diagnóstico, y el estado de la seguridad de la nación era preocupante. La viabilidad del gobierno estaba en riesgo. El narcotráfico crecía tanto que se posicionaba como una suerte de cogobierno.

Los barones de la droga, en contubernio con diversas figuras políticas, se convirtieron en una verdadera amenaza para el país, pues, como posteriormente se confirmó, controlaron amplias extensiones territoriales mediante la promoción y el financiamiento de las campañas políticas de cientos de presidentes municipales.

La política mexicana también se contaminó con el dinero sucio, y ésta es la razón por la que nuevas figuras políticas se afincaron en los congresos de los estados, y aun en el Congreso de la Unión aparecieron legisladores de dudosa historia, como el diputado del PRD Julio César Toscano, quien, en diciembre de 2010, fue desaforado para enfrentar un juicio por vínculos con el crimen organizado.

La PGR acusó a éste, hermano del gobernador de Michoacán, de estar relacionado con Servando Gómez Martínez, *la Tuta,* jefe del cártel de *La Familia Michoacana,* la organización criminal que más ha crecido en los últimos seis años, pues ha sentado sus reales en por lo menos diez estados del país.

II

El discurso del método

El estudio en el que Calderón fundamentó sus acciones para enfrentar al crimen organizado parte de vicios y fallas que durante décadas se repitieron en los gobiernos que lo antecedieron. Este abandono en las tareas de seguridad, así como la corrupción, la debilidad de las instituciones de seguridad y la falta de fortalecimiento y capacitación de las policías, derivó "en la expansión y el fortalecimiento de la delincuencia organizada, especialmente de los cárteles del narcotráfico". Además, la existencia de condiciones sociales y económicas desventajosas (insuficiencia de oportunidades educativas y laborales) propició que muchos mexicanos decidieran incorporarse a las actividades ilegales.

El diagnóstico oficial contiene datos históricos para entender la evolución del crimen organizado en México y por qué las instituciones sufren una suerte de parálisis ante el poder de las bandas. El estudio expone, por ejemplo, que la expansión de la delincuencia organizada se registró a partir de la década de los ochenta, con el cierre de la llamada "ruta del Caribe", que era la vía de ingreso de los cargamentos de droga hacia los Estados Unidos. Fue entonces cuando comenzó a gestarse el poder que ahora tiene el crimen organizado en México.

"A partir de ese momento —asienta el estudio oficial—, los cárteles colombianos empezaron a suministrar droga al mercado norteamericano a través de México." La estrategia de los colombianos también se basó en establecer alianzas con las organizaciones criminales que en ese tiempo operaban en territorio mexicano, el cual, muy pronto, fue convertido en zona de trasiego de drogas, así como de disputas entre grupos del crimen organizado.

El diagnóstico gubernamental explica que la alianza entre los cárteles mexicanos y los capos colombianos generó un cambio en el modelo del negocio, ya que las organizaciones criminales, que afianzaron el envío de drogas hacia los Estados Unidos a través de México, también comenzaron a fomentar el mercado interno de consumo de estupefacientes ilícitos.

El crecimiento de dicho mercado interno trajo consecuencias graves para México, según el estudio que en este punto explica: "Propició la disputa entre las bandas criminales por el control territorial, situación que los llevó a desafiar a las autoridades y a los ciudadanos. Así, la violencia empezó a crecer no sólo en las zonas de producción, tránsito y cruce fronterizo, sino también en las de consumo.

"El incremento en la capacidad logística de las organizaciones criminales y la necesidad de ejercer el control territorial las obligó a aumentar su capacidad de fuego para enfrentar a sus competidores. Asimismo, la decisión del gobierno de los Estados Unidos de levantar en 2004 la prohibición sobre la venta de armas de asalto, posibilitó a las bandas delictivas adquirir armamento de alto poder prácticamente sin restricción".

Calderón también encontró un país con un marco jurídico insuficiente en materia de combate al lavado de dinero —si no se golpea el nervio financiero del narco no se puede derrotar a las mafias—, una creciente corrupción en el Poder Judicial y cuerpos policiacos totalmente infiltrados por el crimen organizado, males hasta ahora insuperables, a pesar de que de 1997 a la fecha se han gastado más de 300 mil millones de pesos. Por lo que hace a la figura de los ministerios públicos, el estudio los califica de "insuficientes, poco profesionalizados e ineficaces".

De acuerdo con la misma fuente, que se enfoca al análisis tanto de la evolución de la delincuencia como de las fallas en los aparatos de procuración y administración de justicia, estas múltiples deficiencias motivaron que algunas instituciones de seguridad, particularmente a escala local (se refiere a los estados y municipios, aunque la corrupción y la infiltración del narco en el poder también es evidente en el gobierno federal), optaran por establecer arreglos tácitos o explícitos con los criminales.

Al analizar la situación del territorio —cómo se asentaron los cárteles del narcotráfico en los más de 2 millones de km^2 que conforman el territorio mexicano—, el nuevo gobierno encabezado por Felipe Calderón encontró un país atenazado por las redes delictivas, según se reconoce en el informe. Había fuerte presencia de organizaciones criminales y grupos delictivos estructurados, y con amplia capacidad de corrupción y generación de violencia; fragilidad de instituciones que debían combatir a la delincuencia; creciente consumo de drogas y tejidos sociales desintegrados, así como escasa cooperación internacional para la atención de problemas de carácter regional.

TODOS CONTRA TODOS

Según el referido estudio, esto derivó en una grave crisis de seguridad, que hizo estallar la violencia en el país: "La violencia asociada al crimen organizado se vive con diversos grados de intensidad. En los últimos años, derivado de las disputas por el control de rutas y mercados de consumo, así como de las fracturas de las propias organizaciones delictivas, los grupos criminales han estado inmersos en una guerra cada vez más cruenta entre ellos".

Esta lucha entre bandas del crimen organizado trajo consecuencias trágicas para México. De acuerdo con el diagnóstico oficial, del 1 de diciembre de 2006 al 31 de julio de 2010, en todo el país se habían registrado 28 mil 353 homicidios vinculados con el crimen organizado. Para enero de 2011 la estadística era sorprendente: el gobierno federal reconocía cerca de 40 mil muertos en cuatro años de lucha contra la delincuencia organizada.

La radiografía oficial no reconoce, sin embargo, que el conflicto armado entre los cárteles haya invadido todo el territorio nacional:

acepta que 80% de los crímenes ligados al crimen organizado ocurrieron en 162 de los 2 mil 439 municipios, y que esta escalada explosiva de violencia tiene que ver con siete conflictos identificados entre las principales bandas que operan el tráfico de drogas: "La gran mayoría de estos homicidios son atribuibles a las luchas entre organizaciones criminales y en la actualidad existen siete conflictos principales entre estos cárteles". Con base en el diagnóstico del gobierno federal, la causa de tantas muertes es la guerra entre los cárteles del Pacífico y Juárez, Pacífico-Beltrán Leyva, Pacífico-Golfo y *Zetas,* Pacífico-Arellano Félix (o cártel de Tijuana), *La Familia Michoacana*-Golfo-*Zetas,* Golfo contra *Zetas, La Familia Michoacana* contra los Beltrán Leyva. Otro tanto de muertes, equivalentes a 1.8% del total, se deben a conflictos aún no determinados.

El enfrentamiento encarnizado que protagonizan los cárteles del Pacífico (también conocidos como "de Sinaloa", y que encabezaba Joaquín *el Chapo* Guzmán Loera) es considerado en el diagnóstico oficial como "el más cruento" y se atribuye a antiguas rivalidades y traiciones familiares, así como a la pugna por el control de la faja fronteriza de Ciudad Juárez, "el puerto de salida de droga más estratégico hacia Estados Unidos". La violencia de este conflicto ha impactado a los estados de Chihuahua, Durango y Sinaloa.

Antiguos socios, los cárteles del Pacífico y el que representan los hermanos Beltrán Leyva rompieron relaciones, y dicha ruptura, de acuerdo con el informe, derivó en una crisis de seguridad que impactó a varios estados del país. En 2008, el encarcelamiento de Alfredo Beltrán Leyva, uno de los jefes de esa banda, provocó la pérdida de confianza entre *el Chapo* y los Beltrán, "lo que generó una espiral de violencia en Sinaloa, Nayarit, Sonora, Durango y parte de Jalisco y Guerrero", sus principales feudos.

Otra de las grandes guerras por el mercado interno de consumo y el control territorial es la que libran el cártel del Pacífico y el cártel del Golfo, junto con *Los Zetas.* El informe resalta ésta como la lucha más fuerte entre dos cárteles poderosos: "Las dos organizaciones criminales más grandes del país se disputan varios territorios desde antes del inicio de este sexenio. Luchan por Durango, Coahuila y Sinaloa, donde se cruzan las rutas de trasiego hacia el norte del país; Tabasco, Quintana Roo y el sur de Chiapas, estos últimos estados son claves: es por donde ingresa la droga que proviene de Sudamérica".

Añeja es la pugna que enfrentan los cárteles del Pacífico y de Tijuana, y aún siguen en abierta guerra por amplias extensiones territoriales del norte de México. Este último se dividió en dos alas entre finales de la década de los noventa y principios de 2000, tras la caída de sus principales jefes, Ramón, Benjamín y Francisco Javier Arellano. Una parte de la organización quedó en poder de la familia Arellano y la otra se alió con *el Chapo* Guzmán.

Otra zona del país, conformada por los estados de Michoacán, Guanajuato, Guerrero y México, ha vivido días de terror por los enfrentamientos entre *La Familia Michoacana* con el cártel del Golfo y *Los Zetas.* La guerra entre estos grupos brotó en septiembre de 2006, cuando hombres vestidos de negro, identificados como sicarios de *La Familia,* arrojaron cinco cabezas humanas en la abarrotada pista de baile de un centro nocturno de la ciudad de Uruapan, Michoacán. Más tarde, *La Familia Michoacana* acreditó su presencia en la entidad mediante un desplegado periodístico.

La más reciente división que generó violencia fue la de *Los Zetas* y el cártel del Golfo. Los primeros eran, desde 1997, el brazo armado de ese grupo criminal afincado en el estado de Tamaulipas, pero en diciembre de 2009 sus aliados rompieron relaciones por diferencias en el control de mercados y rutas. A partir de enero de 2010 ambos cárteles se han enfrentado en los estados de Tamaulipas y Nuevo León, lo que explica la escalada de violencia en esa región del país.

Otro conflicto es el que enfrentan *La Familia* y el cártel de los hermanos Beltrán, que ha bañado de sangre los estados de Guerrero y Morelos, en el sur de México.

La crisis de seguridad del estado de Chihuahua y, particularmente, de Ciudad Juárez, tiene un apartado especial en el informe entregado al presidente Felipe Calderón. Ésta es la demarcación más violenta del mundo. La guerra entre los cárteles del Pacífico y de Juárez ha provocado psicosis: en las calles han aparecido personas decapitadas, descuartizadas, se han incendiado negocios y, al más puro estilo de los terroristas, han hecho estallar carros bomba en céntricas avenidas. El poder estatal quedó rebasado y el gobierno ha fracasado en todos sus proyectos por pacificar esa ciudad.

El informe explica las causas de la violencia en Ciudad Juárez, actualmente considerada la capital del delito y de la ingobernabilidad: "Chihuahua registra alrededor de 30% de los homicidios a nivel nacional. La situación de seguridad debe entenderse a partir de una serie de factores geográficos, económicos y sociales que se han desarrollado de manera compleja a lo largo del tiempo.

"Durante los últimos meses de 2007 y los primeros de 2008, en Ciudad Juárez se desató una ola de homicidios vinculados al crimen organizado. Los picos de violencia en esta entidad se registraron en el cuarto trimestre de 2008 y el tercer trimestre de 2009. A finales de 2008 se agudizó la pugna entre los cárteles del Pacífico y el de Juárez. Ante el aumento de la violencia, en febrero de 2009, se reforzó el Operativo Conjunto Chihuahua.

"En abril de 2009, Vicente Carrillo Leyva, hijo del extinto Amado Carrillo Fuentes, fue detenido en el Distrito Federal. Luego de esa detención, se registraron diversos hechos violentos. En enero de 2010 se anunció el replanteamiento de la estrategia antidrogas, con el inicio de la Operación Coordinada Chihuahua, encabezada por la Policía Federal. El segundo trimestre de 2010 se caracterizó por la radicalización de las agresiones contra la autoridad; como ejemplo, la explosión de un coche con explosivos contra dos unidades de la Policía Federal".

Todos los ensayos oficiales por derrotar al narco han fracasado. Los cárteles imponen su ley en Chihuahua.

EL ENEMIGO EN CASA

En 2008, dos años después de que inició la guerra contra el narcotráfico, el discurso del presidente Felipe Calderón era triunfalista, pese a la oleada de violencia que ya azotaba al país y frente al número de personas que caían abatidas a tiros por todas partes: en la calle, en restaurantes, en el fuego cruzado desatado por narcos y militares.

Los muertos iban engrosando las estadísticas, en medio de un país ensombrecido por la tragedia. Este escenario de muertes y violencia alentaba a Felipe Calderón, quien aparecía arropado por el Ejército como ningún otro presidente de México se había mostrado, y así recorría el país, pregonando que le iba ganando la batalla al crimen organizado. Su estrecho vínculo con el Ejército tenía una doble lectura: era visto como un signo de fortaleza y, también, de profunda debilidad.

El 20 de octubre de 2008, de gira por la ciudad de Monterrey, Nuevo León, el presidente Calderón presumió que su gobierno aventajaba a la delincuencia organizada en bajas y efectividad y que, como ocurre en el futbol, su administración le estaba metiendo muchos golpes al narcotráfico.

Sus palabras sonaban tan vacías como el ejemplo al que, desconectado de la realidad, recurría: "Tenemos, como en el futbol, delantera y defensa. Así como Carlos Hermosillo era delantero y llegó a meter muchos goles, también así nosotros en el gobierno le estamos metiendo muchos goles a la criminalidad, le hemos pegado fuerte y lo seguiremos haciendo.

"Sí estamos teniendo enfrentamientos con la delincuencia; sí estamos teniendo bajas. Así que si ustedes ven polvareda levantarse es porque estamos trabajando. No se preocupen: si hay polvo que se levanta es porque estamos limpiando la casa y la vamos a dejar muy limpiecita".

Pero la realidad se tornaba diferente, muy distante de la percepción del presidente. Lo cierto era que el gobierno calderonista estaba infiltrado por el narcotráfico y eso obedecía, en buena medida, a la atrofia del gobierno para derrotar al crimen organizado. No se podía entender de otra manera. En el primer trimestre de 2008 un dato sacudió la estructura de la Procuraduría General de la República (PGR).

La agencia antidrogas de los Estados Unidos, la DEA, que mantenía bajo observación al gobierno mexicano desde hacía varios años, se comunicaba con el entonces procurador general de la República, Eduardo Medina Mora, actual embajador de México en el Reino Unido, para ponerlo al tanto respecto de cómo se había infiltrado el narcotráfico en la Subprocuraduría de Investigación Especializada en Delincuencia Organizada (SIEDO), el aparato investigador de la PGR.

Medina Mora levantó el teléfono, sentado cómodamente en su escritorio, y escuchó silente la voz de un alto funcionario de la DEA, quien desde Washington le dijo: "Hay gente tuya trabajando para el narcotráfico". Al escuchar los pormenores, Medina Mora se sorprendió, pero ya era tarde. Nada pudo hacer para cortar los tentáculos criminales que atenazaron a la institución y a muchos de sus colaboradores cercanos.

III

Testigos protegidos

Toda la red de complicidades tejidas dentro de la Subprocuraduría de Investigación Especializada en Delincuencia Organizada (SIEDO) y de la Procuraduría General de la República (PGR) fue puesta en conocimiento de la Agencia Antidrogas de los Estados Unidos (DEA) por un ex agente federal llamado Alberto Pérez Guerrero —a quien, en el expediente PGR/SIEDO/UEIDCS/241/2008, se alude como *Felipe*—; tan pronto como contó lo que sabía sobre las ligas de funcionarios con el narco, se convirtió en testigo estelar tanto de la agencia como de la PGR.

Pérez Guerrero, de acuerdo con su ficha laboral, había trabajado como policía federal y estuvo adscrito al Aeropuerto Internacional de la Ciudad de México (AICM), uno de los puntos estratégicos de los hermanos Jesús e Ismael Zambada García, cabezas del cártel de Sinaloa, quienes habían tejido una amplia red de complicidades para facilitar el tráfico de drogas de la que formaban parte altos funcionarios de la PGR y policías.

Después, valiéndose de sus habilidades, Pérez Guerrero logró colarse como agente policiaco de la embajada de Washington en México y, desde ahí, operaba al servicio de la célula criminal de los hermanos Beltrán Leyva. Su función era filtrar información y, a cambio, recibía pagos de entre 30 mil y 50 mil dólares mensuales. Un día se apagó su buena estrella y fue detenido en los Estados Unidos. Decidió entonces acogerse al programa de testigos protegidos y, con esa protección, decidió contar lo que sabía sobre la infiltración del narcotráfico en la administración del presidente Felipe Calderón.

No por ello *Felipe* dejó de ser visto como una pieza del narco en la policía. Con base en su experiencia, acusó a una decena de funcionarios con los que tuvo tratos para favorecer a los hermanos Beltrán Leyva y a los hermanos Zambada, amos y señores del narcotráfico en buena parte del Pacífico mexicano.

Fuerte fue el golpe que asestó, por ejemplo, a Genaro García Luna, secretario de Seguridad Pública federal, el hombre más cercano al presidente Felipe Calderón, quien fue titular de la Agencia Federal de Investigaciones (AFI) durante el gobierno de Vicente Fox, una corporación policiaca cuyo proyecto él mismo impulsó para después precipitarla a la desaparición, pues terminó contaminada por el narcotráfico.

El rompecabezas armado con las declaraciones de *Felipe* no dejaba lugar a dudas, pues sirvió para investigar el entramado del narco en el poder y también para entender que el sentido de la guerra del gobierno contra el narcotráfico era de tal dimensión que no sólo debía combatirse a la delincuencia en las calles, sino dentro del mismo gabinete y entre sus propios colaboradores, ya que muchos de ellos, según las afirmaciones del testigo, habían sido, como él, cooptados por el dinero del narcotráfico.

El testimonio de *Felipe* llamó poderosamente la atención de los gobiernos de México y los Estados Unidos no sólo por las revelaciones sobre la corrupción, que no eran ignoradas por el presidente Felipe Calderón, sino porque le ponía nombres y apellidos a los protagonistas. El impacto fue mayor cuando dijo que un sujeto llamado Mario Arturo Velarde Martínez era el principal enlace entre funcionarios de la SIEDO y el cártel representado por los hermanos Beltrán Leyva.

Velarde no era un personaje menor en la red de vínculos tejida por funcionarios, policías y narcotraficantes. En el gobierno de Vicente Fox se había desempeñado como secretario particular de García Luna, cuando éste era titular de la AFI.

Las complicidades no terminaban ahí. Eran aún mayores, de acuerdo con lo dicho por *Felipe,* pues también fueron vinculados al organigrama del narcotráfico dos ex directores de la Policía Internacional (Interpol): Ricardo Gutiérrez y quien más tarde lo sustituyó en el puesto, Rodolfo de la Guardia. Estos dos policías, de las más altas confianzas de Washington, se relacionaron con José Antonio Cueto, de quien pronto se supo a quiénes representaba y cuál era su función.

Cueto era personero de los capos Arturo, Héctor y Alfredo Beltrán Leyva, y se encargaba de realizar una de las tareas más finas dentro del narcotráfico: corromper y reclutar a funcionarios públicos para obtener, previo pago, información sensible sobre operaciones encubiertas, detenciones y extradiciones que pusieron en riesgo a la célula que él representaba y que, según informes oficiales, era una de las más poderosas de México.

Velarde tenía una forma muy particular de operar, y sabía deslizarse sigilosamente en los entretelones del poder político y policiaco. Un pasaje que lo retrata fue relatado por *Felipe,* quien, como agente federal, trabajó en la Interpol y estuvo a cargo de varias investigaciones sobre operaciones de narcotráfico en el AICM, una de las terminales aéreas más codiciadas por los cárteles.

Dijo que, a principios de 2007, "el licenciado Velarde Martínez se desempeñaba como director de área y que Ricardo Gutiérrez, que era amigo cercano de Cueto […] me pidió información sobre dos asuntos en la oficina de Interpol, en [*sic*] los que tenía conocimiento Cueto, por los cuales Velarde Martínez me dio 4 mil dólares, de los cuales 2 mil entregué a Cueto".

A partir del testimonio de *Felipe* se fueron conociendo los nombres de más personajes ligados al narcotráfico, y sorprendió que muchos de ellos también resultaran ser colaboradores cercanos del poderoso secretario García Luna. Por ejemplo, el 20 de noviembre de 2008, dos días después de la detención de Jesús Zambada García, *el Rey,* en la Ciudad de México, fue capturado Edgar Bayardo del Villar, agente de la División Antidrogas de la Policía Federal. Se le relacionó con la protección a Zambada, y algunas versiones más establecieron que el cártel de Sinaloa entregaba "cantidades millonarias" a Bayardo como pago por la protección que brindaba a las operaciones ilegales de la organización criminal de Zambada García.

Otros funcionarios que cayeron en desgracia por sus presuntos nexos con el narco fueron Víctor Gerardo Garay, comisionado interino de la Policía Federal, identificado con García Luna, así como Francisco Navarro Espinoza, jefe de Operaciones Especiales de esa misma corporación. Junto con ellos fue arraigado, investigado y encarcelado Miguel Colorado González, coordinador general técnico de la SIEDO, y el coordinador adjunto de Servicios Técnicos de esa subprocuraduría, el capitán Fernando Guzmán.

Ligados por los mismos vínculos estaban los mencionados Rodolfo de la Guardia y Ricardo Gutiérrez. Directa o indirectamente, todos ellos tenían que ver con la protección tanto a la célula de los hermanos Beltrán Leyva como a la que representaban Ismael y Jesús Zambada.

Pocos días después se destapó un escándalo en la SIEDO. Resultaba implicado el titular de esa subprocuraduría, Noé Ramírez Mandujano, a quien se le acusó de recibir medio millón de dólares del cártel de los hermanos Beltrán Leyva a cambio de filtrarles información de operativos y detenciones. Antes del señalamiento, Ramírez Mandujano se había separado de su cargo y se aprestaba para ser el representante de México en el área antidrogas de la Organización de las Naciones Unidas (ONU) con sede en Viena, Austria, pero fue detenido y, junto con él, otros colaboradores suyos terminaron arraigados.

Varios testigos protegidos implicaron a Ramírez Mandujano en la red de vínculos de los hermanos Beltrán Leyva. Por ejemplo, *Emiliano,* quien dijo que las relaciones entre los funcionarios de la PGR y el narcotráfico se habían establecido desde el sexenio de Vicente Fox, en el año 2006, y que entre los funcionarios "arreglados" estaba el ex fiscal antidrogas José Luis Santiago Vasconcelos, quien después falleció en un extraño accidente aéreo junto con el secretario de Gobernación Juan Camilo Mouriño.

Dijo el testigo: "El arreglo se pudo llevar a cabo por medio del licenciado Vasconcelos, quien hasta hace poco tiempo había sido el jefe de la SIEDO, ya que con él se venía trabajando desde años pasados [...] Gracias a esa estrecha relación que mantenían, dicha persona [Vasconcelos] se encargó de contactar tanto a la nueva administración de la SIEDO con el personal de la organización Beltrán Leyva para seguir trabajando. Ese arreglo se había hecho a finales de 2006 y principios de 2007, a cambio de un pago de 35 millones de dólares, aclarando que esa cantidad le correspondió a la SIEDO, sin saber lo que haya pasado a otras dependencias, entre ellas la Policía Federal Preventiva (PFP), la Agencia Federal de Investigaciones (AFI) y Aeropuertos".

Las referencias de que las conexiones entre los hermanos Beltrán Leyva y la SIEDO se establecieron desde la administración de Vicente Fox también fueron confirmadas por *Jennifer*, otro testigo protegido, quien refirió que, al darse el cambio de titularidad en la subprocuraduría, el capo Arturo Beltrán Leyva, *el Barbas,* contactó con una persona supuestamente cercana al nuevo subprocurador Noé Ramírez Mandujano, con el fin de que pudieran continuar con el pacto.

Dijo: "Cuando con el cambio de sexenio se nombra a Noé Ramírez Mandujano como nuevo subprocurador, Arturo Beltrán Leyva decide darle a Luis Alberto Sotelo Hernández, conocido como 'Víctor', tres días para arreglar una cita con la presencia de Noé Ramírez, exigiendo que para continuar el trato de pagar mensualmente la cantidad de 450 mil dólares en efectivo a este alto mando de la SIEDO, éste ratificara en persona su compromiso de seguir trabajando para la organización.

"Mi jefe, 'la Barbie' [Edgar Valdez Villarreal, capo detenido en 2010], me indicó que no pagara la mensualidad pactada hasta que el propio Noé Ramírez se presentara personalmente a cobrar el pago por lo menos una vez, pues así lo solicitaba la organización como una demostración de su compromiso de acatar los términos del pacto existente de recibir información y protección."

Y así ocurrió. El testigo asegura que Ramírez Mandujano acudió a la cita y que la primera entrega del dinero se hizo en el interior de una bolsa de ropa de color negro con la leyenda "Hugo Boss". El mismo declarante imputó a Ramírez Mandujano haber recibido 13 pagos mensuales que sumaron 5 millones 950 mil dólares, y que los presuntos sobornos fueron suspendidos en febrero de 2008, luego de la captura de Alfredo Beltrán Leyva en Culiacán, Sinaloa, su principal feudo.

El testimonio de *Felipe* sobre la relación de los altos funcionarios de la SIEDO con el narcotráfico se confirmó precisamente el 20 de enero de 2008, cuando fue capturado Alfredo Beltrán Leyva, *el Mochomo,* con lo que iniciaba la desarticulación de esa organización criminal.

En medio del forcejeo para sujetar a este robusto capo, un grupo de militares encontró entre sus documentos un oficio de investigación dirigido a quien era uno de los principales mandos de la SIEDO, Miguel Colorado, donde se le pedía revisar ciertos domicilios en Sinaloa. Uno de esos puntos era precisamente el sitio donde se detuvo al hermano menor de los Beltrán Leyva.

Como agente federal, *Felipe* fue contactado por el cártel de Sinaloa y comenzó a operar para el narcotráfico. Los jefes de esa organización criminal le dijeron que recibiría un jugoso pago a cambio de que "entretuviera a su gente en su oficina cuando se lo indicaran los narcos". Después de varios operativos, recibió 15 mil dólares como pago, suma que compartió, dijo, con José Antonio Cueto, enlace de los hermanos Beltrán en el gobierno, y con otra pieza de esa organización, a quien llamaban *el 19,* pues le falta un dedo de la mano.

Poco a poco, el agente federal Alberto Pérez Guerrero se fue adentrando en el oscuro mundo de la mafia. A finales de 2008 ya era una pieza fiel al servicio del narco, pues admitió haber recibido 30 mil dólares por informarle a los Beltrán Leyva de las investigaciones de los Estados Unidos para detener a Craig Petties, uno de los 15 hombres más buscados por el gobierno de ese país por introducir cocaína y que fue arrestado por el Ejército el 11 de enero en Querétaro.

Luego de esa operación, Pérez Guerrero pactó con los Beltrán que recibiría cada mes una cantidad similar por informar de las investigaciones de la DEA sobre el cártel y que se le pidió obtener los teléfonos de los agentes estadounidenses "porque queremos escucharlos".

Los hermanos Beltrán Leyva se interesaron en saber qué investigaciones había en contra de su organización y qué información sobre ellos se conocía en la embajada de los Estados Unidos en México, adonde estaba adscrito Pérez Guerrero.

Tan pronto como pudieron, los Beltrán enviaron a su personero Cueto López para hablar con Pérez Guerrero y a través de él pudieron conocer los trabajos que realizaba la DEA en México, particularmente los que se enfocaban en el cártel de Sinaloa y en sus principales cabecillas: Arturo Beltrán, Edgar Valdez Villarreal, Ismael Zambada y Joaquín *el Chapo* Guzmán, entre otros.

El testigo *Jennifer* dijo, además, cómo se mantuvo el contacto con Pérez Guerrero: "Le expuse lo que tenía que hacer, es decir, proporcionar información sobre operativos y, en general, cualquiera otra relacionada con los integrantes del cártel de Sinaloa. Aceptó trabajar para nosotros y solicitó un pago de 50 mil dólares mensuales. Se le consultó a los líderes del cártel la conveniencia del monto y a las 20:00 horas vino una contrapropuesta: 30 mil dólares por todo trabajo [*sic*]. Se aprobó el pago".

Ese mismo día, *Jennifer* entregó los primeros 30 mil dólares en 15 paquetes, cada uno de 2 mil dólares, pagos que se mantuvieron hasta enero de 2007. Dice *Jennifer*: "Así cerramos el trato y le entregué un radio Nextel, aunque dijo que no lo iba a poder introducir a la embajada [de los Estados Unidos] porque tenía miedo de que pudieran escuchar alguna conversación y que él me hablaría todos los días al salir de su trabajo".

Así se construyó el tejido criminal por parte de los hermanos Beltrán Leyva, y operó con eficacia durante varios meses, sin ser detectado en México a pesar de la guerra contra el narcotráfico. Según la investigación federal, el hombre de los Beltrán Leyva (Pérez Guerrero) en la embajada era un eslabón de la cadena que se entrelazaba con los de la SIEDO. Fernando Rivera (capitán del Ejército) le informaba al cártel de los operativos de éste y de la PGR en su contra; Miguel Colorado conducía las indagaciones sobre el cártel y evitaba que llegaran a buen puerto; ambos tenían el apoyo de José Antonio Cueto, que manejaba la labor de inteligencia entre policías, fiscales y narcotraficantes. Así se cerraba el círculo perfecto de la corrupción.

Pero las investigaciones que se efectuaron a raíz del testimonio rendido por *Felipe* —la llamada Operación Limpieza— conducirían al gobierno de Felipe Calderón a conocer más detalles sobre las maniobras de policías y militares al servicio del narcotráfico. Lo peor de todo era que, desde las mismas instancias militares y policiacas, se le vendían armas a los cárteles de la droga para que reforzaran su capacidad de fuego frente a los embates del gobierno.

En dichas investigaciones, mandos del Ejército también resultaron implicados como presuntos cómplices del cártel de Sinaloa, y tales vínculos, según se pudo comprobar, eran sólidos desde el año 2005. Estaban vinculados, asimismo, a la célula de los hermanos Beltrán Leyva y, desde la cúpula militar, espiaban al presidente Felipe Calderón: les proporcionaban información sobre sus actividades y viajes realizados dentro y fuera de México.

En el expediente citado se menciona que dos de los militares "enganchados" por el narcotráfico eran el mayor Arturo González Rodríguez —quien fue miembro del grupo de seguridad del presidente Calderón— y el capitán Mateo Juárez. A ambos se les señala por la venta de armamento al cártel de los Beltrán Leyva y a *Los Zetas,* el otrora brazo armado del cártel del Golfo y actualmente constituidos en una de las organizaciones más violentas y versátiles del narcotráfico mexicano.

Los testimonios, evidencias y datos recogidos durante la investigación revelan que, a través de una empresa de seguridad privada, estos militares entrenaban a los gatilleros que utilizaban los Beltrán Leyva para asesinar a sus rivales y les brindaban apoyo logístico para el transporte de cargamentos de droga.

En una ampliación de su declaración ministerial realizada el 12 de agosto de 2008 por el testigo protegido *Jennifer,* colaborador del capo Edgar Valdez Villarreal, *la Barbie,* se asienta que los hermanos Beltrán no sólo penetraron la estructura de la PGR, la SIEDO y la SSP federal, sino también a la presidencia de la República y a la Sedena, pues el mayor González Rodríguez, según *Jennifer,* recibía un pago de 100 mil dólares mensuales por mantener informados a los hermanos Beltrán de las tareas presidenciales y las actividades de las secciones Séptima y Segunda de la Sedena.

Jennifer aporta mayores detalles de la complicidad de estos mandos militares con el narcotráfico: "Que también conoce a un mayor del Ejército mexicano adscrito a Guardias Presidenciales de nombre Rodolfo y a un capitán primero de infantería retirado de nombre Mateo Juárez Espinoza, ostentándose el mayor Arturo como sobrino del general Riviello [se refiere a Antonio Riviello Bazán, secretario de la Sedena en el sexenio de Carlos Salinas de Gortari]".

El testigo dice que él y Arturo González fueron presentados en el estacionamiento de una tienda de la cadena Gigante (hoy Soriana) ubicada en la avenida Ejército Nacional, en el Distrito Federal. Allí hablaron, llegaron a un acuerdo y comenzaron a trabajar en el año 2006, "cuando el capitán Mateo Juárez y el mayor Arturo [González] vendieron armas para la organización de Arturo Beltrán, llamado 'el Barbas' y Edgar Valdez Villarreal [...] Que les vendieron cuatro armas poderosas, una PM5 y tres ametralladoras G3 del Ejército mexicano. Que por dichas armas se les pagó 20 mil dólares; que el dinero se lo entregó directamente a Mateo Juárez en un McDonald's del centro comercial Plaza Satélite de la Ciudad de México. Que supo por los militares que las armas eran sacadas de la Sedena".

De acuerdo con *Jennifer,* la operación de la venta de las armas le sorprendió, ya que, dijo, tenía conocimiento de que los militares con quienes hizo el trato antes trabajaban para *Los Zetas,* y afirma "que de esto se enteró por dicho de los propios militares Arturo González y Mateo Juárez".

El propio testigo, que alcanzó reflectores estelares en la PGR por sus revelaciones, también declaró que al arrancar la guerra contra el narcotráfico con los operativos efectuados en Michoacán, Tijuana,

Nuevo León y Tamaulipas, entre otros, y que resultaron un fiasco, el mayor González Rodríguez llegó a tener responsabilidades especiales en el equipo de seguridad presidencial. Y en seguida *Jennifer* refiere otros pormenores de sus nuevos encuentros con González Rodríguez:

"El declarante se reunió nuevamente con éste [el militar] en el estacionamiento de la tienda de autoservicio Gigante. [A la cita] el mayor llegó a bordo de una camioneta modelo Nitro, versión no totalmente equipada, y que en esa ocasión le propuso al mayor que trabajara para el cártel de Sinaloa proporcionando información de todo lo relacionado con el presidente de la República".

Como se ha mencionado, *Jennifer* también dice que le encargó al mayor González que lo mantuviera bien informado "de las actividades del Ejército mexicano, especialmente lo que tuviera que ver con la Segunda y Séptima de Inteligencia de ese instituto armado". Según consta en el organigrama de la Sedena, la Sección Segunda se encarga de las tareas de inteligencia, y la Séptima, de planear, coordinar y supervisar las operaciones de erradicación e intercepción de las actividades de narcotráfico. Ambas dependen del Estado Mayor de la Sedena.

Cuenta *Jennifer* que, luego de "amarrar" el trato con Arturo González, "se le hicieron diversos pagos con el propósito de que proporcionara información constante sobre los movimientos del presidente de la República, con el fin de que los miembros de la organización de Arturo Beltrán Leyva y Edgar Valdez Villarreal pudieran evitar encontrarse con el personal de seguridad del presidente", como ocurrió en el año 2007, cuando el mandatario viajó a Guatemala, país considerado como bodega de almacenamiento de drogas de los cárteles mexicanos.

Los trabajos de los militares espías no terminaron ahí. Hubo otros encargos de los capos de la droga, quienes, según *Jennifer*, pidieron al mayor González Rodríguez incorporar militares a la célula criminal de los Beltrán Leyva. Así quedó asentado en el testimonio: "Además, en dicha función el mayor ayudaba a reclutar a personal militar para las filas de los Beltrán, que contaban con las mejores currículas para cubrir tareas de seguridad como sicarios, así como [para] transportar cargamentos de droga y como 'halcones' que alertaban al cártel sobre los movimientos de las autoridades".

Con esta información, la PGR comenzó a dimensionar el nivel de infiltración y espionaje que enfrentaba el presidente Felipe Calderón: la presidencia de la República, la Sedena, la SSP federal y la propia PGR, pero no actuó contra los militares incriminados por el testigo, a pesar de que aportó más detalles sobre las operaciones de los hermanos Beltrán Leyva en distintas áreas del gabinete federal.

Habla el testigo *Jennifer*:

"En cuanto al mayor Arturo Rodríguez, recuerdo que pese a que se había acordado originalmente que se harían pagos de 100 mil dólares mensuales, se realizaron por medio de mi persona solamente cinco pagos, siendo el primero y el segundo en efectivo; el tercero y cuarto pago fueron de 50 mil dólares cada uno y el último de 20 mil dólares. En cuanto al capitán Mateo Juárez, se le hicieron diversos pagos por cantidades menores, entre 2 mil y 3 mil dólares en efectivo, ya que auxiliaba al mayor Arturo, además de que fue por su conducto que se estableció y se mantuvo el contacto con él".

El testigo refiere que, a mediados de diciembre de 2007, el mayor Arturo le marcó a su celular (55 20 61 23 69) de la compañía telefónica Movistar alrededor de las 23 horas. Y en seguida cuenta lo que pasó: "Quería que lo apoyara con la cantidad de 100 mil dólares, y al contestarle de manera negativa, en virtud de que no se encontraba en ese momento mi jefe Edgar Valdez Villarreal, por lo que el mayor Arturo se molestó con el declarante, diciéndome que tanto a mí como a mi jefe se los cargaría la chingada, contestando el declarante que era muy peligroso que le dijera ese tipo de palabras, ya que tenía un trato con ellos que no era de amistad, sino de dinero".

Ante esa respuesta, continúa *Jennifer*, el mayor González Rodríguez le expresó que si tenía muchos huevos lo fuera a ver en ese momento en la parte trasera del Auditorio Nacional, en la glorieta (esto, en la Ciudad de México), a lo que el operador de Valdez Villarreal repuso que sí acudiría a la cita con la finalidad de resolver el problema con él. Antes, el declarante le advirtió al militar que no llevaría el dinero.

En ese momento, el testigo le telefoneó a su jefe, Edgar Valdez, y le comentó lo ocurrido. *La Barbie,* dice *Jennifer* en su declaración, le contestó que acudiera a la cita inmediatamente y que le aclarara al mayor Arturo González la magnitud del trato que él tenía con ellos, y que, si no atendía, se le advirtiera que podía meterse en un problema demasiado grave para él y su familia.

El sicario de Valdez Villarreal acudió a la cita y se encontró con que el mayor Arturo estaba totalmente alcoholizado. Vestía pantalones deportivos y una chaqueta azul. Junto a él estaba un joven delgado, vestido también de manera deportiva, al cual presentó ante el declarante como un subteniente que tenía como subordinado.

Según *Jennifer,* el mayor Arturo González le preguntó si le llevaba el dinero solicitado. Le contestó que no, puesto que su jefe no se hallaba en la ciudad, pero le dijo que después se lo haría llegar. El testigo dice haber aclarado al militar que ése no era el trato, ya que a él se le estaban pagando 100 mil dólares mensuales en efectivo, a lo que el interlocutor respondió que, si él así lo quería, en ese momento podía deshacer el trato, ya que bastaba en ese momento la orden de él para que le dispararan al declarante.

Y le dijo al declarante en tono bravucón: "¿Quieres ver que cuando levante la mano toda la gente que está escondida a tu alrededor se levante?", a lo que el declarante contestó que no quería problemas, y el mayor respondió que no, que lo iba hacer para que el declarante viera con quién estaba tratando, así que el mayor alzó la mano derecha y alrededor de las mallas ciclónicas que se encuentran en esa glorieta se levantaron cerca de 30 elementos del Ejército, a los cuales el declarante dice que identificó plenamente por su uniforme y porque en la cercanía de ese lugar se encuentran instalaciones militares.

Nervioso ante la presencia de tantos uniformados, el testigo *Jennifer* dice que le aseguró al mayor que no había problema, que su intención no era molestarlo, pero que transmitiría el mensaje a su jefe

Edgar Valdez Villarreal, con el fin de que cumpliera el compromiso con ellos, a lo que el militar respondió, según el testigo, que estuviera tranquilo, que no iba a pasar nada, que sólo quería corroborar que el declarante tenía los huevos suficientes para tratar con él. Después, el mayor dejó ir al ahora testigo protegido y a algunos militares que trabajaban con el declarante.

Según se sabe, las tareas de los militares continuaron durante largo tiempo, pese a la reiterada afirmación del presidente Felipe Calderón de que, si hay polvo, es que "se está limpiando la casa".

La guerra inútil

Con base en el diagnóstico que daba cuenta del crecimiento explosivo del narcotráfico en el país y del acelerado crecimiento del mercado de consumo de estupefacientes en México, el presidente Felipe Calderón decidió emprender la guerra contra el crimen organizado implantando operativos conjuntos en distintos estados del país, principalmente en aquellos que estaban focalizados como asiento de cárteles y epicentros de estruendosa violencia.

Para estas acciones, que marcarían la política de seguridad del sexenio, el gobierno federal recurrió al Ejército y no a las policías, como legalmente correspondía, pues esta fuerza estaba mermada por la corrupción e infiltrada por el narcotráfico a grados escandalosos.

Por todas partes los cuerpos policiacos eran cuestionados por su falta de preparación y por ser poco confiables, y se contaba con datos y evidencias de que tanto los altos mandos como la tropa en general servían al narcotráfico y recibían pagos por sus servicios. Las investigaciones sobre estos cuerpos revelaron que todos, sin excepción, enfrentaban problemas de corrupción, por lo que su atrofia era un problema a resolver a largo plazo.

Y es que la policía se había contaminado a tal grado que su descomposición alcanzó una elevada crisis, cuyos costos pagó la población con vulnerabilidad e inseguridad.

Este problema tiene una explicación. Todo empezó con la diseminación de las redes del narcotráfico a lo largo y ancho del país, fenómeno que dividió a las policías: a cambio de dinero, unos grupos protegían a un cártel y otros a una organización diferente, lo que causó choques entre los mismos policías, así como decenas de crímenes, pues relajaron la disciplina, desobedecían órdenes superiores e incluso se daban el lujo de trabajar como agentes durante el día y como *halcones* (espías del narco) por la noche.

Otros policías utilizaban su poder para detener a narcos rivales de las organizaciones que protegían, y, en lugar de entregarlos a las autoridades, los conducían a casas de seguridad donde los llamados dueños de la plaza, es decir, los grupos que controlaban un territorio, los interrogaban y posteriormente los asesinaban, y en no pocos casos los cuerpos aparecían decapitados. Muchos agentes más terminaron trabajando como sicarios.

Y mientras las policías fueron sometidas a un lento proceso de depuración y saneamiento —proyecto que aún no termina y que se percibe ya como un fracaso más del gobierno federal—, el presidente Felipe Calderón tuvo que recurrir a los hombres de verde olivo para patrullar el país, perseguir y detener a los capos de la droga que se movilizaban de un estado a otro en busca de protección.

Así fue como, en diciembre de 2006, Calderón ordenó la instrumentación de los llamados operativos conjuntos contra la delincuencia organizada. Treinta mil soldados salieron de sus cuarteles y comenzaron la cruzada contra el narcotráfico en Michoacán, tierra natal del presidente de la República.

Pero los operativos conjuntos emprendidos por el Ejército y por una parte de la Policía Federal tropezaron con sus propios errores. Las fuerzas federales trabajaban sin coordinación, yendo de un lado para otro, sin el respaldo del trabajo de inteligencia. La presencia de más de 6 mil elementos, entre militares y policías, intensificó la violencia en Michoacán en los primeros días del nuevo gobierno.

Sicarios del cártel de *La Familia Michoacana* se enfrentaron al cártel de Sinaloa. Ambos grupos se disputaban el control del puerto de Lázaro Cárdenas, el más importante del Pacífico mexicano, por donde ingresan cuantiosos cargamentos tanto de drogas, provenientes de Sudamérica, como de precursores químicos, que se compran en Alemania, la India e Indonesia y que sirven para producir drogas sintéticas, cuyo mercado ya es uno de los más boyantes en México.

Días previos al arranque de los operativos contra el narcotráfico en Michoacán, precisamente en el puerto de Lázaro Cárdenas, se descubrió un contenedor con 19.7 t de pseudoefedrina procedentes de China. El destinatario era el cártel de Sinaloa. De poco o nada sirvieron los 19 aviones, 38 helicópteros y decenas de patrullas de intercepción aérea que el gobierno federal desplegó a lo largo de los 200 km que conforman la costa michoacana: el narco se mantuvo intocado y la entidad siguió siendo centro de frecuentes choques que generaron psicosis entre la población de varios municipios.

En el de Aguililla, por ejemplo, los pobladores se quejaron en este tono: "Estamos prisioneros, atrapados y sin salida en este pueblo. Por un lado, el acoso de las diversas células del narcotráfico que operan en la región, y por el otro, el de la autoridad federal. Hubo días en que estuvimos en estado de sitio: sin víveres, sin gasolina, sin dinero…"

Por esa misma razón, mucha gente que se resistía a emprender el éxodo —a veces a los Estados Unidos— también se está yendo, al punto de que los habitantes de esa cabecera municipal ya no llegan ni a 7 mil, de los alrededor de 10 mil que había hasta hace cuatro años. Existen ya más de 300 casas sin ocupantes y decenas de ranchos abandonados y en completa ruina.

Y la gente sigue marchándose de sus lugares de origen porque, mientras el cielo es atravesado por helicópteros, y camiones de la Policía Federal y del Ejército patrullan esta y otras demarcaciones, sus pobladores, con una fuerte carencia de empleo, temen la venganza de los narcos cuando las fuerzas de seguridad se vayan.

Las fuerzas federales se desplazaron de Michoacán a Tijuana, Baja California, centro de maniobras del cártel encabezado por los hermanos Arellano Félix. Las operaciones militares llegaron a esa ciudad fronteriza arrastrando una cauda de vicios y fallas que no se superaron en los meses posteriores. Tres mil elementos del Ejército arribaron a Tijuana con la encomienda, según dijo el gobierno federal, de frenar la violencia que en el año 2006 había cobrado la vida de 350 personas, entre "pasadores de droga", policías y empresarios relacionados con el lavado de dinero.

Las primeras acciones se enfocaron en contra de la Policía Municipal, a la que se acuarteló y desarmó. El entonces presidente municipal de Tijuana, el magnate Jorge Hank Rhon —famoso dentro y fuera de México por ser el dueño de múltiples casas de apuestas y de otros negocios "sospechosos"— dijo sorprendido cuando se enteró de que la policía estaba siendo investigada: "No puede ser".

La policía tenía nexos con el cártel de Tijuana desde varios años atrás. Comandantes y mandos medios obedecían las órdenes de los capos de la droga, lo que había dejado a la población en la inseguridad total. A pesar del megaoperativo policiaco y militar, la situación de Tijuana y de buena parte del norte de México no ha cambiado: la violencia sigue generando muertes y temor entre la gente.

Así, Calderón continuó los operativos conjuntos por Nuevo León y Tamaulipas, centros de operaciones tanto del cártel del Golfo como de *Los Zetas,* sin éxito: la violencia se disparó en ambos estados debido a las reacciones del narcotráfico: poblaciones como Camargo, Miguel Alemán, Nuevo Laredo, Tampico y Reynosa, Tamaulipas, se congestionaron por las balaceras desatadas por los grupos en disputa. El Ejército ingresaba en esas demarcaciones y las reacciones eran inmediatas: los sicarios del narco recibían a los militares a balazos, les lanzaban granadas en medio de una población acorralada por dos fuegos: el de los narcotraficantes y el del Ejército.

En Nuevo León, la fuerte presencia militar provocó mayor violencia y, con ello, la huida de empresarios que vieron caer sus negocios y vulnerada su seguridad. Lo mismo ha ocurrido en los estados de Coahuila y Durango, donde la actividad empresarial está a punto del colapso por la falta de inversiones.

Los operativos contra el narcotráfico pronto mostraron su ineficacia, pues generaron mayor agitación en el país: las redes del crimen organizado se movilizaron hacia otros estados en busca de un refugio seguro, lo que dio pie al llamado "efecto cucaracha", pues muchas entidades que no tenían problemas de violencia pronto comenzaron a enfrentarlos por la huida de capos y sicarios.

Mientras los operativos conjuntos fracasaban, las relaciones en el gabinete federal se descomponían. El secretario de Seguridad Pública del gobierno federal, Genaro García Luna, tenía constantes roces y confrontaciones con los altos mandos militares a causa de la falta de coordinación en la lucha contra el tráfico de drogas: el Ejército tenía una estrategia y la policía otra, lo que en buena medida hacían ineficaces las acciones contra el narcotráfico, que se beneficiaba de la descoordinación oficial.

El caos visto desde dentro

También salieron a flote los escándalos de corrupción en la ssp federal, una de las dependencias con mayor presupuesto, después del Ejército, pues se descubrieron excesos en el uso de los recursos destinados para combatir a la delincuencia organizada: "dobleteo" de viáticos, compra de aeronaves sin licitación y, peor aún, un gran desorden en la coordinación de la policía que coadyuva con el Ejército en la lucha contra el crimen organizado.

Uno de los agentes de alto rango que participó en los operativos conjuntos y que fue testigo de lo que él mismo llama "un fracaso" es Javier Herrera Valles, quien fue encarcelado por órdenes de su jefe superior, Genaro García Luna, tras de que cuestionó las fallas y la corrupción que paralizaban las acciones contra la delincuencia organizada.

Herrera Valles acusó al secretario de tener nexos con el narcotráfico, por lo que auguró que la cruzada contra el crimen organizado no tendría éxito. Al evaluar las acciones policiacas y militares, Herrera Valles dijo que la violencia imparable que enfrenta el país es producto de la ineficacia y de la corrupción, ya que muchos agentes enfrascados en la lucha contra la delincuencia tienen antecedentes de haber participado en actos ilícitos, como la venta de plazas, secuestros, homicidios, y de brindar protección a distintos capos.

"Con policías fichados y ligados al narco nada se puede hacer", dijo poco antes de ser detenido bajo cargos de cohecho y delincuencia organizada, señalamientos que, según se supo después, provenían de testigos protegidos que, a cambio de enderezar acusaciones contra Herrera, habían negociado con las autoridades federales beneficios legales.

De acuerdo con su propia experiencia en el combate al crimen organizado y con base en la información de que disponía, Javier Herrera hizo un balance de los operativos conjuntos y dijo que, en su opinión, estas medidas eran un fracaso:

"Nos mandaron a la guerra sin información, con pocas armas y sin soporte de inteligencia; andábamos haciendo el ridículo por todos lados, confundidos por las órdenes y contraórdenes que nos giraban nuestros jefes, y esto provocó que la sociedad ahora piense que todos los policías servimos al crimen organizado."

—¿Tiene razón la sociedad al pensar que la policía mexicana y sus jefes brindan protección a los barones del narcotráfico? —se le preguntó.

—En parte sí, porque hay elementos corruptos, pero otros no lo son, y a ésos son a los que está eliminando Genaro García Luna, porque, a pesar de que dispone de todo un ejército policiaco, priva la desorganización, lo que pone en evidencia que el crimen organizado es más poderoso que nosotros. Eso me consta porque yo lo viví desde adentro, desde que empezamos el Operativo Conjunto Michoacán, el cual resultó un rotundo fracaso por la cauda de errores y fallas que aún no se corrigen.

"El secretario de Seguridad, uno de los responsables de esta lucha contra el crimen organizado, se empeñó en dar de alta a muchos jovencitos de 25 años en tareas de policías investigadores, sin tener experiencia pero sí sueldos estratosféricos: ganan 130 mil pesos, mucho más de lo que ganan los policías con verdadera formación y larga carrera."

Herrera Valles narra a continuación lo que vivió como agente federal en los operativos conjuntos que se llevaron a cabo en varios estados: dice que el 7 de febrero de 2007 arribó con 300 hombres al estado de Guerrero, tierra de feroces disputas y asesinatos. También se desplazaron a ese estado del Pacífico mexicano mil elementos de la Coordinación de Seguridad Regional, del Ejército y la Armada. Disponían de tres helicópteros como apoyo, pero esas aeronaves, asegura Herrera Valles, "no servían de nada".

—¿No servían? ¿Acaso no iban a la guerra contra los narcos? Esto parece un chiste.

—No es un chiste. Las aeronaves no servían, así de claro. No se podía tener comunicación desde el aire con las bases terrestres. ¿Se imagina usted lo que eso significa? Esas aeronaves se sumaron a la ineficacia, ya que para poder tener apoyo aéreo, a pesar de las emergencias frente al narco, se tenían que canalizar las solicitudes al jefe del Estado Mayor de la Policía Federal Preventiva, Osvaldo Luna Valderrábano, ex chofer de García Luna, un personaje que carece de experiencia y a quien ni siquiera se le podía localizar.

"También había mucha descoordinación. En Guerrero, por ejemplo, no sabíamos qué hacer. Andábamos desorientados. El área de inteligencia de la Secretaría de Seguridad no nos proporcionaba ninguna información sobre las redes criminales. No sabíamos a quién estábamos persiguiendo. Todo era un caos. Las órdenes se giraban en estos términos: 'Váyanse para allá, ahora para acá'. Más tarde nos dijeron: 'Coloquen retenes y hagan presencia en las calles', pero todo aquello era un desorden que nos hacía sentir mucha vergüenza.

"Y mientras policías, marinos y militares en conjunto éramos como un hormiguero disperso, el crimen organizado atacó con toda su fuerza: en una ocasión, ocho sujetos vestidos de verde olivo, con boinas rojas y cámaras de video, arremetieron contra dos bases de la Policía Investigadora Ministerial de Acapulco. En una de las instalaciones, los delincuentes entraron y asesinaron a siete personas, entre ellas a una mujer embarazada. Todo esto ocurrió a plena luz del día y a pesar de que éramos mil elementos los que patrullábamos la ciudad.

"Otro caso vergonzoso durante los operativos fue el secuestro de cuatro agentes de la AFI: Guimel Aponte Santillán, Óscar Alberto Vértiz Valenzuela, Luis Solís Solís y Víctor Omar Nolasco Espinoza, que fue perpetrado por *Los Zetas* en Tamaulipas horas después de haber detenido a varios miembros del cártel del Golfo que se divertían en el centro nocturno conocido como El Cincuenta y Siete. A estos agentes los secuestraron, los torturaron y luego los entregaron en un retén policiaco en Guadalupe, Nuevo León, donde fueron puestos a disposición de la Policía Ministerial. Allí ellos declararon que el plagio fue cometido por un grupo de 'Halcones', policías tamaulipecos que trabajaban para *Los Zetas*.

"Y eso no es todo, pues a mediados de febrero, en los municipios de San Fernando y Reynosa, en Tamaulipas, nuevamente se vio la debilidad o la complicidad de la policía con el narco durante la ejecución del operativo conjunto. La Policía Federal y la Agencia Federal de Investigaciones habían colocado 10 puntos de revisión, por uno de los cuales logró pasar extrañamente una camioneta Hummer blindada que circulaba a toda velocidad y que, detenida poco después por la Policía Federal de Caminos, llevaba cinco armas largas y cinco cortas. Aunque fueron detenidas dos personas, las Fuerzas de Federales de Apoyo no se movilizaron, se quedaron paralizadas."

SINFONÍA INCOMPLETA

A pesar de estas fallas, el presidente Felipe Calderón mantuvo su discurso triunfalista sobre su guerra contra el narcotráfico: "Esta batalla la vamos ganando", decía. Pero otras voces se levantaron en México cuestionando la instrumentación de los operativos militares. Una de ellas fue la del ya citado investigador y asesor de la Organización de las Naciones Unidas (ONU), Edgardo Buscaglia, quien afirmó: "La mayor presencia militar y policiaca en terrenos del narco no es indicador de éxito. La de Calderón es una guerra que pretendió ser algo así como una sinfonía, pero a la que le faltan muchos instrumentos. Por desgracia, el gobierno está empujando al país hacia una crisis de ingobernabilidad similar a la que padece Afganistán. En México, lamentablemente, hay muchos territorios afganizados [...] Y para muestra ahí están los muertos y las balaceras incontenibles.

"Los operativos contra el narco generan más violencia porque la empresa criminal en México, como en Rusia, Colombia o África, cuando ve venir una sanción penal mayor, como lo hace Calderón con la represión de los operativos, asigna mucho más esfuerzo, dinero, recursos humanos y criminales para protegerse. Y se protegen a través de dos canales: la corrupción de funcionarios públicos a niveles bajos y altos del Estado, y mediante la violencia exacerbada. Y en esa estrategia de defensa los narcos utilizan muchos recursos económicos. Se valen del dinero para corromper, para reforzar sus ataques y generar más violencia.

"En el caso de México esto es muy claro: vemos que la sanción penal aumenta y la violencia se recrudece. La sanción penal se refuerza y la delincuencia crece. Se trata de un contrasentido al que yo llamo la paradoja de la acción penal. Pretender ganarle la batalla al narco sólo con represión es como pretender interpretar la Novena Sinfonía de Beethoven con dos violines. A la orquesta gubernamental le faltan muchos instrumentos, como el ataque a los mapas criminales y financieros, y atajar los flujos de financiamiento que los cárteles destinan para responder a la guerra en su contra. En los Estados Unidos se calcula que estos recursos son de entre 300 millones y 400 millones de dólares.

"Yo no tengo ninguna duda de que el presidente Felipe Calderón encamina al país a un estado de ingobernabilidad similar al que vive Afganistán. Cuando los grupos criminales le cobran dinero a los empresarios mayores y menores para salvaguardar su vida y su patrimonio, como ya ocurre en México, y el Estado no tiene un impacto en la producción de bienes y servicios y, peor aún, ante los ojos de la ciudadanía es irrelevante, estamos en camino de convertirnos en lo que las Naciones Unidas llaman un *Estado fallido.*

"Si vamos a la versión más extrema del Estado fallido encontramos a Sudán o Afganistán. Esperemos que México no llegue a ese punto, pero estamos caminando hacia allá. Hay determinadas áreas del territorio nacional que se están afganistando y marchan, paulatinamente, por medio de la expansión operativa de los grupos criminales, hacia la afganización o Estado fallido."

Cuatro años después de que el gobierno emprendió la cacería de capos y la desarticulación de organizaciones criminales, la situación de México ha empeorado: los cárteles mexicanos siguen incólumes, no así el país, que se ha ido precipitando hacia una crisis de inseguridad e ingobernabilidad imparable.

Lo peor de todo es que la guerra contra los cárteles de la droga no ha podido desarticular a ninguno y, por el contrario, estas organizaciones criminales sortean los embates del Estado mediante alianzas, no obstante sus propias disputas por el control de territorios y mercados. La guerra prohijó una nueva reconfiguración del narcotráfico mexicano.

CAMBIO GENERACIONAL

Éste es el rompecabezas del narco a cuatro años de iniciada la guerra: en los primeros dos años del gobierno, una nueva generación de jóvenes narcos se posicionó en puestos de liderazgo en distintos cárteles, impulsados por sus padres, tíos y parientes. Ahora estos grupos no sólo están mostrando su dinamismo, su violencia y su capacidad de recomponer a sus respectivas organizaciones, sino que encabezan nuevos ramajes criminales en el país y se aprestan a consolidarlos a sangre y fuego.

Una de esas nuevas figuras del narco es nada menos que el actual jefe del cártel de Tijuana. Se llama Luis Fernando Sánchez Arellano. Cuenta con menos de 35 años y es apodado *el Ingeniero,* o *el Alineador.* De ese mismo pelaje es Vicente Carrillo Leyva, vástago de Amado Carrillo Fuentes, *el Señor de los Cielos.* Tras la muerte de su padre, este jovenzuelo ascendió en el escalafón del cártel de Juárez y, 12 años después de la muerte de su padre, ya se había colocado en la segunda posición de esa organización criminal, sólo por debajo de su tío, Vicente Carrillo, *el Viceroy,* quien está afincado en Ciudad Juárez, Chihuahua.

El reacomodo de piezas del narcotráfico en el cártel de Sinaloa dio la oportunidad a Ismael Zambada Niebla de acomodarse como importante pasador de droga de la célula que encabeza Ismael Zambada García, su padre, a quien en el mundo del hampa llaman *el Mayo.*

Atrás, muy atrás, parecen haber quedado las viejas reglas del narcotráfico cuando se presentaban pugnas entre capos y cárteles. Hoy la dinámica narcoempresarial de los cárteles resulta impresionante: las alianzas no duran mucho, si acaso unos cuantos días o el tiempo que lleva recibir y cruzar un cargamento de drogas hacia los Estados Unidos, después de lo cual cada grupo regresa a sus posiciones de combate y a la guerra por la conquista de nuevos territorios y rutas.

Los cárteles se fortalecen con nuevos líderes, la sangre nueva que los impulsa a mantenerse firmes en el mercado de las drogas. Por ejemplo, el de Tijuana: como se ha dicho, su nuevo cabecilla es Luis Fernando Sánchez Arellano, quien comparte la jefatura de ese grupo criminal con su medio hermano, Samuel Zamora Arellano.

Sánchez Arellano asumió la jefatura del cártel de Tijuana luego de la aprehensión de tu tío, Francisco Javier Arellano Félix, *el Tigrillo,* el 14 de agosto de 2006, lo que ocasionó un golpe severo, pues pocos meses después fueron detenidos varios de sus cómplices, entre ellos Mario García Simental, *el Criss;* Efraín Pérez, *el Efra,* y Jorge Aureliano Félix, *la Macumba.* Con excepción de Francisco Javier, quien fue detenido en México y entregado a la DEA por el gobierno mexicano, los demás fueron extraditados en enero de 2010 a petición de los Estados Unidos, pese a que enfrentaban juicios o purgaban alguna sentencia.

Así, Sánchez Arellano, con amplios dominios en todo el Pacífico mexicano, comenzó a estructurar su grupo. Sumó a la organización a Eduardo Teodoro García Simental y a Armando Villarreal Heredia, *el Gordo.* Pero la alianza no funcionó. Terminaron peleando por el poder y los dividió el encono. Ambos acabaron ligados al cártel de Sinaloa e hicieron buenas migas con *el Chapo* Guzmán.

El gobierno federal, a través del informe titulado *Radiografía de las organizaciones de narcotraficantes,* elaborado por la SSP federal, reconoce el crecimiento exponencial de los cárteles a pesar de la guerra gubernamental contra ellos y sostiene que muchos de éstos diversificaron sus operaciones delictivas:

"Después de la muerte de Ramón y la detención de Benjamín Arellano Félix, líderes históricos del cártel de Tijuana, se observa que las células criminales diversificaron sus métodos delictivos y, con el fin de autofinanciarse, empezaron a cometer otro tipo de delitos diferentes al tráfico de drogas. Un caso que ejemplifica esta situación es el de la detención de Víctor Magno Escobar Luna, *el Matapolicías,* en Tijuana, Baja California, el 1 de abril de 2008, quien era cercano colaborador de Francisco Javier Arellano Félix y se dedicaba al secuestro. Con él participaban en esa actividad la familia Zatarín, que tiene su centro de operaciones en Mazatlán, La Noria y Culiacán, Sinaloa".

El informe del gobierno refiere más detalles sobre los territorios que actualmente ocupa el cártel de Tijuana, lo que indica que la organización surgida a principios de la década de los ochenta no está desarticulada, ya que tiene presencia en 10 estados del país e incluso sus tentáculos han sido detectados en los Estados Unidos y Sudamérica. Según la SSP federal, las piezas del cártel de Tijuana están, además de Baja California, su lugar de asiento, diseminadas en Sonora, Nuevo León, Michoacán, Colima, Morelos, el estado de México, Distrito Federal, Puebla e Hidalgo.

Las versiones oficiales sobre el desmantelamiento del cártel de Tijuana contrastan con la realidad. En el cargo ejecutivo más alto de esa organización, el del manejo financiero, se encuentra Enedina Arellano Félix. Contadora pública de profesión, se le atribuyen las funciones de lavado de dinero. La familia Arellano mantiene otros miembros en actividad. Es el caso de Luis, Fernando, Norma, Isabel y

Leticia. Salvo Enedina y Francisco Rafael, el resto de las piezas de ese clan no han sido implicadas en el negocio del narcotráfico.

Rearticulado a partir de la fuga de Joaquín el *Chapo* Guzmán Loera —que en enero de este año cumplió una década de haberse fugado de la prisión—, el cártel de Sinaloa alcanzó el poderío precisamente en 10 años. Este grupo se consolidó en Sinaloa, Jalisco, el estado de México, Guerrero y una decena de entidades más durante los sexenios de Vicente Fox y Felipe Calderón. La mayoría de sus integrantes provienen de otro cártel poderoso, el de Juárez, que nació en los sesentas bajo el liderazgo de Pablo Acosta Villarreal, *el Zorro del Desierto.*

Acosta le heredó el poder al ex agente de la Dirección Federal de Seguridad, Rafael Aguilar Guajardo, quien en 1993 fue ejecutado en Cancún, Quintana Roo, en la plenitud de su poderío. En ese año fue liberado Amado Carrillo, quien había sido apresado por posesión de armas, e, inmediatamente, el legendario *Señor de los Cielos* asumió el liderazgo de esa organización. En ese tiempo (1993), Guzmán Loera había caído en desgracia tras su detención en Guatemala; actualmente, ese país, como se ha mencionado, es utilizado por el cártel de Sinaloa como bodega para almacenar narcóticos.

Pero, ocho años después, se escribiría otra historia en el narco mexicano. Hábil e inteligente consideran las autoridades mexicanas al *Chapo* Guzmán. Y sí que lo es. Luego de fugarse, fue arropado por *el Mayo* Zambada y se aprestó a consolidar la empresa criminal más boyante de América Latina, que hoy es denominada como "la federación de narcotraficantes", la cual, según reportes del Departamento del Tesoro de los Estados Unidos, lava sus ganancias a través de unas 500 empresas afincadas tanto en ese país como en Sudamérica y Europa.

Tiempo después, el cártel de Sinaloa trabó relaciones con otros grupos criminales, como el de los hermanos Valencia Cornelio; sobre este grupo, relativamente nuevo, el informe de la SSP establece: "A partir del año 2000 se tuvo conocimiento de la existencia de la organización de los Valencia, una banda criminal asentada en Michoacán que se dedica al tráfico de drogas".

Y mientras se concretaba esta alianza, al interior del cártel de Sinaloa había confrontaciones y rupturas. Estos choques internos derivaron en la captura de Alfredo Beltrán Leyva, *el Mochomo,* o *el Osito Bimbo,* uno de los llamados *Tres Caballeros,* grupo formado con sus hermanos Arturo y Héctor. Así comenzó la guerra que también arrastró a la muerte a policías y militares. Incluso el hijo del *Chapo* cayó muerto, el 9 de mayo de 2008, en Culiacán, Sinaloa, tras desatarse una estruendosa balacera.

En esa refriega entre sicarios rivales también fue asesinado Arturo Meza Cázares, hijo de una mujer llamada Margarita Cázares Salazar, *la Emperatriz,* señalada por la DEA y la PGR como cabeza de una red de lavado de dinero al servicio tanto del *Chapo* Guzmán como de Ismael Zambada García, *el Mayo.*

Tales confrontaciones impactaron el rompecabezas del narcotráfico en México, aunque algunos cárteles no fueron desarticulados, sino que se reacomodaron. Los datos hablan: los hermanos Beltrán Leyva salieron del cártel de Sinaloa y se vincularon al de Juárez, donde antiguamente operaron, y también establecieron una alianza con el más violento de todos los cárteles: *Los Zetas.* Además de su lugar de origen y feudo, Ciudad Juárez, Chihuahua, también tienen presencia en Jalisco, Durango, Coahuila, Sonora, el Distrito Federal, Yucatán y Quintana Roo. Este último estado es clave para sus operaciones, pues se inscribe en la conocida ruta del Caribe.

En la llamada guerra contra el narcotráfico, que, como ya se mencionó, no ha desarticulado a ningún cártel —esto ya ha generado dudas respecto de si las acciones oficiales se enfocan en el narcotráfico o hacia otros blancos sociales—, tanto el cártel de Sinaloa como el del Golfo han resultado los menos golpeados de los siete grupos restantes que disputan el control del negocio de las drogas en México: el de Tijuana, el del Milenio, el de los hermanos Amezcua Contreras, el de la organización Díaz Parada, el de *Los Zetas,* el de Juárez y el del Pacífico Sur.

Sobre el cártel del Golfo hay una larga historia de muertes y detenciones, pero la organización se mantiene firme: en 1996 cayó su líder emblemático, Juan García Ábrego. Un año después lo reemplazó Osiel Cárdenas Guillén, que, tras seis años de esplendor, fue encarcelado, y en 2007 tuvo que ser extraditado porque se había convertido en una pesadilla para el gobierno: desde el penal de máxima seguridad de La Palma siguió dirigiendo el cártel del Golfo, ordenaba asesinatos e incluso se daba el lujo de organizar eventos para festejar el Día del Niño en varios estados del norte del país, en los que regalaba juguetes y enviaba mensajes con la leyenda: "Ustedes son el futuro de México".

La caída de Osiel no significó el derrumbe del cártel. Pronto fue sustituido por Eduardo Costilla Sánchez, *el Coss,* su brazo derecho y hombre de sus confianzas. Este movimiento resultó natural, pues durante las prolongadas ausencias de Osiel Cárdenas, Costilla Sánchez se quedaba al frente del cártel.

Los embates gubernamentales no han podido derrumbar a otras figuras de ese grupo criminal. Si bien el hermano de Osiel, Ezequiel Cárdenas, cayó abatido a tiros en diciembre de 2010, otros personajes siguen operando. Es el caso de Héctor y Gregorio Sauceda Gamboa, este último conocido en Tamaulipas como *el Caramuela.* Ahí está de pie Zeferino Peña Cuéllar, *don Zefe;* Alfonso Lam, *el Gordo Lam;* Jesús Enrique Rejón, *el Mamito.* Separados de ellos desde enero de 2008, Heriberto Lazcano Lazcano, jefe de *Los Zetas,* se mantiene impune y los militares que lo persiguen no han podido detenerlo.

Aunque rompieron su alianza, tanto *Los Zetas* como el cártel del Golfo dominan en vastos territorios del Golfo de México; entre otros, Tamaulipas, Veracruz, Campeche y Tabasco. En el norte del país están presentes en Nuevo León y Coahuila, y, por lo que hace al Pacífico, se encuentran afincados en Michoacán y Oaxaca. Ambos estados también registran despliegues de células de *La Familia Michoacana,* la organización más sanguinaria de los últimos cinco años, junto con *Los Zetas,* que se han reforzado con la incorporación a sus filas de *kaibiles,* desertores de ese grupo de élite del Ejército de Guatemala, uno de los países que muchos cárteles poderosos, como los de Sinaloa y Juárez, utilizan como bodegas. Guatemala es la primera escala que hacen los proveedores de droga antes de llegar a México.

La droga, según las rutas estudiadas por los órganos de inteligencia mexicanos, entra por el estado de Chiapas, sigue por Tenosique, Tabasco, luego cruza por Veracruz y finalmente llega a Tamaulipas, desde donde se envía a los Estados Unidos.

Sorprendente ha sido el poder de reacomodo de los cárteles mexicanos a pesar de la guerra. No sólo han sorteado los embates del gobierno, sino que se han reposicionado en el país, pues controlan 71% del territorio mexicano, según establece el estudio de la Comisión de Desarrollo Municipal de la Cámara de Senadores arriba citado. Y tan posicionados están en México y los Estados Unidos —su principal mercado de consumo— que, como una empresa boyante y sólida, han podido extender su influencia hacia otros países, donde trafican con drogas, lavan dinero sin dique alguno y sientan sus reales mediante las armas de la corrupción y la violencia.

LAVANDERÍAS DE DINERO

En México, como en otros países del mundo, el dinero del narcotráfico corre a raudales por los hilos financieros sin ser detectado y, en el peor de los casos, es protegido por las redes de testaferros que, al amparo del poder empresarial y político, ponen a salvo esos jugosos capitales que se estiman en unos 300 mil millones de dólares anuales.

Esta libertad con la que circula el llamado "dinero sucio" tiene una explicación: en México aún no se termina de construir un andamiaje eficaz contra esas prácticas y, por ello, nadie pone en duda que la banca está infiltrada y es cómplice de la delincuencia por omisión, ya que no cumple con las recomendaciones del Grupo de Acción Financiera Internacional (GAFI) para prevenir el lavado de dinero, ni utiliza el instrumental técnico y legal del que dispone para impedir que los capitales ilícitos se muevan por las arterias del sistema financiero.

La Secretaría de Hacienda (SHCP) reconoce que cada año hay excedentes de dinero que no tienen explicación. Por ejemplo, el más reciente dato sobre el tema del lavado de dinero lo dio a conocer su titular, Ernesto Cordero, en junio de 2010.

"Desde hace varios años —dijo— los 41 bancos que operan en el sistema, después de atender la demanda regular de cambios —dólares por pesos— por parte de personas y empresas, se quedan cada año con un excedente. Son más de 10 mil millones de dólares que no tienen explicación en la dinámica propia de la actividad económica del país."

Esto quiere decir que los bancos captan mucho más dólares de lo que demandan las personas físicas y morales para sus actividades económicas habituales. Por tanto, se presume un origen ilícito, fundamentalmente proveniente de las ganancias del narcotráfico, el explosivo negocio que en México se disputan nueve organizaciones criminales.

El narcotráfico mexicano está presente en todo el mundo, y así como "blanquean" sus capitales en distintas naciones, grupos de otros países también utilizan a México como centro de operaciones de lavado de dinero.

Por ejemplo, el Departamento del Tesoro de los Estados Unidos ha descubierto que varios cárteles mexicanos lavan las ganancias del narcotráfico a través de empresas muy bien posicionadas y que operan, en muchos casos, al amparo de testaferros. El 12 de junio de 2010, ese organismo congeló activos de 15 empresas y nueve personas en México, Colombia y el Caribe, presuntamente relacionadas con el capo colombiano Fabio Enrique Ochoa Vasco, de quien, se afirma, inició su carrera delictiva en el cártel de Medellín, que en su etapa de esplendor fue encabezado por Pablo Escobar Gaviria.

La investigación puso al descubierto una red de empresas afincadas en Guadalajara, Jalisco, que eran manejadas por Luis Pacheco Mejía, presunto prestanombres de Ochoa Vasco. Las compañías operan en dos ramas de la economía mexicana: el campo y la industria de la construcción; de hecho, esta última actividad ha sido la más socorrida por los capos para legalizar sus finanzas.

Las empresas congeladas fueron Granoproductos Agrícolas, S. A. de C.V., Grupo GLP Constructora, S. A. de C.V., Grupo Constructor Inmobiliario Pacar, S. A. de C.V. y Cimientos La Torre, S. A.

No es todo: por lo menos desde el año 2006, el Departamento del Tesoro de los Estados Unidos también encendió los focos rojos dentro del cártel de Tijuana, al enviarle al gobierno de México una ficha con el reporte de 25 empresas que, según las investigaciones estadounidenses, estaban relacionadas con el lavado de dinero proveniente de actividades ilícitas, entre otras, el narcotráfico.

Dichas empresas son Forpress, Administradora de Inmuebles Vida, Distribuidora Imperial de BC, Controles Electrónicos de BC, Comercializadora Amia, Servicios Administrativos y de Organización, Gasolinera San Fernando, Inmobiliaria El Presón, Corrales San Ignacio, S. P. R. de R. L. de C.V. (empresa ganadera), Módulos de Cambios, Caja Amigo Express, Operadora Caja y Servicios, Multicaja de Tijuana, Chihuahua Foods, Río Grande Stockyards, Inc., Farmacia Vida, Accesos Electrónicos, S. A. de C. V., Strong Link de México (blindaje de autos), Auto Express Dorados, Indio Vitorio S. de P. R. de R. L. de C.V., Promotora FIN, Del Norte Carnes Finas San Ignacio, Inmobiliaria Escorpión del Norte, Profinsa y Patricia Casa de Cambio, entre otras.

Todas estas empresas, según los informes estadounidenses, participan en actividades de lavado de dinero. Y ante el creciente flujo de dólares sin soporte en la economía mexicana, el gobierno de México tomó medidas para frenar ese presunto ilícito.

El secretario de Hacienda, Ernesto Cordero, llamó a la banca mexicana y a las instituciones financieras en general a frenar la entrada masiva de dólares en efectivo al sistema bancario nacional. La medida se puso en marcha en 2010. Los bancos restringieron las operaciones en esa moneda en las ventanillas.

La medida no parece ser la solución al problema. Según Edgardo Buscaglia, el gobierno mexicano no se preparó para enfrentar la guerra contra el narcotráfico. Y es que para él resulta inaudito que las instituciones responsables del combate criminal no cuenten con instrumentos para desmantelar las redes patrimoniales y financieras extendidas dentro y fuera de México.

La PGR, dice, carece de instrumentos legales eficaces, si bien en septiembre de 2008 un grupo de expertos presentó a esa dependencia el proyecto "Mejoramiento en el marco jurídico y su implementación contra la delincuencia organizada". Muchas de las reformas en la materia aún no se discuten en el Congreso, pese a la emergencia que enfrenta el país en materia de seguridad y en su economía formal, que se ve perforada por los llamados "narcocapitales".

De acuerdo con ese estudio, el país no cumple con sus compromisos internacionales. En el proyecto referido se expone: "México ha promulgado instrumentos jurídicos cumpliendo con el 87% de las cláusulas de la Convención de la ONU contra la Delincuencia Organizada (Palermo) y con el 46% de las cláusulas de la Convención contra la Corrupción (Mérida)".

"Sin embargo, a través del análisis de expedientes judiciales se observa que, en la implementación de prácticas de estos instrumentos, México cumple sólo con el 64% de las cláusulas de la Convención de Palermo y con el 23% de las de la Convención de Mérida contra la Corrupción. A diferencia de México, Colombia ha alcanzado a implementar el 100% de las cláusulas de ambas convenciones de la ONU en sus instrumentos jurídicos e implementan activamente el 94% de ellos."

En el caso de México, la ineficacia para combatir a la delincuencia organizada y el lavado de dinero es crítica: en las instituciones responsables del combate criminal existe "desempeño heterogéneo e incertidumbre jurídica en la aplicación de las normas legales a la Convención de la ONU de Palermo", según el estudio.

De acuerdo con el diagnóstico, la atrofia institucional en México es grave: en los organismos que luchan contra el crimen organizado "hay ausencias de programas de prevención de la delincuencia y asociaciones delictuosas". Para enfrentar estos problemas, investigadores mexicanos proponen a la PGR, entre otras medidas, reformar el artículo 400 bis del Código de Procedimientos Penales para tipificar la "conversión de activos patrimoniales en lavado de dinero".

También existe la urgencia —aunque en la realidad las reformas encaminadas al freno del problema sean lentas y pasivas— de tipificar la manipulación de mercados por parte de accionistas o empresarios en posesión de información confidencial: que las unidades de Inteligencia Financiera y la de Investigación Patrimonial, más una unidad específica dentro de la PGR, coordinen y compartan sus bases de datos con la Secretaría de la Función Pública (SFP) y el Servicio de Administración y Enajenación de Bienes (SAE, también dependiente de la SHCP) para cruzar información con mayor efectividad y abrir líneas adicionales de investigación patrimonial.

Otra propuesta que, como las anteriores, no se aplica —lo que demuestra la atrofia institucional frente al narcotráfico—, es la expansión y cruce de datos a través de un flujo mayor de información patrimonial de los delincuentes o testaferros en la que también se involucren entes reguladores del sistema financiero, como las comisiones Nacional Bancaria y de Valores, y la Nacional de Seguros de Ahorro para el Retiro, más el Banco de México.

A pesar de la existencia de este arsenal de medidas contra el lavado de dinero, poco se hace para ponerle freno. Lo cierto es que en México existe un boyante crecimiento de la industria de la construcción, zonas residenciales con casas y condominios de lujo inalcanzables para la población común y cuyos clientes son, en su mayoría, personas extranjeras con dudosas fortunas que invierten en proyectos de bienes inmuebles.

LOS MÚLTIPLES BRAZOS CRIMINALES

En varios países de Sudamérica, los cárteles mexicanos son tan pujantes en sus negocios como en México. El presidente de Perú, Alan García, denunció el 26 de noviembre de 2008 que el cártel de Tijuana, junto con el de Sinaloa, están presentes en territorio peruano y a ellos se les atribuyen, dijo enfáticamente, los brotes de violencia que azotan a ese país sudamericano. El mandatario peruano resumió con estas palabras la beligerancia de los cárteles mexicanos: "Son mucho más agresivos que los de la época de los colombianos. Estos cárteles, como el de Tijuana, por ejemplo, son realmente salvajes".

Y, precisamente ante el incremento de la violencia: matanzas, balaceras que se multiplican en Perú por la presencia de los cárteles mexicanos, el mandatario peruano le solicitó al presidente Felipe Calderón que la policía antinarcóticos de México opere en su país para desarticular las redes tejidas por los cárteles, pues, según los informes de inteligencia peruanos, éstos ya han superado, en capacidad de violencia y en el negocio de las drogas, a los grupos delictivos de Colombia, el principal proveedor de droga en el mundo.

Varias historias robustecen la certeza de que los cárteles mexicanos controlan el mercado de las drogas en América Latina. En junio de 2008, por ejemplo, el aseguramiento de 97 tiburones rellenos con 893 kg de cocaína que arribaron al puerto de Progreso, en el estado de Yucatán, puso al descubierto las operaciones de trasiego de droga del cártel de Sinaloa en Costa Rica. El contacto del capo Joaquín *el Chapo* Guzmán Loera era nada menos que el empresario costarricense Sigifredo Ceciliano Gamboa, quien en marzo de 2008 formó parte de una comitiva especial de empresarios que acompañó en una gira a México al presidente de Costa Rica Óscar Arias, a quien saludó en un banquete efectuado en la embajada de ese país en México.

La penetración del cártel de Sinaloa en Costa Rica no es casualidad. Ese país centroamericano tiene una posición geográfica privilegiada: se ubica cerca de las bases de producción en Colombia y a dos horas y media de México vía aérea. El ministro de Seguridad Pública del gobierno de Costa Rica, José María Tiberino, abordó este fenómeno y le puso nombre a los cárteles mexicanos que están operando en ese país: "Todos los cárteles mexicanos tienen miembros en Costa Rica. Los más fuertes son el de Sinaloa y *La Familia Michoacana*".

También refirió, en una entrevista con el semanario mexicano *Proceso,* el más combativo en temas de narcotráfico, que se sabe que los grandes cárteles de México no sólo tienen presencia en Costa Rica, sino que, como cualquier empresa privada, han pasado sus oficinas a Centroamérica para comercializar la droga.

Costa Rica también experimenta el impacto de la corrupción manejada por el narcotráfico, pues sus miembros han sobornado a jueces y, como ocurre en México, también han infiltrado a la policía. "Desgraciadamente, junto con la droga —aseguró el ministro costarricense— también viene una gran ola de corrupción. Es un negocio muy rentable y no podemos decir que estábamos o estemos preparados para atender una criminalidad organizada tan violenta como la mexicana."

La operación de Ceciliano Gamboa con los tiburones rellenos de cocaína fue toda una travesía, según documentaron las autoridades. Fueron transportados en un buque con bandera de conveniencia que zarpó de un puerto del Pacífico costarricense, cruzó el Canal de Panamá, hizo escalas en Honduras y en tres terminales marítimas de los Estados Unidos sin que se detectara el cargamento. Luego llegó a Yucatán, su destino final. La mercancía tenía como destinatario la empresa Tenería del Caribe Internacional, asentada en Guadalajara, Jalisco, cuya filial opera en Costa Rica. El dueño de la firma fue identificado como Francisco Pozos Lepe.

La penetración de los narcos mexicanos en Costa Rica hizo que el gobierno de ese país solicitara ayuda al gobierno de los Estados Unidos para llegar a sus costas y vigilarlas, y, así, evitar una mayor expansión del narcotráfico, frenando sus operaciones de trasiego.

En octubre de 1999, por ejemplo, cuando Costa Rica ya era un boyante y atractivo paraíso para el tráfico de drogas y el lavado de dinero, el gobierno de ese país firmó un convenio de patrullaje conjunto con los Estados Unidos para "vigilar" los 600 km^2 que comprenden las aguas territoriales del país centroamericano. Dicho convenio ha permitido el ingreso de embarcaciones de poco calado pertenecientes al Servicio de Guardacostas de los Estados Unidos.

Ahora, en virtud de ese mismo acuerdo, el gobierno costarricense autorizó la entrada de buques de guerra de gran calado y el desembarco de soldados estadounidenses en ese país.

Según el convenio, los buques y soldados norteamericanos podrán operar en aguas de Costa Rica, aunque hubo restricciones, pues dichas embarcaciones estarían en aquel país durante un corto tiempo, pues su arribo causó alarma en diversos sectores, tanto que se llegó a decir que detrás de esas operaciones había "razones ocultas" y exigieron al gobierno que diera marcha atrás al permiso de ingreso de tropas estadounidenses.

Datos históricos revelan que la presencia de los capos mexicanos en Costa Rica no es nueva. En 1985, en ese país fue detenido el narcotraficante Rafael Caro Quintero, otrora poderoso jefe del cártel de Guadalajara, quien era perseguido por las autoridades mexicanas y estadounidenses por el asesinato de Enrique Camarena Salazar, agente de la DEA, ocurrido en ese mismo año.

Otros capos mexicanos tejieron su red también en Colombia. Ahí operaba Edgar Valdez Villarreal, *la Barbie,* detenido en México en 2010. Varios de sus enlaces colombianos también fueron aprehendidos al ponerse en marcha la Operación Golfo, que permitió la captura de 11 operadores de Villarreal en Colombia que estaban vinculados a las Fuerzas Armadas Revolucionarias de Colombia (FARC).

En Nicaragua, desde 2004 se detectaron redes operativas conectadas con el cártel de Sinaloa. En ese año, la Policía Nacional realizó 16 operativos contra células ligadas a los cárteles afincados en México. Tras la puesta en marcha de la Operación Fénix, se desmanteló una parte de la infraestructura para el trasiego de droga: dos aeronaves, 16 lanchas, 25 fusiles (AK-47) y lanzagranadas. Los golpes al cártel de Sinaloa han sido contundentes: le han asegurado más de 12 t de cocaína en dos años y se descubrió que el tráfico de cocaína se realiza por diversas rutas, como la carretera Panamericana y el océano Pacífico. También se utilizan los afluentes del lago de Nicaragua, o Cocibolca, el segundo más extenso de América Latina.

La presencia de los cárteles mexicanos se evidenció en 2004 con el hallazgo de una avioneta quemada que fue enterrada en la comarca de Samaria, municipio de Villa El Carmen, localizada a 50 km de Managua. A raíz de este descubrimiento, las autoridades nicaragüenses iniciaron una amplia investigación que permitió saber que el cártel de Sinaloa estaba instalando bases logísticas, que llegaban incluso hasta Panamá, para apoyar el trasiego de drogas hacia México. Otra parte de su infraestructura la conformaban casas ubicadas en lugares recónditos.

Los múltiples brazos del cártel de Sinaloa y de otras organizaciones criminales mexicanas también están presentes en Argentina y Venezuela. En el primer caso, la organización liderada por Joaquín Guzmán Loera logró establecer bases de operación para producir metanfetaminas. Se aprovechan los bajos costos de la efedrina y las lagunas legales en ese país que impiden establecer controles más rigurosos sobre el precursor químico.

Por lo que hace a Venezuela, está establecido el envío de cargamentos de cocaína vía aérea que despegan del aeropuerto de Maiquetía, descienden en Barranquilla, Colombia, y luego ingresan en México por el Caribe, una de las rutas más socorridas por los cárteles mexicanos.

No es todo: aliadas con los cárteles colombianos, las organizaciones mexicanas dedicadas al tráfico de drogas también operan en España, país por donde ingresan en buena parte de Europa cuantiosos cargamentos de estupefacientes, desde cocaína y mariguana, hasta las llamadas sustancias de diseño.

Aunque los embarques de estupefacientes ilícitos arriban a España desde hace varios años, las luces rojas se encendieron en ese país cuando, en 2007, la DEA alertó a los españoles sobre la llegada de un buque, más tarde identificado como *Oceanía,* que llevaba en su panza 4 t de cocaína provenientes de América. En plena travesía, y cuando le faltaba muy poco tiempo para arribar a Galicia, el buque fue interceptado. Con este hecho se confirmó la penetración de los cárteles mexicanos en Europa, y otros casos más establecieron la certeza de que España enfrenta ya un problema de seguridad nacional por estas causas.

Lo grave de todo es que España ya está considerada como la puerta de entrada de la droga hacia Europa, y así se ha analizado el fenómeno en los Estados Unidos. Una muestra del crecimiento del tráfico de drogas latinoamericano hacia Europa lo establecen las mismas cifras, pues se han duplicado año tras año. En 2005 se decomisaron en España 323 kg de cocaína, según datos oficiales. Un año después, la incautación fue de 3 mil 160 kg y en 2007, de 6 mil 500 kg, lo que demuestra un incremento en el flujo de drogas.

En Washington, este fenómeno ha despertado preocupación. Por ejemplo, el subadministrador adjunto de la DEA, Joseph T. Rannazzisi, le informó al Comité de Finanzas del Senado en 2010 que la expansión de los cárteles mexicanos ha llegado a África y también a Medio Oriente, donde compran sustancias químicas para la elaboración de drogas sintéticas. Pero hay otro dato escandaloso: la DEA detectó en ese mismo año que Europa recibe 80% de la droga que no llega al mercado estadounidense, y esto tiene una explicación: tanto los cárteles colombianos como los mexicanos han penetrado ese mercado utilizando rutas como los puertos de la Península Ibérica, Bélgica, Países Bajos y el Reino Unido.

Uno de los escándalos que evidenció la conexión de narcos mexicanos con Europa, así como el uso de la aviación comercial para el envío de drogas a ese continente, fue la detención, en diciembre de 2010, de tres sobrecargos de la compañía de aviación Aeroméxico que viajaron de la Ciudad de México a Madrid con 140 kg de cocaína ocultos en sus maletas.

En México se sabe que los cárteles que mejores controles tienen en el Aeropuerto Internacional de la Ciudad de México son el de Sinaloa y el de Juárez. Nadie hasta ahora conoce detalles respecto de cómo fue introducida la cocaína a la terminal aérea, pasó los controles de revisión y, finalmente, se embarcó en el avión que aterrizó el 9 de diciembre en el aeropuerto de Barajas, en Madrid, España.

Según el Grupo de Estupefacientes de la Comisaría de Madrid-Barajas, el aseguramiento de la droga es el más cuantioso que se ha decomisado en esa terminal aérea en los últimos años. Según los pormenores de la investigación federal, los sobrecargos Gerardo Zárate, Luis Avilés y Eduardo Pérez decidieron tomar unos días de vacaciones y planearon viajar a Madrid.

Compraron sus boletos, en calidad de turistas, y prepararon los pormenores para internar los 140 kg de cocaína en la terminal aérea de México. La droga pudo cruzar los filtros electrónicos y de revisión manual sin contratiempos, presuntamente con la complicidad de policías y funcionarios de la aduana que opera en el aeropuerto. Luego de pasar todas las revisiones habidas y por haber, fue embarcada en la panza de un Boeing de la empresa Aeroméxico, que nueve horas después aterrizó en Madrid.

Los sobrecargos descendieron del avión y se encaminaron a recoger sus maletas rotuladas con el logotipo de la compañía aérea. A los agentes españoles les llamó la atención ver a tres sujetos con maletas iguales, con un notorio peso en cada una, y de inmediato solicitaron la revisión del equipaje. Al abrir los cierres hallaron paquetes en forma de ladrillo que, al realizarles una prueba, resultaron ser cocaína.

No es la primera vez que el aeropuerto de la Ciudad de México —considerado por el Departamento de Aduanas de los Estados Unidos como un gran centro de operación de entrada y salida de droga y dinero— se utiliza para enviar o recibir cargamentos de estupefacientes. En 2008 un avión de la compañía alemana Lufthansa aterrizó en México con 3 t de pseudoefedrina, el principal precursor para elaborar drogas sintéticas. Cabe decir que en los años 2008 y 2009, el capo mexicano Ismael Zambada García, *el Mayo,* tejió en dicha terminal aérea una amplia red de cómplices, entre quienes se encontraban funcionarios de aduanas y agentes federales, incluso de la Policía Internacional (Interpol).

Agentes antinarcóticos mexicanos consultados sobre el crecimiento del narco mexicano en Europa dicen que las recientes ofensivas del Ejército para frenar el flujo de cocaína hacia los Estados Unidos han impulsado al cártel de Sinaloa y a *Los Zetas* a buscar nuevos mercados; de ahí que en Europa no falten individuos dispuestos a apoyar una expansión global del mercado de las drogas que fomentan las organizaciones criminales mexicanas. Según informes tanto de Europa como de México, la ciudad de Liverpool está en la mira de las organizaciones trasnacionales de drogas.

Los expertos consultados hacen esta observación sobre la penetración de los cárteles latinoamericanos en Europa: "Los mexicanos están haciendo un cambio en sus operaciones. Los cárteles están empezando ahora a orientarse fundamentalmente hacia el Reino Unido, pero también hacia España", como lo han establecido los informes estadounidenses, en cuya percepción parecen coincidir. Y añaden: "La cocaína está [se refieren a que entra empaquetada] en contenedores y el principal puerto de entrada es Liverpool".

Gran Bretaña, uno de los países más poderosos de Europa, sólido y de arraigadas costumbres, tenía hasta el año 2007 a un poderoso mafioso ligado con cárteles latinoamericanos y era el principal operador del tráfico de drogas tanto en ese país como en otros de Europa. Su nombre: Colin Smith, conocido como *el Rey de la Cocaína*.

Este hombre fue ejecutado cuando salía de un gimnasio donde habitualmente se refugiaba en momentos de tensión y que fue considerado su centro de operaciones.

Colin *Smigger* Smith, según publicó el año pasado el diario británico *The Observer,* era el segundo narcotraficante más importante que ha producido Gran Bretaña, aliado del legendario mafioso Curtis Warren, el más trascendente capo de ese país y el único que ha aparecido en la lista de ricos del *Sunday Times,* actualmente preso en Jersey.

Gracias a los productivos negocios que hizo con cuantiosos cargamentos, y a los buenos contactos que mantuvo con el cártel de Sinaloa y *Los Zetas,* Smith amasó una fortuna que antes de ser asesinado se estimó en unos 200 millones de libras esterlinas. Buena parte de este dinero lo obtuvo coordinando las tareas de distribución de cocaína a toda Europa.

Para ello utilizó sus buenas relaciones con cárteles sudamericanos, primero, y mexicanos, después, los que enviaban la droga de América a Europa.

La muerte de Smith, según la policía británica, dejó muchos hilos sueltos en el tráfico de droga en Europa. Nadie ha podido saber a ciencia cierta quién lo mató y nadie ha sido detenido todavía por este crimen. Detalles de la investigación revelan, sin embargo, que detrás de su muerte hay una historia de venganzas y de lucha de poder entre mafiosos que pretenden dominar el tráfico de drogas en tres continentes: Europa, África y Asia.

Según se sabe, a Colin Smith, perseguido número uno de la Policía de Liverpool, lo mandaron matar porque no consiguió 72 millones de libras esterlinas producto de la venta de un cargamento de droga que el cártel de Cali envió a Inglaterra desde Colombia.

Smith, según su historial, se caracterizó por ser un mafioso no proclive a la beligerancia sino a la negociación. Tampoco se involucraba directamente en los movimientos de droga. Su éxito fue resultado de su habilidad para ganarse la confianza de sus contactos y su capacidad para organizar operaciones perfectas.

La presencia de la droga en Inglaterra, España, Francia y otros países del Primer Mundo no es nueva. En 1983, la heroína, por ejemplo, empezó a inundar a Gran Bretaña a través de la vasta zona de muelles de Merseyside. En la actualidad las cosas siguen igual: lo único que ha cambiado es la droga. El puerto de Liverpool maneja 680 contenedores al año: 700 mil TEU (*twenty-feet equivalent unit,* unidad utilizada para medir la capacidad de buques en términos de contenedores de 20 pies); un promedio de 171 mil —468 diarios— de estos embarques de mercancías provienen de países de Sudamérica, China y la India. La seguridad está a cargo de 30 policías portuarios, que refuerzan sus tareas con otros 15 agentes de aduanas, lo que resulta insuficiente para detectar en tiempo y forma los embarques de droga que arriban a esa terminal portuaria.

Agentes mexicanos consultados, que conocen el modus operandi de los cárteles, afirman: "La seguridad en los puertos de Europa no es buena y eso está siendo aprovechado por las organizaciones criminales. El cártel de Sinaloa, lo mismo que *Los Zetas,* están utilizando contenedores para el envío de droga y todavía no hay una solución para evitar este manejo. Lo grave es que no se puede revisar cada uno de los contenedores, y de esa manera las autoridades permiten que se atienda la creciente demanda de droga que existe en el Reino Unido.

"Depositar la cocaína en contenedores que viajan en barco es el método más socorrido de los cárteles para cubrir las importaciones masivas de droga que son manejadas con documentación que ampara otro tipo de importaciones. Las cantidades que se embarcan en cada contenedor oscilan entre los 250 y 500 kg, y de esa manera se reducen riesgos. Lo que llama la atención es que este método es muy eficaz; después sigue el transporte aéreo, donde muchas aerolíneas han entrado en pugna por el control de la carga, pues ése es un negocio muy jugoso que representa miles de millones de dólares."

IV

Un nuevo modelo de negocios

Pero el dinero ilegal, de acuerdo con la nueva dinámica del crimen organizado, no parece provenir solamente del narcotráfico. Presentes en 38 países del mundo, los cárteles mexicanos ahora son más agresivos en la búsqueda de ganancias, y han diversificado sus actividades criminales y expandido sus redes en todo el mundo. Ya no sólo es el tráfico de drogas su principal fuente de ingresos: ahora su abanico incluye rubros como la piratería, el tráfico de personas, la venta de protección, el secuestro, la extorsión y el cobro de impuestos en municipios y regiones. Sus víctimas son empresarios de todos los giros.

También suelen despojar a sus víctimas del patrimonio. Esta práctica, una de las más escandalosas de los últimos cinco años, consiste en amenazar a la gente para que ceda sus propiedades: ranchos, casas, automóviles, ganado, o comparta las ganancias de sus negocios con los delincuentes. En el peor de los casos, las víctimas son secuestradas hasta que pagan su rescate y, a través de un notario cómplice, formalizan la entrega del patrimonio familiar.

En México existen casos que podrían parecer fantásticos, como el pago de rescates en pagos mensuales, es decir: a los secuestrados se les obliga a firmar pagarés por determinadas sumas de dinero que luego los secuestradores cobran mensualmente. Durante el tiempo que lleva el cobro del dinero, las familias viven bajo amenaza permanente.

Este sadismo de los hombres del narco ha colocado a buena parte de la población, sobre todo los núcleos afincados en ciudades que son asiento de grupos criminales, en completa vulnerabilidad. Ante la falta de respuesta de las autoridades, empresarios y ganaderos se han visto en la necesidad de salir a la defensa de su patrimonio echando mano de las armas. Muchos de ellos han perdido la vida.

A principios del año 2000, tras la caída de algunos capos de la droga, a organizaciones criminales como *Los Zetas* se les comenzó a atribuir este tipo de prácticas, una suerte de barbarie en el llamado "México democrático". Las autoridades federales adujeron que los secuestros y la extorsión, por ejemplo, daban cuenta de la crisis que enfrentaban los cárteles de la droga por el combate oficial, y que esas actividades ilegales eran una de las vías para capitalizarse y así poder mantener el negocio de las drogas.

Pero hoy es diferente. Paralelamente al negocio del tráfico de drogas, los cárteles del narcotráfico, como empresas del crimen bien organizadas, operan con alas criminales diferentes. En 2005, por ejemplo, el cártel de Tijuana dio de baja a toda su base de sicarios y muchos gatilleros se quedaron desempleados, por lo que empezaron a dedicarse a los secuestros y al oficio de matar, ofreciéndose a cualquier postor.

En varias regiones de México surgieron grupos delincuenciales que comenzaron a imitar a los poderosos sicarios cometiendo secuestros y atracos, no sin generar violencia y muertes, a menudo por represalias de los propios cárteles. Escandalosa resultó la aparición de cadáveres sin manos o completamente descuartizados en estados del sureste y del norte, con vistosos mensajes que decían: "Esto te pasa por andar extorsionando a nombre de la empresa".

En Ciudad Juárez, los narcotraficantes llegaron a límites insospechados. Era común que secuestraran a un empresario y, luego de liberarlo, lo obligaran a vender una cantidad de droga por semana, lo que derivó en que muchas personas decidieron cerrar sus negocios y marcharse de sus lugares de origen, no sin denunciar a través de carteles o mantas: "Cerramos porque aquí ya no se puede vivir".

PAGAR O MORIR

Uno de los casos más indignantes ocurridos en México fue el de Alejo Garza Tamez, un empresario maderero de Tamaulipas, quien perdió la vida en la defensa de su rancho, en noviembre de 2010. Esta tragedia confirma que el Estado mexicano, rebasado por la criminalidad, ya no puede garantizar ni la vida ni el patrimonio de los ciudadanos.

Ésta es la historia:

Bastaron unas horas de tensión —las más agitadas y decisivas de su vida— para que el empresario maderero Alejo Garza Tamez rompiera el anonimato en el que vivió y pasara a ser protagonista de una tragedia. El destino le había dado la oportunidad de vivir largos años del negocio de la madera, herencia de su padre, y nada parecía perturbar a este hombre que a los 77 años defendió su vida con las armas empuñadas, decidido a batirse a tiros con quienes prendían despojarlo de su rancho.

La tarde del 12 de noviembre, el día rompió con un sol esplendoroso. Caporales y empleados domésticos llegaron al rancho San José muy temprano, como era habitual, y comenzaron a trabajar en aquel fastuoso predio donde saltan a la vista cientos de cabezas de ganado de alto registro que pastan en las inmediaciones de la presa Vicente Guerrero, en el estado de Tamaulipas.

En ese lugar parecía haberse asentado la prosperidad. El trabajo cotidiano daba un aire de tranquilidad inalterada al rancho, rodeado de árboles y verdes pastizales. Todo aquello era paradisiaco. Era el refugio de don Alejo Garza, su espacio de descanso, de soledad, pero también de convivencia familiar.

Don Alejo estaba ya en edad de retiro laboral, pero seguía trabajando en el comercio de la madera. Aunque con menos intensidad que otros años, atendía los pedidos habituales de sus clientes, y se podría decir que ya no tenía necesidad de dedicarle tantas horas a su trabajo.

Pero, como si los problemas hubieran sido invocados, éstos comenzaron a llegar. Aquel 12 de noviembre, don Alejo llegó a su rancho y uno de sus empleados lo recibió con un mensaje.

—Le llamaron por teléfono, don Alejo.

—¿Quién? —preguntó.

—No se identificaron, sólo dijeron que necesitaban hablar con usted y que es urgente.

Horas más tarde, cuando don Alejo descansaba, sonó el teléfono. Levantó el auricular y escuchó:

—Queremos tu rancho... Prepara todo porque mañana estaremos contigo. No denuncies, porque te mueres.

A partir de ese momento, Alejo Tamez no pudo vivir en paz. Pidió ayuda a las autoridades estatales. Nadie acudió en su auxilio. Hombre bragado, decidió jugarse la vida en la defensa de su patrimonio. Y comenzó a preparar todo.

Por la tarde reunió a sus empleados y les pidió que al día siguiente nadie se presentara a trabajar. La misma instrucción giró al servicio doméstico.

Cuando ya estaba solo, sacó de su armario varias armas largas y cortas, y comenzó a colocarlas en lugares estratégicos: en las ventanas, en puertas y balcones... Y luego se atrincheró en su casa, a la espera de los presuntos delincuentes, que arribaron puntuales a la cita armados incluso con un notario para dar fe de la cesión de la propiedad.

Hasta ahora no se sabe oficialmente qué grupo criminal pretendía despojarlo de su rancho, pero, por la forma de operar, se infiere que fueron *Los Zetas*.

Tan pronto como llegaron las camionetas, don Alejo se dispuso a cerrarles el paso desde el interior de su casa. Cuando vio descender a los maleantes, comenzó a disparar. Y entonces se desató el tiroteo, que duró varias horas.

Desde las ventanas, Alejo Tamez pudo disparar y tuvo puntería: mató a cuatro presuntos *zetas* e hirió a otros dos. No pudo, sin embargo, salvar la vida: fue asesinado en el rafagueo.

Pronto corrió la noticia del tiroteo, pues el rancho San José está ubicado a unos 43 km de Ciudad Victoria, la capital del estado. Fue entonces cuando se desplazaron efectivos del Ejército mexicano y de la Secretaría de Marina.

Al realizar la inspección del lugar, los soldados encontraron un ambiente desolador: la casona tenía las paredes perforadas por la metralla. Cientos de impactos de bala por todas partes, cazuelas agujereadas, la estufa destruida y el piso inundado de sangre. En distintos espacios de la casa había casquillos percutidos y en una de las recámaras se encontraron fundas de escopetas.

Una puerta que da acceso a una estancia fue derribada con un lanzagranadas, y por todas partes quedó penetrado un intenso olor a pólvora, rastros de la larga batalla.

Días después del tiroteo, el rancho San José luce desolado. Adentro de la casona unas veladoras permanecen encendidas frente a la fotografía de Alejo Tamez, quien luce con un rifle mostrando un venado recién cazado.

Alejo Tamez pasó a la historia. Su hazaña quedó grabada en este corrido que lo inmortalizó:

> Hombre bragado y valiente,
> no le importó su dolor.
> Nació norteño hasta el tope,
> como tal defendió su honor;
> salvó primero a sus hombres,
> por los matones guardó,
> llegaron a amedrentarlo,
> a balazos les contestó.
> Desde su noble trinchera
> cuatro delante se echó:
> era su vida y su rancho,
> era cuestión de su honor.
> Por eso murió a balazos,
> por eso nunca se hincó.
> En la gloria está don Alejo,
> él solito a su rancho salvó
> y los guachos [soldados] están sorprendidos
> pues a ninguno necesitó.

Segunda parte

LAS HISTORIAS

I

La fuga del *Chapo*

En pleno ascenso en el negocio del narcotráfico, la carrera delictiva de Joaquín *el Chapo* Guzmán Loera fue frenada en 1993. En el mes de junio de ese año fue detenido en Guatemala, desde entonces uno de sus territorios preferidos, acusado del asesinato de un alto prelado de la Iglesia católica: el cardenal Juan Jesús Posadas Ocampo, quien fue acribillado en el aeropuerto de la ciudad de Guadalajara, cuando llegaba a esa terminal aérea con un maletín y se disponía a ir al encuentro de un personaje supuestamente ligado a la mafia.

En aquel mes de mayo de 1993, la pugna entre Joaquín Guzmán Loera y los hermanos Benjamín y Ramón Arellano Félix, jefes del cártel de Tijuana, era atroz. Se perseguían por todas partes a balazos. El odio y la ambición de controlar mayores territorios había dividido a estos dos bandos del narcotráfico que por algún tiempo fueron amigos y compartían negocios, vinos caros y alhajas relucientes con el capo más avezado de ese tiempo: Miguel Ángel Félix Gallardo, el llamado "jefe de jefes", líder del cártel de Guadalajara que después pasó a convertirse en el cártel del Pacífico.

El gobierno de Carlos Salinas de Gortari se colgó una medalla al capturar al *Chapo,* quien rivalizaba con otro capo poderoso: Juan García Ábrego, jefe del cártel del Golfo, visto como el narcotraficante consentido de ese sexenio.

Guzmán Loera fue encerrado en un penal de máxima seguridad entonces llamado Almoloya de Juárez —hoy del Altiplano y, popularmente, La Palma—, ubicado a una hora y media del Distrito

Federal, cerca de la ciudad de Toluca, estado de México. Según las investigaciones oficiales, allí comenzó a maquinar su plan de fuga, pero tuvieron que pasar casi ocho largos años para lograrlo, cuando ya había sido trasladado a otro penal de alta seguridad, el de Puente Grande, en el estado de Jalisco.

Privilegios desde prisión

En Puente Grande, Guzmán Loera comenzó a gozar de toda clase de privilegios: corrompió a cuanto funcionario de la cárcel se le paraba enfrente, y éstos correspondían a sus atenciones, facilitándole todas las comodidades y placeres: una celda muy bien acondicionada, alcohol, cocaína, mujeres, e incluso le compraban el Viagra al poderoso capo, para que se desfogara en largas jornadas de sexo.

Pronto, muy pronto, *el Chapo* tuvo en sus manos el control de la cárcel: funcionarios a su servicio y comida especial. Se dice que, cotidianamente, las autoridades del penal le pedían al capo que dictara el menú del día y lo que él ordenaba se cocinaba en aquella prisión, donde todo olía a droga, a dinero y a corrupción.

El grupo de narcotraficantes cercano a Guzmán gozaba de privilegios: recibían visitas de mujeres en sus estancias o en el área de comunicación en horarios prohibidos; en este mismo sentido, la indagatoria indica que se obtuvieron referencias de que algunas mujeres permanecían con *el Chapo* incluso durante varias semanas. El relajamiento de la disciplina llegó a tal grado que varias trabajadoras del área de cocina se prostituyeron y, previo pago, mantenían relaciones sexuales con los internos del módulo 3, también controlado por Guzmán.

Contaban con aparatos electrónicos y teléfonos celulares, con los cuales mantenían contacto con el exterior, lo que les permitía continuar con sus actividades delictivas, coordinadas por narcotraficantes que regularmente visitaban al *Chapo* en su cautiverio. También se le conocieron otros excesos en la prisión, como la violación de una mujer que se negó a sostener relaciones sexuales con él. A pesar de las denuncias presentadas en la Procuraduría de Justicia de Jalisco, nunca se procedió en su contra.

Los primeros reportes sobre la forma en que corrompía a los funcionarios de la prisión, entre ellos a su director, Leonardo Beltrán Santana, se conocieron desde enero de 2000, un año antes de fugarse, pero la Comisión Estatal de Derechos Humanos de Jalisco (CEDHJ), encabezada entonces por Guadalupe Morfín Otero, no los reportó a la Comisión Nacional de los Derechos Humanos (CNDH) ni a la Procuraduría General de la República (PGR) sino hasta el 20 de enero de 2001, un día después de la fuga del narcotraficante sinaloense.

En su denuncia de hechos, Morfín expuso que el 4 de enero de 2000 un oficial de prevención del penal de Puente Grande, al que luego se sumaron otros, presentó una queja ante la CEDHJ "por hostigamiento laboral, debido a que no cedían a peticiones institucionales para corromperse". Por ser competencia federal, la denuncia del caso fue turnada a la CNDH:

"A lo largo del 2000 —según ella misma explicó—, como lo compruebo con los oficios que anexo, hice varias gestiones para que la queja no se archivara como asunto meramente laboral. Mi insistencia obedeció a que consideré que el asunto debía ser calificado como un hecho presuntamente violatorio de los derechos humanos.

"En sucesivas ocasiones los quejosos nos hicieron parte de su preocupación por no ser oportunamente atendidos en la CNDH y externaron desde un inicio su petición de que el asunto fuese tratado en forma confidencial para resguardar su integridad física." Esta última petición no fue respetada por la CNDH.

La corrupción en el penal de Puente Grande había relajado la disciplina interna. Las presiones que ejercían el capo Guzmán Loera y su grupo para gozar de privilegios en Puente Grande, según la denuncia de Morfín Otero, se conocieron en la Secretaría de Gobernación, pero los cambios que sus funcionarios prometieron, según expuso la comisionada de Jalisco, fueron temporales, "pues inmediatamente tomaron el control los jefes del narco recluidos en diversos módulos".

Como se iban agravando las condiciones de inseguridad en el penal, y debido a que la vida de los denunciantes corría peligro, Guadalupe Morfín expuso en su denuncia que buscó con urgencia al presidente de la CNDH, José Luis Soberanes Fernández, pero no lo encontró. Sólo le dejó un recado con Mauricio Ibarra, su coordinador de asesores.

EL QUE DENUNCIA PIERDE

El 15 de enero de 2000, integrantes de la CNDH, entre ellos el visitador Joel García, acudieron al penal de Puente Grande y llamaron al custodio Claudio Julián Ríos Peralta, uno de los quejosos. Le pidieron que los presentara con los demás denunciantes.

Según Morfín, reunieron a los custodios en las oficinas de Beltrán Santana, personaje clave en la fuga del *Chapo* Guzmán, y allí los visitadores exigieron a los denunciantes que se desistieran de su queja.

Durante el día, dice Morfín en su denuncia, aumentaron las presiones. Los custodios fueron segregados uno por uno hasta altas horas de la madrugada, y tanto los visitadores como las autoridades del penal utilizaron la tortura psicológica. Los querían hacer titubear. Era evidente, dijeron los quejosos, la molestia de los visitadores de la CNDH porque los custodios acudieron a la CEDHJ.

En sus respectivas quejas, los custodios alertaron a las autoridades federales del poder que ejercía Guzmán Loera en el penal de Puente Grande. El custodio Felipe Leaño Rivera, por ejemplo, dijo que hizo del conocimiento de las autoridades del penal la introducción de productos prohibidos, como dulces, carne seca y vitaminas, en beneficio del narcotraficante Arturo Martínez Herrera, conocido como *el Texas*.

También dijo que estaba involucrado en ese tráfico "el nuevo subdirector", Dámaso López Núñez, pero todos se coludieron para que las cosas siguieran como estaban.

Y no sólo eso. Claudio Julián Ríos Peralta denunció que el 29 de octubre de 2000, al terminar su servicio diurno como oficial de prevención en el área de Conductas Especiales, fue abordado por el oficial Miguel Ángel Godínez Cárdenas, quien le dijo que tenía un asunto importante que tratar con él.

Relata el custodio que se refería a la cooperación hacia ciertos internos, entre ellos Martínez Herrera; Joaquín *el Chapo* Guzmán Loera y Jesús Héctor Palma Salazar, *el Güero.*

Ríos Peralta dijo que, según le comentó Godínez Cárdenas, dichos servicios eran considerados como privilegios pequeños que no comprometían a nadie y a cambio se recibía una gratificación por cada uno, "que todo esto era con plan *chingativo,* que él recibía la encomienda de los comandantes y que existía línea para hacerlo".

Agrega: "Posteriormente, y en diferentes ocasiones, me abordaron los comandantes Marco Antonio Fernández Mora y Pedro Pulido Rubira. Me trataron de sorprender con supuestas condiciones que según yo ya había aceptado, pero al no darles una respuesta me enviaron con el comandante de compañía Juan José Pérez Díaz, quien de manera verbal expuso estas irregularidades como un plan de trabajo para que yo aceptara.

"Le manifesté que me lo hiciera por escrito ante todo el grupo de oficiales y que justificara las gratificaciones si era cierto que existía línea de tan arriba como decía. No me resolvió y trató de sorprenderme de nuevo entrevistándose [...] con otros oficiales que no aceptaron la propuesta de corromperse, y son Rafael González Barajas, Mario González López y Juan González Caudillo, haciéndome creer que ellos ya habían aceptado, situación que después me demostró que era falsa.

"Por si esto fuera poco, los mismos servidores públicos involucrados en estos actos de corrupción establecieron como fecha límite para que todos participemos en los actos ya mencionados el 20 de noviembre de 2000, argumentando que cuando llegue la transición del primero de diciembre del gobierno federal no encuentre problemas y podamos continuar todos laborando de manera normal."

Joaquín Guzmán Loera, jefe del cártel de Sinaloa, considerado hoy por la revista *Forbes* el número mil 140 —junto con Alfredo Harp

Helú y familia— entre los hombres más ricos del mundo, con una fortuna de mil millones de dólares, se fugó del penal de Puente Grande el 19 de enero de 2001, 59 días después de la llamada "fecha límite" a la que se refiere Ríos Peralta.

El 9 de noviembre de 2000, otros tres custodios rindieron su testimonio ante Néstor Orellana Téllez, visitador adjunto de la CEDHJ, sobre la corrupción en Puente Grande. A él le pidieron omitir sus nombres, pero, según su declaración, todos los funcionarios del penal estaban ligados al narcotráfico y, en particular, a Joaquín Guzmán Loera. Así lo relataron:

"Constantemente los comandantes Jacinto Bello Sacarrubias, Miguel Ángel Godínez Cárdenas, Marco Antonio Fernández Mora, Juan José Pérez Díaz, Jesús Becerra Reyes, Jesús Candelario Castillo, entre otros, nos han ofrecido integrarnos a actos de corrupción, para lo cual nos han querido presentar ante los jefes, que son los internos Jesús Héctor Palma Salazar, Joaquín Guzmán Loera y Arturo Martínez Herrera.

"Las presentaciones ante ellos son con el fin de que nos conozcan y sepan que vamos a subordinarnos a ellos para seguir sus reglas, las que consisten en no ver ni escuchar nada, es decir, permitir que gocen de privilegios, como deambular libremente sin vigilancia dentro de los módulos, acceso a licores y vino, ingreso de mujeres a la hora que los internos lo requieran, celdas con lujos y comodidades, teléfonos celulares y que no les hagan revisiones a sus celdas. Que si aceptamos ingresar al equipo de trabajo, nos darán por sólo ese hecho 2 mil 500 pesos a [los] oficiales y mil a los vigilantes.

"Como en todo momento nos hemos negado a aceptar las proposiciones de los comandantes que están coludidos con los internos para corromper el sistema de readaptación dentro del Ceferoso 2 [Centro Federal de Readaptación Social "Occidente", o Puente Grande], nos han intimidado de manera insistente a los compañeros Samuel García Sandoval, José Luis García Gutiérrez y Celso Cárdenas Hernández, entre otros, quienes fueron agredidos de manera brutal por no acatar las órdenes de los internos que se mencionaron."

Los testimonios de la corrupción en Puente Grande —la cual, como después se supo, formaba parte del plan de fuga del *Chapo* Guzmán— llegaron por fin a la CNDH. El expediente fue manejado por uno de los funcionarios de mayor confianza de José Luis Soberanes, el tercer visitador José Antonio Bernal Guerrero, quien, a través de los visitadores Joel René García y José Mario Severiano, comenzó a presionar a los custodios para que se desistieran de sus quejas.

El primer paso, según la investigación de ese hecho, fue tratar el caso como un asunto laboral. A través del oficio 012965, fechado el 4 de mayo de 2000, Arturo Peña Oropeza, quien fungía como director general en la CNDH, le informó al custodio Felipe Leaño lo siguiente:

"Por instrucciones del licenciado José Antonio Bernal Guerrero, tercer visitador de esta Comisión Nacional, me permito informarle que de la lectura de la primera parte de su escrito se desprende que [su caso] se trata de un asunto de carácter laboral".

Los visitadores que José Luis Soberanes, el *ombudsman* nacional, envió a investigar la corrupción y las presiones que padecían los custodios de Puente Grande en todo momento trataron de desviar las denuncias, según acusaron los propios quejosos en otros testimonios, donde agregan que su identidad fue revelada por los funcionarios de la CNDH, poniendo en riesgo sus vidas.

El custodio Salvador Moreno Chávez cuenta cómo los visitadores de la CNDH Joel García y José Mario Severiano lo presionaron para que se desistiera de su denuncia. El 15 de enero de 2001, cuatro días antes de la fuga de Guzmán, narró:

"Me decían que era muy difícil comprobar estos hechos [...] Traté de hacerles entender que la situación era más compleja, que los hechos de la queja se habían agrandado [...] Les pregunté qué tipo de información necesitaban para actuar; ellos me dijeron que era muy difícil de comprobar todo, que por qué no me desistía, que por la gravedad de los hechos podía desistirme y que quedaría archivada la queja.

"Mencionaron los visitadores que era fuera de lo común que la Comisión Estatal de Derechos Humanos nos hubiera hecho caso con las quejas porque los señalamientos que hacíamos eran muy generales y sin pruebas, que de la lectura de los mismos se desprendía muy poca credibilidad."

Según el testimonio de Moreno Chávez, los visitadores de la CNDH los pusieron en evidencia ante el director de Puente Grande, Leonardo Beltrán Santana, a quien, como se ha dicho, posteriormente se le ligó con el plan de fuga de Guzmán Loera, y otras autoridades de la prisión relacionadas con el narcotráfico.

Expuso que las entrevistas con los visitadores se llevaban a cabo en las oficinas del director, por lo que pronto fue visto "por los custodios corruptos como 'el dedo' que los señalaba". Felipe Leaño, compañero de Moreno Chávez, relató que los visitadores le dijeron que tres de sus compañeros ya se habían desistido de sus quejas y le sugirieron hacer lo mismo.

Y añadió: "Me cuestionaron de por qué no había hecho del conocimiento de las autoridades del penal las irregularidades, a lo que les dije que no les tenía confianza, ya que la mayoría de las veces, cuando había visita externa [de la CNDH], siempre había conocimiento de las autoridades penitenciarias con mucho tiempo de anticipación. Finalmente les mencioné que con los compromisos que existían entre el personal con los internos, principalmente con *el Chapo* Guzmán y con *el Güero* Palma, mi mayor temor era que alguno de estos internos, con las facilidades que se les daban, se fugara". Luego los visitadores le dijeron que él había sido el único que se había esperado, pues el resto de sus compañeros se habían ido, por lo que le comentaron que por esa falta de interés no progresaban las quejas.

"En mi opinión, esta situación de que los visitadores de la CNDH nos confrontaron con las autoridades [del penal] fue algo muy comprometedor, ya que se dieron cuenta de que éramos nosotros los de las quejas, a pesar de que durante todo el proceso les enfatizamos que se guardara nuestra confidencialidad sobre los hechos, poniendo en riesgo nuestra integridad personal."

Los custodios Francisco Javier Vázquez Rolón y Samuel Ramos Gutiérrez también relataron, por separado, que los visitadores de la CNDH los presionaron para que se desistieran de sus denuncias y que en todo momento los confrontaron con los funcionarios coludidos con *el Chapo* Guzmán y *el Güero* Palma.

Tal como lo advirtió el custodio Felipe Leaño, Joaquín Guzmán Loera se fugó del penal de Puente Grande el 19 de enero de 2001. Meses antes, el presidente de la CNDH, José Luis Soberanes, tuvo conocimiento de las condiciones de ingobernabilidad que imperaban en el penal de Puente Grande y que fueron desoídas por las autoridades federales. "Las anteriores autoridades de la CNDH tenían amarradas las manos para no hacer nada", dijo el 24 de julio de 2001, al referirse a la fuga del *Chapo* Guzmán.

Por medio de Guadalupe Morfín, Soberanes también estuvo informado de las irregularidades de sus visitadores. A través del oficio P/CEDHJ/46/2001, fechado el 18 de enero de 2001 —un día antes de la fuga del capo sinaloense—, Morfín le manifestó su inconformidad por la decisión de la CNDH de archivar la queja de los custodios, por considerarla un asunto laboral. En ese mismo oficio Morfín expuso:

"El 16 de enero de 2001, según refieren los quejosos, después de haber sido aislados por separado cerca de tres horas, aproximadamente a las 20:00 horas, fueron llamados cada uno, de manera individual, a la dirección de ese centro federal, en donde se encontraban el director, Leonardo Beltrán; el subdirector jurídico, Rafael Dorantes Paz; el director de Prevención de la Secretaría de Gobernación, Enrique Pérez, y los dos visitadores de la CNDH, quienes permitieron que los sometieran a un interrogatorio intensivo.

"Los confrontaron de manera directa con las autoridades y evidenciando ante todo el personal que ellos pusieron la queja, poniéndolos con esta situación en grave riesgo, ya que según lo manifestaron, ahora todo el personal e incluso los internos saben que ellos interpusieron una queja denunciando los actos de corrupción que ahí se dan. Todo esto, a pesar de que en múltiples ocasiones se insistió en que se debía preservar en confidencialidad los nombres y datos de los quejosos para evitar riesgos [...] Esto no ocurrió y de la manera más burda estos visitadores de la CNDH los confrontaron con quienes precisamente solapan y promueven estos actos de corrupción."

La mañana del 19 de enero de 2001, Joaquín Guzmán Loera se fugó de la cárcel. Diez años después, el capo sigue libre y tanto dentro como fuera de México es visto como "el capo consentido del sexenio".

LA FUGA PASO A PASO

Al momento de su evasión, el Chapo Guzmán llevaba más de siete años en cautiverio y gozaba de un poder absoluto en la cárcel. Sus principales cómplices eran el Güero Palma y Arturo Martínez Herrera, el Texas. Ese selecto grupo incluía también a varios custodios que atendían las órdenes de su patrón.

La investigación que realizó la extinta Unidad Especializada en Delincuencia Organizada (UEDO) en 2001 aporta elementos que aclaran las circunstancias que rodearon la fuga del capo, y detalla todos los pasos que dio para imponer su ley en ese penal, ganarse el respeto, ser temido y cambiar las rutinas de la prisión por otras actividades que le facilitaran su plan.

Con el propósito de conocer paso a paso su estrategia de escape, así como las condiciones internas del penal de Puente Grande, se integró un expediente de 47 tomos en el que se incluyeron 313 declaraciones ministeriales. Se efectuaron 42 inspecciones, 55 diligencias de fe ministerial, 10 cateos con el respectivo aseguramiento de inmuebles, numerario, vehículos, alhajas, armas, cartuchos y pequeñas cantidades de cocaína y mariguana.

El informe que recibió en su momento el procurador Rafael Macedo de la Concha señala que "ha resultado extraordinariamente complejo reconstruir los acontecimientos en que se dio la evasión de Joaquín Guzmán Loera, el Chapo, pues se han tenido que salvar infinidad de obstáculos que en una investigación como ésta se presentan. Quizá la mayor de las dificultades la presentó el hecho de que la estructura, infraestructura y sistemas oficiales establecidos, creados ex profeso para garantizar la seguridad del Cefereso 2, fue utilizada por Guzmán Loera para lograr su evasión.

"El complejo sistema de seguridad que debió impedir la fuga del reo tornó más difícil la investigación. Dada la forma en que organizacionalmente está estructurado el centro de reclusión, a cada uno de los testigos interrogados apenas les pudo constar una pequeña parte de todo lo que significó la fuga de Guzmán Loera. La destrucción de pruebas y evidencias al interior del Centro también dificultaron las pesquisas. Documentos públicos y registros oficiales del Cefereso no corresponden con los eventos ocurridos, en realidad se trató de ocultar los verdaderos acontecimientos.

"Se tuvieron que indagar hechos que, en principio, se consideraban directamente vinculados al acto criminal central, cuando realmente no lo estaban. La intimidación de que fueron objeto varios de los elementos de seguridad y custodia después de que aconteció la fuga, para que se abstuvieran de referir cualquier información sobre la evasión de Guzmán Loera, también constituyó un problema para el caso. Pese a esto, se ha logrado reconstruir el evento delictivo y todo indica que la evasión fue producto de una operación perfectamente planeada."

El equipo de trabajo, a cargo de José Larrieta Carrasco, enfrentó dificultades para realizar la investigación. El procurador Macedo de la Concha envió, como apoyo, al subprocurador José Campos Murillo, quien prácticamente se convirtió en un estorbo durante el desarrollo de las diligencias, por lo que tuvo que ser separado del grupo. Larrieta Carrasco y sus hombres continuaron el trabajo, durante un mes, para rearmar la historia de lo que pasó aquel 19 de enero de 2001.

El día de la fuga, Jorge Tello Peón, entonces subsecretario de Seguridad Pública y ex director del Centro de Investigación y Seguridad Nacional (Cisen), personal de la CNDH y altos funcionarios de la Policía Federal Preventiva (PFP) habían visitado el penal. Según sus conclusiones, todo estaba en orden: la cárcel de máxima seguridad operaba sin problemas. Pero la realidad era otra: la prisión estaba en plena descomposición y *el Chapo* Guzmán llevaba a cabo, sigilosamente, su plan de fuga, el cual no era tan secreto, según se supo después.

Aunque no se investigó a fondo, luego se sabría que aquellos funcionarios de la PFP tuvieron información sobre la fuga, pero guardaron silencio. Desde el director de Puente Grande, hasta los comandantes y custodios, estaban coludidos con *el Chapo*.

Dicho plan de fuga, según las investigaciones, fue urdido por el propio capo en 1999, pero se aceleró en el segundo semestre de 2000, presionado, quizá, por el proceso de extradición que enfrentaba y temía perder en los tribunales. La sola idea de la extradición lo atribulaba. Temía caer en las garras de la justicia estadounidense, donde, sabía, le esperaba lo peor: tendría que purgar varias cadenas perpetuas o enfrentar la pena de muerte.

El tratado de extradición entre México y los Estados Unidos no le daba ninguna garantía, y el gobierno de México, condescendiente, había negociado políticamente con el vecino país la entrega de los capos, a cambio de un presunto acuerdo migratorio que hasta la fecha no se ha instrumentado.

No todo estaba perdido, sin embargo: los barones de la droga que enfrentan la amenaza de la extradición han tenido aún el recurso del amparo. Cientos de escritos se han tramitado en los juzgados federales para impedir que las extradiciones se lleven a cabo. Muchas resoluciones las perdió el gobierno por la incompatibilidad legal que existe entre ambos países, y porque los jueces estadounidenses, en algunos casos, incumplieron su promesa de no aplicar la llamada pena inusitada. Otros fallos aún están pendientes.

Inteligente y hábil, como lo reconoce la propia PGR, *el Chapo* Guzmán logró cambiar los esquemas de operación en Puente Grande. Inteligencia, fuerza y paciencia fueron sus armas durante dos años, pero sobre todo en los seis meses previos a su evasión, cuando él y sus aliados, *el Güero* Palma y *el Texas,* prácticamente se adueñaron del penal. El informe que reconstruye la ruta de la fuga establece que, para lograr el control, instrumentaron una estrategia de cooptación de todo el personal del Cefereso, basada primordialmente en el soborno y en la intimidación.

En el desarrollo de la investigación se detectó que al interior del penal operaba un grupo conocido como *Los Bateadores*, cuya misión era golpear con bates de beisbol a algunos elementos de seguridad y custodia de la prisión que no se sujetaran a las decisiones de los tres narcotraficantes. Por esa razón, algunos custodios presentaron una queja ante la CEDHJ.

De esta manera, se generó una red de complicidad institucional, que incluyó a todos los niveles del servicio público del Centro: personal de aduanas, comunicaciones, talleres, cocina, mantenimiento, lavandería, centro de control, vigilancia y custodia. El problema de corrupción y de complicidades fue permeando todos los mandos directivos, comandancias y subdirecciones, hasta llegar a la dirección del penal, a cargo de Leonardo Beltrán Santana; éste había sido director de penales en el Distrito Federal, había tenido a su cargo durante unos meses la dirección de La Palma y llevaba poco tiempo al frente de Puente Grande.

Lo que la PGR nunca pudo acreditar, aunque había fuertes rumores al respecto, es que *el Chapo* Guzmán tuviera el privilegio de entrar y salir del Cefereso; ni tampoco que haya pagado alguna suma de dinero expresamente para fugarse. Lo que sí hizo fue invertir grandes cantidades de dinero para corromper a los servidores públicos del centro penitenciario, quienes terminaron subordinados a él.

Su influencia era más fuerte que la del mismo director del penal, también bajo sus órdenes. Y es que, con base en las indicaciones del interno, se elaboraba el rol de vigilancia y custodia, con el fin de que el personal de su confianza pudiera servirlo, antes que velar por el cumplimiento del reglamento. De esta manera, generó paulatinamente las condiciones que le permitieron fugarse de Puente Grande.

Parte del plan de escape consistió en que todo el personal del Centro, en particular el que debería estar en puntos estratégicos ese 19 de enero por la noche, se acostumbrara al total relajamiento de la disciplina, permitiendo el ingreso y egreso sin control de personas y objetos. *El Chapo* propició las circunstancias para que las actividades de ese día se interpretaran como de rutina. Deseaba que al momento de su evasión todos pensaran que lo que estaba saliendo del Cefereso eran objetos ordinarios, como los que salían a diario en los vehículos oficiales.

Un kilogramo de oro

Afinado el plan, *el Chapo* necesitaba identificar una persona que pudiera garantizarle el éxito en su complicada empresa. Francisco Javier Camberos Rivera, *el Chito,* empleado del área de mantenimiento, fue la pieza fundamental en la maquinación. Este sujeto, según la investigación, fue el principal colaborador en la fuga. Con la complacencia de todo el personal de la cárcel, *el Chito* tenía acceso, como nadie, a cualquier parte del penal, y a cualquier hora. Todos admitían tanto su comportamiento como las circunstancias impuestas, pues sabían de su gran cercanía con Guzmán Loera.

Paralelamente, el ambiente interno de Puente Grande se pobló de rumores. Cual publicista, el capo dejó correr la versión de que, como consecuencia del trabajo realizado por sus abogados, pronto sería liberado; personalmente comunicó a varios integrantes del cuerpo de Seguridad y Vigilancia del penal que estaba a punto de quedar libre de cargos. En sus conversaciones les habló incluso de sus proyectos y de cómo se empeñaría en desarrollarlos una vez fuera del penal, como constituir una empresa de seguridad privada, en la que tendrían cabida aquellos que confiaran en él. Les prometió sueldos superiores a los que recibían por su labor dentro de la cárcel. A algunos custodios les dijo que los incorporaría como efectivos de la Policía Judicial del estado y en otros cuerpos policiacos, y unos más se irían con él de escoltas, para brindarle protección a su familia, y como vigilantes de sus ranchos y casas.

Cada eslabón estaba perfectamente colocado dentro de la maquinaria criminal. Bien aceitadas las piezas, se cumplían las etapas del plan en el más absoluto sigilo. Imaginación y valor jugaban su papel. Faltaban pocos días para la fuga.

El 13 de enero, *el Chapo* Guzmán llamó a su celda a Miguel Ángel Leal Amador y a Jaime Sánchez Flores, elementos de vigilancia del Cefereso, para informarles que deseaba ayudar al maestro del taller, *el Chito,* a sacar de las instalaciones 1 kg de oro —que había reunido con los residuos que recuperaba de los trabajos que hacían los internos—. Como *el Chito* supuestamente desconfiaba del personal de seguridad, había acudido a él, pues sabía que tenía mucho dinero y que no lo iba a robar.

La indagatoria de la PGR detalla otros argumentos que utilizó Guzmán Loera respecto del kilogramo de oro: "Comentó que el maestro le ofreció que una vez que el oro estuviera afuera, se quedara con él, y que al maestro sólo le diera un dinero". Según los testimonios, el capo afirmó "que a él no le interesó y no quería traicionar al director sacando el oro por los medios 'normales', además de que deseaba que *el Chito* se beneficiara con este asunto, obteniendo un dinero que le compensaría todos los favores que había recibido de él; quería también que ellos, Jaime y Miguel Ángel, se ganaran un dinero. Señaló que deseaba hacerle ese favor al maestro del taller porque si él mismo intentaba sacarlo lo iban a detener en el detector de metales".

Para facilitar las cosas, *el Chapo* Guzmán propuso a Leal Amador y a Sánchez Flores que fuera *el Chito* quien llevara el material hasta el exterior del centro penitenciario. Les garantizó que atendería el rol del personal para que no tuvieran ningún problema en sacar el oro. Por último, les dijo que llevaría a cabo el plan en los próximos días y les avisaría la fecha en que se haría la operación.

El martes 16 de enero, el interno Jaime Leonardo Valencia Fontes, principal operador del *Chapo* Guzmán, ordenó al responsable de elaborar el rol de vigilancia que el viernes 19 ubicara a los oficiales que le fue mencionando en las posiciones que a su vez indicaba con precisión. En esa lista figuraron vigilantes a los que después se identificó como las piezas claves que coadyuvaron en la ruta de la fuga, lo que confirmó que el prófugo se dio el lujo de escoger a los custodios que permanecerían ese día en los lugares por los que habría de pasar para evadirse de la prisión.

Además, el día de la fuga, por la mañana, *el Chapo* Guzmán pagó la nómina de todo el personal a su servicio, entre ellos los funcionarios del Cefereso. El objetivo: generar buena disposición en su entorno. Durante el día, llamó a su celda al personal de seguridad interna y externa del penal, tanto a mandos como custodios, y les atiborró las bolsas de dinero.

Alrededor de las 13:00 horas, el penal de Puente Grande fue visitado por funcionarios de la Secretaría de Seguridad Pública (SSP), quienes acudieron a realizar un recorrido. Como se relató, Jorge Tello Peón encabezaba la comitiva, y lo acompañaban Nicolás Suárez Valenzuela, coordinador del área de inteligencia de la PFP, así como el director de Prevención y Readaptación Social de la SSP, Enrique Pérez Rodríguez (personaje ligado al controvertido político Miguel Ángel Yunes Linares, sobre quien aún pesan sospechas por esa fuga).

Luego de su escrutinio, el grupo instruyó al director del penal, Beltrán Santana, a que trasladara a los internos Guzmán Loera, Palma Salazar y Martínez Hernández a un área de mayor seguridad, pero el funcionario no cumplió con la indicación, según el informe de la PGR.

Una hora después de que iniciara la visita de los funcionarios de la SSP, Valencia Fontes acudió a la celda del *Chapo* y le informó quiénes conformaban el grupo de visitantes. Momentos después, se registraron varias reuniones entre Guzmán, Palma y *el Texas*. Al filo de las 15:00 horas, Beltrán Santana dio indicaciones para que los tres capos fueran llevados al área de Conductas. Personal de custodia sabe que, cuando hay una instrucción de este tipo, lo procedente es efectuar el adecuado cambio de personal, para que de las reuniones sólo se entere el personal de confianza. Se pudo verificar que minutos después Beltrán Santana sostuvo una reunión secreta con los tres internos.

Además de las complicidades al interior de la prisión, afuera auxiliaban al *Chapo* José Manuel Santiago de Santiago y Gerardo Javier Díaz Navarro (comandante de compañía y oficial adjunto del área exterior de seguridad, respectivamente), quienes eran los que permitían el ingreso de mujeres en horarios y fechas no autorizados, así como alimentos y bebidas alcohólicas para "el jefe". Ambos eran gratificados con fuertes sumas de dinero. Junto con ellos, 10 elementos más del grupo de seguridad exterior también formaban parte de la lista de incondicionales de Guzmán Loera, Palma Salazar y *el Texas.*

Dos días antes de la fuga, el 17 de enero, *el Chapo* se reunió con Santiago de Santiago, con quien afinó detalles. El día del escape, Díaz Navarro hizo lo propio con Valencia Fontes, secretario del capo.

A pesar de la visita de Tello Peón, que terminó por la tarde del día 19, y de las instrucciones que dio para poner orden, *el Chapo, el Güero* Palma y *el Texas* realizaron maniobras para despojarse de objetos que tenían en sus respectivas estancias. El personal de seguridad y custodia interna hacía lo posible por aparentar que todo marchaba en orden, como era costumbre cuando en el Cefereso había visitas oficiales o de revisión.

Cada uno sabía las tareas que le correspondían: la división del trabajo estaba perfectamente trazada. Los objetos que se encontraban en las estancias de los tres reos tenían que ser sacados del penal, hasta que la visita concluyera, y se guardarían en la casa de uno de los custodios, ubicada enfrente de la cárcel. Como ya era habitual en este tipo de visitas, para trasladar dichos objetos se utilizaron los carritos de lavandería.

Ésa es la razón por la que había diversos carritos en el nivel C del módulo 3, lugar en el que se encontraba *el Chapo* Guzmán. Jaime Sánchez Flores, oficial de vigilancia, relató a la PGR que ese día el interno Jaime Valencia Fontes lo llamó y le pidió que le dijera a Miguel Ángel Leal Amador, responsable de la aduana de vehículos —ambos habían sido designados por Valencia Fontes, desde el día 16, para estar en ese sitio— que iban a sacar la basura.

Valencia Fontes se dirigió hasta "el diamante" más cercano a la aduana de vehículos, donde se encontraba Leal Amador, y desde ese sitio le refirió: "Dice Fontes que van a sacar la basura que tú ya sabes". Pero Leal Amador dijo que Valencia Fontes sólo le preguntó sobre el asunto del oro.

CON LOS TRAPOS SUCIOS

Ésas fueron las señales previas a la fuga. El propio Guzmán Loera y los internos Valencia Fontes y Mario Vázquez verificaron en el nivel C del módulo 3 el depósito que llevaba cada uno de los carritos. Los auxiliares del *Chapo* bajaron al área de ropería y con una sábana envolvieron un colchón que iba sobrepuesto en uno de los vehículos, el cual fue llevado al fondo del pasillo e introducido en el último cubículo. Fontes y Mario Vázquez estuvieron atentos para evitar la entrada de cualquier persona. Cuando Antonio Díaz, un oficial del nivel C del módulo, observó movimientos sospechosos, fingió no enterarse y siguió actuando con naturalidad. La celda del *Chapo* Guzmán fue preparada con una cortina para evitar que se advirtiera prematuramente su ausencia.

Con base en las declaraciones de los testigos y en el armado del rompecabezas de la fuga, se pudo saber que *el Chapo* Guzmán hizo todo lo posible para que en el momento de iniciar la operación de fuga, y durante toda su ruta, no se generaran sospechas que abortaran su evasión. Existen datos y evidencias de que un comandante de compañía, responsable de la seguridad del Centro, fue enviado a una reunión del consejo disciplinario (a la que usualmente no asiste el personal con este rango), sesión, además, en la que dos internos alargaron las entrevistas en forma deliberada.

Paralelamente, un elemento de seguridad del módulo fue enviado por Valencia Fontes a cocina, para que hiciera un inventario de los utensilios que se habían sacado de la estancia del *Chapo*. Al mismo tiempo, Valencia se despojó de algunos objetos, mientras dos vigilantes del módulo 3 fueron enviados al de comunicación, para trasladar al interno Mariano Morales a una visita íntima fuera de horario, ordenada por el propio *Chapo* a los mandos de vigilancia del Centro. A su vez, *el Chito* tenía la encomienda de llevar a la mujer hasta el Cefereso. El encargado de una de las garitas de la parte exterior del penal era el responsable de acompañar a la visita hasta el área de comunicaciones.

En el guión también se preveía que *el Chito* se dirigiera hacia el módulo 3 en su nivel C, donde Guzmán Loera estaría oculto en el interior del carrito previamente acondicionado con un colchón cubierto con cobijas. Luego, uno de sus ayudantes lo conduciría desde el nivel C por todo el pasillo, hasta el diamante de seguridad V7, cuya puerta abriría electrónicamente Francisco Javier Vázquez Cortés, *el Vampiro*. Acostumbrado a esta tediosa faena cotidiana, el vigilante sólo observó un bulto en el interior del carrito, y lo dejó pasar.

Los videos del Centro de Control no registraron los hechos en el horario crítico. *El Chito* condujo el carrito de lavandería hacia el pasillo hasta llegar al diamante de seguridad V6. Luego, se dirigió al diamante V4, a cargo de Alejandro Ledezma Pacheco. Ahí fue auxiliado por el vigilante Víctor Manuel Godoy Rodríguez. Ambos encontraron obstruidas, por un bote de basura, las puertas que conectaban con los diamantes V3 y V2; librado el obstáculo, continuaron el trayecto.

Al llegar al diamante V3, controlado por Martín Meza Lozano, esquivaron otro obstáculo y prosiguieron hacia el diamante V2, vigilado por Jorge Alberto Ávila Berber. Allí se quedó Godoy, y *el Chito* continuó solo hasta el diamante V1. Después de cruzar sin problemas cada uno de los pasillos, puertas y diamantes, el conductor llevó el carrito hasta el área de aduanas de vehículos. En ese punto, Miguel Ángel Leal Amador, quien había sido colocado como vigilante por Valencia Fontes, advirtió que se acercaba un carrito.

En plena marcha, *el Chito* le comentó: "Es el oro del maestro", refiriéndose al paquete oculto. Leal Amador abrió la puerta y el bulto fue llevado hacia la garita vehicular, ubicada a un lado de las entradas del Centro, cuya vigilancia estaba a cargo de Felipe de Jesús Díaz Ruelas y Gerardo González Valdivia.

Como se ha mencionado, el Centro de Control debió registrar esa salida, pero no videograbó el lapso durante el cual *el Chito* salió con el carrito de lavandería. La indagatoria arrojaría que Guillermo Paredes y el director del Centro ordenaron a Gerardo López Hernández, responsable de esa área, borrar los movimientos ocurridos los días 24 y 31 de diciembre de 2000, cuando *el Chapo* Guzmán, *el Güero* Palma y *el Texas* organizaron fiestas en el interior de la cárcel. Supuestamente por un error de cálculo, también se habían borrado varios minutos de grabación correspondientes al 19 de enero, en particular el lapso en el que se consumaba la fuga del *Chapo* Guzmán.

La acción continuó. *El Chito* cruzó la puerta y se dirigió al área del estacionamiento general, donde habitualmente cargaba su auto con los objetos o basura que sacaba de la estancia de Guzmán Loera. *El Chapo* se ocultó en la cajuela del vehículo cuando se dirigían al retén principal de acceso al Centro.

Aproximadamente a las 18:30 horas, Gerardo Díaz Navarro, oficial adjunto del área exterior de seguridad del Cefereso, acudió a la oficina del comandante de seguridad interior, quien le comentó que a las 19:00 horas *el Chito* iba a ingresar en el penal para sacar su horno de microondas y un extractor de jugos. El responsable de la seguridad interior aprovechó para pedirle a Díaz Navarro que le informara de ello al comandante Santiago de Santiago.

Cumplida la orden, alrededor de las 18:45 horas, Santiago llegó al retén principal de acceso al Centro y ordenó a Francisco José Trujillo Yépez que cuando ingresara y saliera *el Chito* no registrara nada. Y en efecto, a las 19:00 horas arribó *el Chito* al Cefereso a bordo de un automóvil mediano color café. Iba acompañado de la mujer que tenía programada una visita íntima con el interno Mariano Morales. Entró sin ser revisado.

Entre las 20:32 y 20:43, de acuerdo con el video de seguridad que grabó las imágenes del retén A, y con base en los testimonios recabados por la UEDO, Antonio Fernández Mora, elemento de seguridad externa, advirtió que un vehículo se acercaba al retén a una velocidad más rápida de la permitida. Luego afirmaría que en el interior sólo vio al *Chito*.

El automóvil pasó, sin detenerse, a la misma velocidad, haciendo zigzag. José Manuel Santiago de Santiago, Nicolás Solís Martínez, Marco Antonio Fernández Mora, Juan Crisóstomo Cárdenas Covarrubias y Sandro Benjamín Ibarra Jiménez permitieron la salida del vehículo sin someterlo a revisión.

Según la investigación, para ocultar evidencias, Santiago de Santiago ordenó falsificar documentos y borrar de la computadora utilizada en el retén los registros de la entrada y salida de vehículos entre las 19:45 del 19 de enero y las 4:00 horas del día siguiente. Entre las 22:00 y las 23:30 horas, Jesús Vizcaíno Medina, subdirector adjunto de seguridad interna del penal de Puente Grande, acudió a la estancia del *Chapo* Guzmán en compañía de Juan José Pérez Díaz y Miguel Ángel Leal Amador. Supuestamente iban para ejecutar la orden de cambiarlo al área del Centro de Observación y Clasificación, conocido como COC.

—¡Joaquín Guzmán Loera! —gritó uno de ellos.

La respuesta nunca llegó. La ausencia del *Chapo* fue reportada de inmediato a Luis Francisco Fernández Ruiz, subdirector de seguridad y custodia. Éste, a su vez, le informó al director del penal, Leonardo Beltrán, quien ordenó la búsqueda del narcotraficante en todo el Cefereso. Cerca de la media noche, después de un intenso rastreo, las autoridades dieron como un hecho la fuga.

Así, Guzmán Loera regresaba al campo de batalla y se convertiría en la pesadilla del sexenio foxista.

EL REGRESO DEL *CHAPO*

Después de la fuga de Puente Grande, Joaquín Guzmán Loera anduvo a salto de mata. Sin dinero ni apoyos, estuvo a punto de ser detenido por el Ejército, pero siempre sorteó las persecuciones. El respaldo que necesitaba no llegó inmediatamente. Era peligroso. Estaba "caliente", como dicen los criminales.

Sin embargo, el brazo protector de Ismael Zambada García, *el Mayo,* lo rescató meses después, aunque ya antes Guzmán Loera había buscado "enfriarse", y por ello le pidió a Francisco Javier Gamberos Rivera, *el Chito,* quien lo sacó del penal, que se entregara a las autoridades. Era una forma de bajarle la presión al momento, y su cómplice en el penal obedeció.

Tanto la PGR como el Ejército lo rastreaban por todas partes: en los rincones y refugios a donde podía ir había operativos. Guzmán Loera no dormía. Comía poco. Cual vil forastero, iba de un lugar a otro. Huía tanto de la justicia como de sus enemigos. Sus amigos no estaban presentes, aunque más tarde llegarían en su auxilio. Por lo pronto, una amenaza pasaba por su mente. El suicidio.

La versión del suicidio llegó a la PGR a través de uno de los cuñados de Guzmán Loera, quien ahora es testigo protegido y se le conoce en los expedientes como *Julio.*

"Anda casi acabado, ha estado a punto de suicidarse", comentó *Julio* a los altos jefes de la Subprocuraduría de Investigación Especializada en Delincuencia Organizada (SIEDO). Había razones para que Guzmán Loera anduviera extraviado. Poco después de su fuga, el Ejército y la PGR detuvieron a su hermano, Arturo Guzmán Loera, *el Pollo,* quien posteriormente fue asesinado en el interior del penal de La Palma, de varios balazos. Las investigaciones revelan que Osiel Cárdenas y Benjamín Arellano dieron la orden de su ejecución.

Antes, en mayo de 2004, también murió estrangulado Alberto Soberanes Ramos, lugarteniente del *Chapo,* quien estuvo a cargo del trasiego de droga en el estado de México. Después acribillaron a Miguel Ángel Beltrán Lugo, *el Ceja Güera,* otro personaje vinculado con Guzmán.

Con los datos que *Julio* aportó a la PGR, entonces se reforzó la persecución. "Si anda muy mal, vamos a acabarlo de una vez", se dijo al interior de la procuraduría. Pero, varios meses después de su evasión, llegaron los apoyos. Héctor Beltrán Leyva le pidió a Zambada García que ayudaran a Guzmán Loera. Ambos tomaron la decisión de proteger al fugitivo. Lo reforzaron con dinero, y Guzmán, a su vez, se conectó con sus socios colombianos, quienes confiaron en él y le suministraron droga, cocaína, principalmente, para mover hacia los Estados Unidos.

En 2001, luego de reincorporarse a las actividades de narcotráfico, Guzmán Loera regresó al grupo que lo cobijó y que, en ese tiempo, formaban el poderoso cártel de Juárez: Vicente y Rodolfo Carrillo Fuentes, ejecutado en septiembre de 2004 en Culiacán, Sinaloa; Vicente Carrillo Leyva, hijo de Amado Carrillo; Ismael *el Mayo* Zambada; el hijo de éste, Vicente Zambada Niebla, señalado por la DEA de supervisar el desembarco de cocaína procedente de Colombia; Juan José Esparragoza, *el Azul;* Ignacio Coronel, abatido a tiros en mayo de 2010 durante un operativo instrumentado por el Ejército en una de sus residencias ubicadas en Zapopan, Jalisco, y los hermanos Marcos Arturo, asesinado en diciembre de 2009 en su departamento de Cuernavaca, Morelos, durante un operativo ejecutado por efectivos de la Marina; Alfredo, encarcelado en enero de 2008, y Héctor Beltrán Leyva. Este poderoso grupo, con fuertes dominios en el norte y centro del país, arropó a Guzmán Loera y lo apoyó para iniciar su nueva empresa criminal. Pero la lucha no sería fácil: enfrente tendrían a los cárteles de Tijuana y del Golfo, en sociedad y dispuestos a luchar por sus territorios.

Nuevos aliados, nuevos enemigos

Los Beltrán Leyva le tenían aprecio a Guzmán Loera. De esa relación hay historia.

En su etapa de esplendor, los Beltrán: Héctor, Arturo y Alfredo, tuvieron bajo su dominio un amplio radio de acción, que incluye el Distrito Federal, el estado de México, Sonora, Sinaloa, Guerrero, Chiapas, Querétaro, Jalisco, Quintana Roo, Tamaulipas y Nuevo

León. Actualmente, los únicos que están libres son Héctor y Mario Alberto Beltrán, quienes encabezan el cártel. Las indagatorias de la PGR indican que esta familia tiene múltiples negocios: entre sus posesiones están un equipo de futbol de salón en Culiacán y *suites* de lujo en Acapulco y otros centros turísticos, como Valle de Bravo; les gusta el mar y la buena vida. Son oriundos de Tameapa, municipio de Badiraguato, en Sinaloa, y proceden de un clan familiar cuyas actividades de siembra y tráfico de goma de opio se remontan a más de medio siglo.

Veteranos en el negocio del narcotráfico, fueron, hasta finales de 2007, antes de la ruptura con Guzmán Loera, sus operadores en el control del transporte de drogas hacia los Estados Unidos y en el lavado de dinero; cuando los hermanos trabajaban juntos, contaban con protección de las autoridades, a las que les pagaban miles de dólares por cuidar sus negocios, según se desprende de la averiguación previa PGR/SIEGO/UEIDCS/021/2005. Actualmente, tanto Héctor como Mario Alberto, jefes del clan, siguen gozando de esos privilegios.

Viejos operadores del narco, tienen bien estructurada la forma de trabajar el negocio de las drogas: Héctor se encarga de trasladar los cargamentos de cocaína a Monterrey, Nuevo León, y a Guerrero, donde cuenta con enlaces. Luego, la droga es enviada a la frontera con los Estados Unidos. Este personaje, según el perfil que conoce la PGR, se distingue por ser violento y cuenta con un férreo control de los grupos menores de narcotraficantes que operan en Sinaloa y trabajan bajo su tutela.

La relación de Guzmán Loera con los Beltrán Leyva es tan vieja que el testigo *Julio* sostiene en sus declaraciones ministeriales que fueron ellos quienes le enseñaron el negocio al *Chapo,* cuando éste era muy joven, a principios de los ochenta (en la época en que era, junto con *el Güero* Palma, uno de los sicarios de Miguel Ángel Félix Gallardo).

Con la alianza que se formó tras la fuga de Guzmán, el cártel de Juárez se consolidó como la organización más poderosa que operaba en México. Sólo cuatro bajas significativas ha sufrido esa organización: Arturo González Hernández, *el Chaky,* gatillero; Alcides Ramón Magaña, *el Metro;* Albino Quintero Meraz, *Don Beto,* ligado a la célula de Cancún, y Javier Torres Félix, *el JT,* quien era jefe de sicarios de Zambada García, lugar que ahora ocupa Gustavo Izunza, *el Macho Prieto.*

Dueños de las rutas del centro del país, Guzmán Loera y sus socios establecieron un frente para conquistar Nuevo Laredo, la "joya de la corona". Más de una razón explica por qué todos los cárteles quieren tener el control de esta región fronteriza. Un ejemplo: de acuerdo con datos oficiales, el sur de Texas es el más importante receptor y distribuidor de drogas en los Estados Unidos. Con base en esos mismos datos, en 2004 se decomisaron 25 t de cocaína en la región, lo que equivale en monto a las mismas que se confiscaron en México durante ese mismo periodo.

Pero, antes de emprender la batalla por Nuevo Laredo, había que enfrentar a la sociedad Cárdenas Guillén-Arellano Félix, y su grupo armado, *Los Zetas.* Esta vez no había posibilidades de negociación, y entonces se inició la guerra.

En marzo de 2003, el Ejército mexicano, tras una larga investigación, logró ubicar y detener a Osiel Cárdenas Guillén, conocido como *el Mataamigos.* Cárdenas Guillén fue encarcelado en un penal de alta seguridad, donde por cierto tiempo —posteriormente fue extraditado a los Estados Unidos— mantuvo algunos controles de su organización, pues tenía privilegios en la prisión, como el uso de teléfonos celulares y un ejército de abogados que más bien eran sus mensajeros.

Su encarcelamiento, sin embargo, mermó al cártel del Golfo, pues, sin un jefe visible, entró en crisis, aunque no se desarticuló totalmente. Tal debilidad, que fue temporal, fue aprovechada a mediados de 2003 por el cártel de Juárez, que pretendía apoderarse del territorio de Osiel Cárdenas, y para ello echó mano de todo su poder.

El Chapo rompió las reglas, y una de sus estrategias fue "calentar" la plaza: sicarios del cártel de Sinaloa penetraron en Tamaulipas; asesinaron a policías —los cuerpos de seguridad se dividieron en la protección de diversos bandos—, y surgió la persecución de enemigos. Las balaceras alteran el orden social, pero nadie puede frenar la violencia.

La presencia del Ejército y el programa México Seguro, medidas emergentes y desesperadas de un gobierno ineficaz, fracasaron. Las bandas del narcotráfico se disputaban el control de la ruta y sólo su ley se imponía. Por primera vez el Estado se vio limitado en sus acciones, incluso rebasado —puede decirse—, por las organizaciones criminales.

El presidente Vicente Fox, quien ofreció frenar al crimen organizado y encarcelar a los capos, al verse derrotado ante el narcotráfico dijo que la guerra sería a largo plazo y, cerca del final de su sexenio, no ofreció garantías para la sociedad.

Nuevo Laredo siempre ha sido una plaza en disputa. En esta nueva etapa de lucha, los primeros enfrentamientos, cuyas secuelas aún están vigentes, se presentaron entre la célula del cártel de Juárez, encabezada en Nuevo Laredo por José Dionisio García, jefe de la banda de *Los Chachos,* y Guillermo Martínez, *el Texas:* éste fue capturado y su lugar lo tomó un ex agente de la judicial del estado, Juan de la Rosa Maximi.

García, en sus inicios, había trabajado para el cártel del Milenio, de los hermanos Valencia, quienes pretendían penetrar la plaza y apoderarse de ella, pero el proyecto fracasó, tras la aprehensión de Armando Valencia y Eloy Treviño. Los Valencia, con cimentación piramidal, no volvieron a tener capacidad para salir más allá de Michoacán.

Entonces *el Chacho* se ligó con Osiel Cárdenas, a quien traicionó, pues pronto se supo que en realidad estaba trabajando para el grupo sinaloense encabezado en Nuevo Laredo por *el Chapo* Guzmán. La traición le costó la vida a García, quien fue "levantado" por *Los Zetas* y, posteriormente, en 2002, ejecutado. Su cuerpo fue encontrado en un solar ubicado entre Tamaulipas y Nuevo León. Tanto *Los Chachos* como *Los Texas* perdieron poder y se extinguieron. Ahora la guerra está centrada entre *Los Chapos* y *Los Zetas:* el grupo Sinaloa y el brazo armado del cártel del Golfo.

Esto ha traído como consecuencia la ola de ejecuciones que han acaparado la atención pública en los últimos tiempos. Y a estos enfrentamientos no son ajenos jóvenes de diversas edades, a quienes incluso ya se les identifica en Tamaulipas —aunque también aparecen sinaloenses— como la nueva generación del cártel del Golfo. Portan armas de alto poder: metralletas y *cuernos de chivo,* y por lo menos en los últimos meses de violencia en Nuevo Laredo esta camada forma parte de las estadísticas oficiales. Fernando Vallejo García, director de la Policía Ministerial de Tamaulipas, tiene registrado que en poco más de 50 homicidios cometidos en Nuevo Laredo entre junio y los primeros días de agosto de 2005, una veintena de asesinatos se cometieron en contra de jóvenes de entre 15 y 26 años de edad. Más aún, en los más de 80 crímenes perpetrados durante el año en esa plaza, diversos testigos refieren haber visto a muchachos empuñando las armas y persiguiendo a sus rivales.

La lucha entre Guzmán Loera y *Los Zetas* salió de Tamaulipas y ahora tiene como escenario todo el país, aunque existen lugares claves donde se han consumado masacres por el control de los territorios, como Sonora, Sinaloa, Michoacán y Guerrero. Después de la muerte de Arturo Guzmán Loera, en La Palma, *el Chapo* respondió con la ejecución de 12 personas en Cancún, Quintana Roo, entre ellos tres agentes de la Agencia Federal de Investigaciones (AFI): Luis Octavio Guzmán, Roberto Alcántara Valdez y Fernando Pérez Nájera.

Aquel 22 de noviembre de 2004, un comando de hombres vestidos de negro y armados con rifles AK-47 cerró la calle de Langosta, un barrio popular de la ciudad. Ni la policía pudo entrar ese día. Los elementos locales se quedaron con la impresión de que las acciones eran parte de un operativo de la policía de Quintana Roo.

El comando armado se movía por todas partes, en tanto que otro grupo hacía lo mismo. El desenlace: un enfrentamiento que dejaba 12 muertes, cuyos cuerpos aparecieron, dispersos, en varios puntos de Cancún, con tiros de gracia, quemados y torturados. Ése era un choque más entre *el Chapo* Guzmán y el grupo de Osiel Cárdenas, cuyas redes también disputan esa zona del Caribe mexicano (una región que estuvo bajo el dominio de Amado Carrillo Fuentes).

MUERTE EN EL CENTRO COMERCIAL

Reposicionado, y en abierta disputa por tener en sus manos el control de Nuevo Laredo, Guzmán Loera rompió relaciones con una ala del cártel de Juárez: la que encabeza Vicente Carrillo Fuentes. Desacuerdos, confrontaciones, y luchas por dinero y droga, derivaron en la ejecución, el 10 de septiembre de 2004, de Rodolfo Carrillo Fuentes, conocido como *el Niño de Oro,* uno de los hermanos menores de Vicente. Incrustado en las operaciones de lavado de dinero, Rodolfo había salido muy temprano de la casa de su madre, Aurora Fuentes, en Guamuchilito, Sinaloa, feudo de la familia.

Era un día normal, como muchos otros. Aunque tenía dos órdenes de aprehensión —una por narcotráfico y otra por acopio de armas—, Rodolfo se paseaba por Sinaloa como si nada debiera. Con frecuencia se le veía en la casa materna, la finca La Aurora. Allí se pasaba varios días, e incluso los fines de semana eran de fiesta: se preparaba comida: pancita y chicharrones; se disponía de cerveza, y toda la familia se juntaba para compartir. A los festines acudían vecinos del lugar y amigos de la familia.

Acompañado de su esposa, Giovanna Quevedo Gastélum, Rodolfo salió de la casa a dar un paseo por el centro de Culiacán. Era un día caluroso. La gente andaba alegre: había futbol: se enfrentaban Los Dorados de Culiacán y los Jaguares de Chiapas. Rodolfo y Giovanna sintieron calor y, alrededor de las 5 de la tarde, decidieron entrar a la plaza Cinépolis, donde se refrescaron con el aire acondicionado. Ella le pidió que la esperara un rato, mientras iba a arreglarse las uñas. Rodolfo se desplazó por algunos pasillos, viendo los aparadores.

Afuera de la plaza, Pedro Pérez López, director de Investigaciones de la Policía Ministerial del estado, junto con Humberto Plata Oviedo, vigilaba sus movimientos. Poco después de una hora, Rodolfo y Giovanna salieron de la plaza y cuando atravesaban el estacionamiento se desató la balacera: metralletas y rifles AK-47 se descargaron en contra del menor de los Carrillo Fuentes y su esposa, quienes murieron instantáneamente. La pared de la plaza quedó agujerada: más de 500 disparos se impactaron en el cemento. Pedro Pérez, protector de Carrillo, fue herido. Hubo otros muertos, entre gente que iba de compras y jóvenes que acomodaban los coches en el estacionamiento.

El choque entre Guzmán Loera y los Carrillo obligó al jefe del cártel de Juárez a tomar medidas al interior de la organización. Como primera acción, le exigió al *Mayo* Zambada que le entregara la cabeza del *Chapo,* su protegido, como muestra de lealtad al grupo.

Mientras tanto, ante su ineficacia para detener al *Chapo,* la PGR enderezó acusaciones formales contra sus familiares: detuvo a Miguel Ángel Guzmán Loera, *el Mudo,* como responsable de la renta de casas para el cártel y de las operaciones de lavado de dinero; también logró encarcelar por lavado de dinero al hijo del *Chapo,* Iván Archivaldo Guzmán Salazar, quien en tres ocasiones había sido aprehendido infructuosamente, pues no se le acreditaban cargos criminales. La PGR abrió expedientes contra Claudia, Crescencio y Leobardo Elenes Salazar, sobrinos de Guzmán Loera.

A 10 años de su fuga del penal de Puente Grande, *el Chapo* Guzmán continúa en libertad, enfrascado en una guerra sin cuartel contra sus rivales y contra las fuerzas del Estado, que han fracasado estrepitosamente en sus intentos por capturarlo. Tan poderoso es que incluso se da el lujo de comer en restaurantes de postín sin ser molestado. Cuando arriba a esos sitios en Durango, Torreón, Coahuila, o en Culiacán, Sinaloa, suele ordenar que a los comensales les quiten los celulares. Luego, para no agraviarlos, paga las cuentas de todos los presentes.

II

La abogada blindada

Amiga de narcotraficantes, defensora de personajes del llamado "bajo mundo", Silvia Raquenel Villanueva Fraustro saltó a la fama sin proponérselo. Nunca pensó ser nota de primera plana, ni mucho menos que algún día su foto sería desplegada a todo color en la prensa nacional, en un momento crucial de su vida: cuando su cuerpo herido se desplomaba por las balas.

Durante los primeros 25 años, su vida giraba en otro eje, distante de esos momentos trágicos. El destino, sin embargo, le tenía preparada una emboscada. Cuando parecía destinada a pasar largos años frente a una máquina de escribir, un golpe del azar la impulsó al agitado mundo de la abogacía. Entonces, y durante otros cinco lustros, la *Abogada de Hierro*, como le llamaron, estuvo inmersa en esa vorágine, transformada a cada instante en un pedazo de vida lleno de tensión, que no conocía el reposo si de pelear en un tribunal se trataba.

Esta mujer locuaz, nacida el 26 de junio de 1953 en Monterrey, Nuevo León, ha sido quizá la abogada más publicitada por la prensa mexicana. Con sólo mencionar su nombre se activa el proyector mental y saltan, una tras otra, las imágenes de una parte de su vida: la que corresponde a sus segundos 25 años, saturados de escándalos relacionados con asesinatos, dólares, droga, tiroteos y venganzas. Tiene una fama bien ganada, y su historia podría ser parte de un guión cinematográfico o de una novela policiaca que, sin duda, mantendría al público en permanente tensión.

Raquenel Villanueva murió el 9 de agosto de 2009, en el quinto atentado que sufrió, en un mercado de Monterrey. Una ráfaga de tiros perforaron su cuerpo. Todavía antes de este ataque, se pensaba que la abogada le ganaría la partida a la muerte, pues había sobrevivido a muchas balaceras. Pero no fue así.

Pero a Raquenel hay que recordarla con vida, en el apogeo de su celebridad pública. Basten estos trazos para pintarla de cuerpo entero:

En su gremio —ese ámbito de golpes bajos y de corrupción en el que se mueven algunos litigantes del narcotráfico— no existe otro abogado que, como ella, haya sobrevivido a cuatro atentados con armas de alto poder y que, pese a su caos interior, aún disponga de valor para seguir enfrentando múltiples enredos legales en los tribunales del país, donde se desenvuelve con seguridad y destreza, como un combatiente en campaña. A veces es explosiva y gritona. Vive las fases procesales de un juicio en completa tensión.

Como si fuera una principiante que no mide ni calcula sus límites —sólo ella conoce sus estrategias—, Raquenel grita, se enoja; le mienta la madre a los jueces; saca de balance a los rivales; le rompe el esquema a los impartidores de justicia, manotea, avienta papeles, golpea los escritorios…

Con esa fuerza incontenible, puede incendiar un juzgado, poner fin a una diligencia y salir con ventaja de una audiencia prolongada, porque ha logrado su propósito: invertir los papeles y favorecer a su cliente. Nadie duda de este signo de valentía.

Este sello, que la caracteriza desde la niñez, y que se afianzó en la adolescencia y en buena parte de su juventud, ha sido la causa de diversas polémicas: muchos de sus clientes creen tener en Raquenel a una auténtica defensora que no se doblará ni con varios "cañonazos de dólares". Les proyecta confianza, seguridad y fuerza interior para no desfallecer, aun cuando el caso esté perdido. Pero, al mismo tiempo, esos rasgos de su personalidad le han atraído enemigos, muchos de ellos colegas suyos o jueces federales, quienes la ven con rechazo. Por eso le llaman *el Terror de los Tribunales*.

Y es que el de Raquenel parece ser un mundo aparte, con su drama y su explosividad. En esta época de libertades, se ha empeñado en demostrar que, en un mundo machista, las mujeres también pueden ganar casos difíciles, enfrentarse a las balas, a la muerte, y salir bien libradas de todos los peligros, juegos y trampas del destino.

Pero, en el mundo de la mafia (al que no llegó por decisión propia sino por el encuentro casual con un capo), su condición de mujer no ha sido un blindaje suficiente para que los gatilleros del narco se detengan. Al contrario, dentro de esa ley, las reglas de matar no distinguen sexo: sus enemigos la han atacado con la misma saña que pueden sentir contra cualquier otro rival.

En cada uno de los atentados que ha sufrido, las lecturas son claras: no fueron avisos, le tiraron a matar, y no con armas de bajo poder, sino con rifles R-15 y pistolas de 9 mm. Los proyectiles la dejaron desvanecida, el piso inundado de sangre. En ese momento, nadie dudaba de que estuviese muerta, que se había logrado, por fin, el objetivo de asesinarla. Pero haber sobrevivido a estos embates del narcotráfico es precisamente parte del origen de su misterio y fama que, como una sombra, la acompañan por todas partes. Raquenel ya no puede quitarse ese velo de sospecha y misterio que la envuelven desde su primer atentado, en mayo de 1998.

"Dios me cuida y me protege", suele decir, ahora que su fe y sus creencias parecen más firmes; pero cuando se está cerca de ella en la mesa de un café, no se puede dejar de pensar que en cualquier momento se soltarán las ráfagas de metralletas. Y es que tales imágenes se desatan en cadena porque ése es el modus operandi de los sicarios del narco; y de esa misma forma, al menos en dos ocasiones, pretendieron asesinarla.

JUEGOS DEL DESTINO

A finales de los setenta y principios de los ochenta, Raquenel Villanueva pasaba largas horas frente a una vieja máquina de escribir, en una fría oficina de burócratas. Entonces vivía sin temores, se ganaba la vida como secretaria en la Dirección de Catastro de la Tesorería del gobierno de Nuevo León.

Después de fracasar en sus intentos por estudiar química, parecía que había encontrado un trabajo estable para ayudar a sus padres. Era la segunda hija de una familia de seis hermanos. Su padre era un empleado del Banco Rural del Golfo, de tal suerte que el camino a seguir por aquella inquieta mujer de 26 años sería una carrera comercial. Sus estudios se habían truncado debido a que llegó a Monterrey proveniente de Saltillo, Coahuila, en una época en que maestros y directores de escuela daban preferencia a los estudiantes locales.

Ya como secretaria, su temperamento se mostró pronto. No permitía injusticias y era exigente en el respeto de los derechos laborales de los trabajadores. Como es actualmente, peleaba hasta alcanzar sus objetivos. En el sexenio del gobernador Pedro Zorrilla, Raquenel organizó a sus compañeras y cerraron filas en torno de un propósito: conseguir que el gobierno estatal les pagara una semana inglesa, dos meses de aguinaldo y otras prestaciones que les habían sido negadas.

—Vamos a armar un desmadre si nos niegan nuestros derechos —decía Raquenel encolerizada.

—Nosotras te seguimos, tienes todo nuestro apoyo —le dijeron sus seguidoras, resueltas a no doblegarse.

Para lograr tal fin, tres mujeres encabezadas por Raquenel paralizaron durante más de cuatro horas el funcionamiento de la Tesorería, lo cual derivó en un verdadero caos, cuyo escándalo llegó hasta la oficina del gobernador. En la Secretaría de Gobierno hubo alarma. Los funcionarios no daban crédito a lo que habían hecho Raquenel y sus compañeras de trabajo.

—Hay que arreglar este desmadre ahorita —fue la orden de un alto funcionario del gobierno del estado, quien envió a un negociador para poner fin al desbarajuste.

Después de algunas negociaciones, en las que salieron favorecidas, las mujeres levantaron el movimiento y, más tarde, todo regresó a la normalidad.

Hacia 1976, Raquenel Villanueva parecía haberse cansado de ganarse la vida sentada en un escritorio de burócrata. Algunos amigos y familiares la alentaron para que siguiera estudiando. Coincidentemente, se enteró de que el gobernador Alfonso Martínez Domínguez —autor, años atrás, de lo que se conoce como *el halconazo* del 10 de junio de 1971, la violenta represión de una manifestación estudiantil en la Ciudad de México, regida entonces por él— había creado un fondo para otorgar becas de apoyo a los trabajadores del gobierno del estado que no habían terminado sus estudios, cuyos recursos se canalizaron a través del sindicato que agremiaba a los empleados. Raquenel fue una de las beneficiadas.

Con el respaldo gubernamental, concluyó su preparatoria. Luego, atendiendo el llamado de una voz interior, tomó la ruta que más tarde revolucionaría su vida: la abogacía. Tras enfrentar algunos tropiezos, Raquenel Villanueva se graduó como licenciada en derecho en 1983. Entonces tenía 29 años.

Martínez Domínguez, uno de sus principales impulsores, alcanzó a recomendarla con el procurador general de justicia del estado, Rubén Sara Rocha, de quien se convirtió en auxiliar. Posteriormente trabajó con el magistrado Luis Arturo Ayala Rodríguez, donde le fue bien económicamente, y más tarde se ocupó, como escribana (actuario), de la Cuarta Sala Penal, donde se ganó enemistades de magistrados y jueces, pues la veían como una mujer "muy peleonera".

AMIGOS Y MAESTROS

Con el título de licenciada en sus manos, el cual no consiguió sino hasta febrero de 1983, el camino no fue fácil para la abogada "peleonera". Le faltaba un maestro que la guiara con su experiencia, que la dotara de otras armas, las que no aporta la universidad, para aprender a dominar el arte del litigio y defenderse en ese mundo en el que no siempre parece ganar el más sapiente, sino el mejor dotado en mañas y estrategias.

Raquenel tenía las bases, en su reacio carácter, y no parecía sentir miedo. Al contrario, le temían. Pero, ¿quién tendría el valor de tomarla de la mano y salir bien librado? En aquellos años hubo dos personajes que fueron determinantes en su formación, y por quienes la abogada sentía gran respeto y admiración: Agapito Garza Treviño y Leopoldo del Real Ibáñez, ampliamente conocidos por sus truculentas historias: ambos eran defensores de narcotraficantes, y en Monterrey se les consideraba hombres poderosos e intocables. Al segundo se le atribuía ser dueño de una fortuna en dólares de dudosa procedencia. Políticos y empresarios siempre lo buscaban para arreglar asuntos escabrosos. Dominaba el arte de infundir temor, amedrentar y, si era el caso, secuestrar o mandar a golpear a los enemigos de sus clientes. Cerca de ambos, Raquenel aprendió las mañas del negocio e incluso cómo debía ser el trato con los delincuentes, en este caso los capos, hombres poderosos con quienes más tarde se relacionó como defensora.

Raquenel Villanueva se rehusaba a litigar asuntos federales, y, menos, de narcotráfico. A mediados de los ochenta sólo defendía casos familiares y civiles. Pero a finales de esta década se vio comprometida a tomar un expediente con tintes criminales. Tres jóvenes fueron relacionados con una operación de tráfico de mariguana. Uno de ellos era hermano de una amiga suya, quien le pidió ayuda. Raquenel asumió la defensa de los tres muchachos y los sacó de la cárcel, absueltos. Éste, su primer juicio relacionado con el crimen organizado, no tuvo mayor repercusión, pero se constituyó en la tarjeta de presentación que anunció su existencia en la abogacía.

Tiempo después, el abogado Garza Treviño fue ejecutado, presuntamente por una banda de sicarios del narcotráfico, y Raquenel, que trabajaba en su despacho, tuvo que sacar adelante los juicios que Garza había dejado pendientes. Así empezó a dar los primeros pasos en el llamado mundo criminal.

Con el tiempo, la relación con Leopoldo del Real se hizo más estrecha. Del cotidiano contacto profesional surgió la amistad. Con todo y su mala reputación, de él había abrevado conocimientos que ampliaron su estrecho horizonte.

A Polo del Real, quien en los últimos 10 años de vida —de 1986 a 1996— se sintió tan poderoso que pasaba por encima de las autoridades, se le atribuyen diversas osadías. El abogado llegó al grado de no recurrir a los tribunales para solucionar los problemas de sus clientes: él mismo era la autoridad, él mismo planeaba los arreglos. Su fama de golpeador y de hombre duro atrajo la atención de empresarios, políticos e incluso delincuentes que durante años no habían podido cobrar un adeudo y poner fin a un conflicto.

Involucrado en líos, escándalos y con una larga lista de enemigos, Leopoldo del Real murió como vivió: en medio de la violencia. El 17 de enero de 1996, el abogado acudió al café Florián del hotel Antaris de Monterrey, a una cita con Fernando Garza Guzmán, director de la Policía Judicial del estado.

Aunque lluviosa, la noche era apacible. El restaurante estaba lleno de comensales. Hubo un apagón. Más tarde, todo volvió a la normalidad. Los meseros iban y venían. Las voces se cruzaban y cada vez se hacía más intenso el murmullo. El jefe policiaco ordenó un menudo; el abogado, sólo una taza de café. Poco después de las 8 de la noche, Del Real y Garza Guzmán platicaban. En pleno diálogo, el director de la policía alzó la vista por encima de la cabeza del abogado y observó que un sujeto, como de 1.80 m de estatura, se acercaba a la mesa. Su edad, entre los 25 y 30 años. Era de tez blanca, cabello café oscuro y vestía pantalón de mezclilla y chamarra color vino.

El gatillero se acercaba a ellos. Al aproximarse un poco más, Garza Guzmán alcanzó a verle la pistola plateada que traía fajada. Entonces el pistolero sacó el arma y disparó contra el abogado Del Real, quien recibió dos impactos de bala: uno en la sien y otro en la nuca. Murió instantáneamente. El jefe de seguridad de Garza Guzmán repelió la agresión sin éxito. El autor material corrió entre los comensales y logró huir.

Por esas fechas, el país vivía una oleada de violencia. Nuevo León, en particular, enfrentaba momentos de fuerte tensión. Dos días antes del asesinato del abogado, la Procuraduría General de la República (PGR) había detenido y deportado a los Estados Unidos al capo más poderoso del sexenio salinista, Juan García Ábrego. Sin orden de aprehensión y sin mediar acusación, elementos del Ejército y de la Policía Judicial Federal habían recibido información confidencial de José Carlos Reséndez Bertolucci, cerebro financiero del cártel del Golfo, quien había sido detenido en mayo de 1994. Como testigo protegido de la Agencia Antidrogas de los Estados Unidos (DEA), el empresario, que era dueño de Grupo Industrial Ferretero, había soltado información para localizar y aprehender al capo del Golfo. Su información resultó valiosa para que el gobierno del presidente Ernesto Zedillo asestara un duro golpe a la organización criminal de García Ábrego.

Tras su asesinato, salieron a flote los presuntos vínculos de Leopoldo del Real con el narcotráfico y se supo, hasta entonces, que en su contra había cuatro órdenes de aprehensión por diversos delitos, entre otros: extorsión, amenazas, chantajes, agresiones, despojos de terrenos e incluso intentos de homicidio. Buena parte de este historial delictivo mantuvo al abogado tamaulipeco, durante el sexenio del gobernador Jorge Treviño, exiliado en McAllen, Texas. También se supo que había recibido un mensaje, presuntamente de algunos agentes de la Oficina Federal de Investigaciones (FBI), alertándolo de que un joyero de los Estados Unidos había contratado a unos gatilleros para asesinarlo. Ese dato inquietó al abogado, quien quiso confirmar la información. Ésa fue la razón de su cita con el jefe de la policía de Monterrey.

Dos meses antes, otro mensaje de muerte le había llegado de Guadalajara, presuntamente proveniente del capo Héctor Luis *el Güero* Palma. El cabecilla del cártel de Sinaloa le mandó decir que devolviera tres autos blindados, uno de ellos cargado de cocaína. Aparentemente, Polo del Real no sabía que el mensajero era gente del capo y no le hizo caso.

El fantasma de la muerte lo rondaba, sin duda. Días después de las amenazas telefónicas, la casa del abogado fue rociada de balas: otro claro mensaje de la mafia. Pero no se amedrentó. Nadie como él tenía la destreza para ver en la espesa oscuridad, en el bajo mundo del narcotráfico.

"Quieren espantar al diablo", solía decir el litigante de 46 años.

A 15 años de haber sido ejecutado, el caso del abogado más eficiente en resolver casos difíciles sigue envuelto en el misterio. Los primeros pasos de la investigación determinaron que el móvil del asesinato fue una venganza. Varias personas han sido encarceladas por el homicidio, aunque recobraron su libertad por falta de pruebas. Con el paso del tiempo, el voluminoso expediente parece estar cubierto por el polvo de la impunidad.

LUCHA INTERIOR

Dotada de las habilidades aprendidas de sus maestros y amigos, Raquenel Villanueva sentía que una fuerza superior a su voluntad le imponía el camino a seguir. Un día dijo: "Yo nací con una misión y debo cumplir. Dios me puso en este camino". Tiempo después confesó: "Yo no quería manejar casos federales, y, menos, de narcotráfico, pero me fueron llegando, uno tras otro, sin que llamara a los clientes. ¿Me recomendaron? No lo sé. Es algo que no me explico".

Atribulada por tan misteriosas sensaciones, Raquenel acudió a consultar a un sacerdote amigo suyo, el padre Raúl Morales Santamaría, a quien contó las confusiones y la lucha interior que vivía. Necesitaba un consejo espiritual para liberarse de ese juego malévolo del destino que la acechaba.

El sacerdote, quien además era su confesor, escuchó en silencio el relato de Raquenel; la tomó de las manos y le dijo:

—Hijita, a veces los caminos que tú crees que son los que debes tomar, no lo son. Dios tiene los tuyos para ti. Mucha gente deposita en ti la confianza y la fe en su libertad. Habla siempre con la verdad. Todo esto es un reto. Vienen para ti cosas muy difíciles, muchas de ellas por tu forma de ser, porque no sabes quedarte callada. Ten fe y sigue adelante.

En 1994, Raquenel disponía de un despacho propio cerca de su casa, había ganado algo de dinero y viajaba por toda la República.

Con el recato y la precaución de no involucrarse en conflictos, litigaba asuntos locales y sacaba de la cárcel a uno que otro "burrero" (vendedor de droga) que contrataba sus servicios. Luego defendió a unos colombianos implicados en tráfico de drogas… Pero aún faltaba la prueba de fuego, la que verificaría la resistencia de sus cimientos y de toda su estructura física y emocional.

Las coincidencias siguieron apareciendo en la vida de Raquenel. Una mañana de 1994, tenía una diligencia importante en un juzgado de Monterrey. La abogada subía las escaleras que conducen al área de juzgados. Al acercarse a los tribunales, alzó la cabeza y vio a varios hombres apiñados que hicieron un descanso en las escalinatas de concreto. Llevaban casi arrastrando a una persona, esposada de pies y manos, que se doblaba de cansancio.

El detenido era José Carlos Reséndez Bertolucci, el cerebro financiero del narcotraficante Juan García Ábrego. Dueño de la empresa Reséndez and Associates, en 1994 se vio envuelto en escándalos por un supuesto financiamiento para la campaña del candidato a la gubernatura de Tabasco, Roberto Madrazo Pintado, en cuyas transacciones presuntamente también estaba implicado el empresario Carlos Cabal Peniche, financiero del político tabasqueño.

Aquella mañana, Reséndez Bertolucci estaba desesperado. Había sido aprehendido por la PGR en Monterrey, y su abogado no llegaba. Estaba acusado de narcotráfico y lavado de dinero. Era el hombre más importante del cártel del Golfo, después de García Ábrego. Raquenel no conocía entonces al personaje, pero se aproximó a él, atraída por el trato que le propinaban más de 15 agentes federales.

—Camina, rápido —le gritaban los policías al detenido.

—Esperen un momento, por favor. Ahorita seguimos —decía jadeando, con el cuerpo extenuado, aquel poderoso personaje. Raquenel se acercó hasta Reséndez Bertolucci. Ambos se miraron.

—¿Qué le pasa, amigo? Enderécese —dijo Raquenel con su golpeado tono norteño.

—Me llevan a declarar… Quieren que declare, pero mi abogado no llega. Ya lo mandé llamar pero está retrasado…

—Esto es muy fácil, amigo —acotó Raquenel—, dígale usted al juez que no va a declarar nada hasta que no esté presente su abogado. Nadie lo puede obligar a que declare.

Reséndez Bertolucci agradeció el consejo de la abogada y apenas balbuceó:

—Gracias, niña.

Raquenel se retiró del lugar y se fue a su diligencia, al término de la cual, la abogada salió disparada, a entrevistarse con otro cliente. Afuera de los juzgados se topó con un abogado de apellido Ramírez, oriundo de Matamoros, Tamaulipas, el defensor de Reséndez Bertolucci. Ambos se conocían, pero hacía tiempo que no se encontraban. Ramírez le dio las gracias a Raquenel por haber asistido a su cliente en esos momentos de presión.

—¿Quién es tu cliente? —preguntó la abogada.

—El señor Reséndez Bertolucci —respondió él.

Una semana después, Raquenel acudió al penal de Topo Chico para entrevistarse con sus clientes. Allí volvió a ver a Reséndez Bertolucci, quien, al percatarse de su presencia, la reconoció de inmediato. El capo quería platicar con ella.

—¿Puedes venir un momento cuando termines? —preguntó Reséndez a Raquenel.

Media hora después, Raquenel entabló plática con el cerebro financiero de García Ábrego, quien le dijo, de nueva cuenta, que su abogado no se había aparecido, y le externó su preocupación:

—Me quieren llevar a Puente Grande y tú sabes que ésa es una cárcel muy dura. ¿Cómo me puedes ayudar?

—¿Dónde está su abogado? Él debe estar aquí, para eso le paga.

—No lo sé. Tiene que venir a verme, pero mi asunto urge.

Sin ser su abogada oficialmente, Raquenel tomó lápiz y papel, hizo algunas anotaciones y, horas más tarde, estaba presentando un amparo para que no trasladaran a Reséndez Bertolucci al penal de máxima seguridad de Puente Grande. Por lo menos en un par de ocasiones más, la abogada interpuso recursos legales para impedir que Reséndez fuera llevado a otra prisión.

No fue todo. En una ocasión que tuvo que viajar a la Ciudad de México, la esposa del narcotraficante le llamó a Raquenel por el teléfono celular suplicándole que tramitara otro amparo, pues su marido estaba a punto de ser llevado a la prisión de máxima seguridad.

—Perdóneme, pero no puedo —comentó Raquenel—, estoy fuera de la ciudad… No puedo hacer nada. Lo siento mucho…

Reséndez Bertolucci fue encerrado en Puente Grande, desde donde siguió buscando a "la abogada morena", para sacar adelante sus asuntos. Ella, finalmente, terminó asistiéndolo, aunque nunca fue nombrada su defensora oficial. Transcurrieron los meses y, en abril de 1995, Reséndez Bertolucci recobró la libertad, en esa ocasión, por falta de pruebas. El día que salió de prisión, el capo empezó a ser perseguido presuntamente por sus enemigos, Juan García Ábrego el principal de ellos. En una ocasión intentaron asesinarlo en la quinta Villa de Santiago, en Nuevo León; luego lo emboscaron en su rancho de Burgos, Tamaulipas. Las dos veces salvó la vida y, como pudo, libró otros ataques de la mafia. Más tarde se refugió en Monterrey.

Un día Reséndez Bertolucci no soportó más el encierro, tomó su vehículo y se dirigió a la oficina de su amiga Raquenel Villanueva. Para la abogada fue una sorpresa verlo después de varios meses. El visitante pasó al privado, se acomodó en una silla y abrió su portafolios de piel.

—Ahí te dejo eso —dijo Reséndez, colocando un bulto amarrado con ligas sobre el escritorio. Eran 350 mil dólares.

—Espéreme, don Carlos, yo no le estoy cobrando nada. No puedo aceptar esto.

—A ti te debo mucho y nunca me cobraste. Con nada te pago lo que has hecho por mí.

Acto seguido, Reséndez Bertolucci equipó la oficina de la abogada con aire acondicionado y mejores muebles.

—Así estarás más cómoda y no sufrirás de calor —le dijo.

Ambos se despidieron con un abrazo.

La mañana del 14 de enero de 1996 se presentó un inusual movimiento aéreo en el aeropuerto Mariano Escobedo de Monterrey,

Nuevo León. Mediante un operativo planeado y apoyado con información proporcionada a la PGR por Reséndez Bertolucci, fue detenido en Nuevo León el capo Juan García Ábrego, a quien llevarían a los Estados Unidos, para ser juzgado por narcotráfico. Meses después, sobre sus hombros caería una pesada losa de cadenas perpetuas.

La información arrancada al cerebro financiero había resultado veraz para ejecutar la captura. El gobierno federal, encabezado entonces por Ernesto Zedillo, festinaría la aprehensión del capo.

Pese a su colaboración, Reséndez Bertolucci seguiría enfrentando ataques y mayores amenazas de muerte por parte de la diversas células del cártel del Golfo, cuyos cabecillas no le perdonaron la traición. Por ello necesitaba una protección más sólida que la que le aportaba la PGR, pues en enero de 1996 ni siquiera había un programa de testigos protegidos. Tampoco existía la Ley Federal contra la Delincuencia Organizada. Los testigos eran vulnerables. En cualquier momento podían asesinarlos.

En medio de las amenazas, Reséndez Bertolucci finalmente contrató los servicios de Raquenel Villanueva: ahora quería que le ayudara a contactarlo con las autoridades de los Estados Unidos, en particular con la DEA, para convertirse en testigo protegido. Sólo así salvaría su vida y la de su familia.

Seis meses después de la detención de García Ábrego, en julio de 1996, la vida de Reséndez Bertolucci dio un giro de 180 grados. A través de sus contactos, Villanueva logró que se convirtiera en testigo protegido en los Estados Unidos. Se sabe que le transformaron la identidad y, a cambio, reveló todos los secretos del cártel del Golfo y del capo en desgracia. En ese juicio, Reséndez Bertolucci fue el más importante testigo de cargo.

Sin embargo, alrededor de esta historia se tejió otra, a menudo mencionada como la causa de los cuatro atentados que sufrió Raquenel Villanueva: que, con la información que obtuvo de Reséndez Bertolucci, ella fue quien entregó a García Ábrego, y que la PGR y el gobierno de los Estados Unidos le pagaron una recompensa millonaria.

La abogada, no obstante, lo niega: "Se manejaba mucho que mis atentados se planearon como consecuencia de que yo había entregado a Juan García Ábrego y que a mí me habían pagado por ello 3 millones de dólares, lo cual es falso. En México sólo se entregó 1 millón de dólares y no fue a mí. Estados Unidos después entregó 2 millones de dólares más. A mí sólo me pagaron mis honorarios. Hay más cosas en esta historia, pero yo no las puedo revelar por ética profesional".

La muerte al acecho

En la vida de Raquenel Villanueva, involucrada ya en la defensa de narcotraficantes, no parecía haber descanso. Después de la entrega de Reséndez Bertolucci al gobierno de los Estados Unidos, las aguas de su entorno empezaron a agitarse con mayor fuerza. Se aproximaba una etapa de violencia y dolor. Ya planeaban un ajuste de cuentas para asesinarla. Pero la abogada no parecía advertir el peligro.

Raquenel Villanueva no parecía concebir la vida sin esta dinámica ciclónica de trabajo, sin el éxtasis de jornadas agotadoras. En su despacho, los teléfonos no dejaban de repiquetear:

—Abogada, tengo miedo de que a mi hermano le pase algo. Presentimos que lo pueden matar. Ayúdenos, por favor —suplicaba sollozando el familiar de algún detenido o perseguido de la mafia. Y la abogada saltaba de su asiento, como impulsada por un resorte, y contestaba con una ráfaga de palabras:

—Usted no se me apendeje, amigo. Este asunto lo tenemos ganado. Nos los vamos a chingar, cálmese. Usted no sabe quién soy yo. Estos cabrones conmigo se chingan.

Ésa era Raquenel en su mejor papel, enfundada de valor, cargada de tensión, trémula de emociones. La abogada "peleonera" en acción.

Un día dijo: "Los narcos son los únicos hombres que tienen palabra, no se rajan ante nada y tienen valor". De ahí surgió la empatía que existió entre algunos capos y la llamada *Abogada Blindada*.

144

Cártel de los Beltrán Leyva

Héctor Beltrán, Arturo Beltrán, Sergio Enrique Villarreal Barragán, *el Grande*; Edgar Valdez Villarreal, *la Barbie*. Con este último, la organización se extendió hasta Colombia.

Cártel de los Arellano Félix

En las fotografías, Francisco, Ramón, Javier y Benjamín Arellano Félix.

Pese a las versiones oficiales en contra, el cártel de Tijuana sigue vigente, aunque Ramón esté muerto y los demás presos.

Cártel de Juárez

Amado Carrillo Fuentes, *el Señor de los Cielos,* quien corrompía todo lo que tocaba; Vicente Carrillo Fuentes, *el Viceroy*, y Vicente Carrillo Leyva.

Cártel del Golfo

Juan García Ábrego, Eduardo Costilla, *el Coss*; Ezequiel Cárdenas Guillén, *Tony Tormenta*; Osiel Cárdenas Guillén. A la caída de éste, el segundo, su brazo derecho, queda al frente de la organización para la que ya había buscado apoyos en el gobierno de Tamaulipas y proveedores de droga colombianos.

Cártel de Sinaloa

Héctor Luis Palma Salazar, *el Güero Palma*; Joaquín Guzmán Loera, *el Chapo*, evadido del penal de máxima seguridad de La Palma hace 10 años; Ismael Zambada García, *el Mayo*; Juan José Esparragoza, *el Azul*; Ignacio Coronel, *Nacho Coronel*; Vicente Zambada Niebla, *el Vicentillo,* detenido a los 33 años de edad.

Los Zetas

Heriberto Lazcano Lazcano, *el Lazca*, desertor del GAFE, metal forjado con las más altas temperaturas de la milicia, y Jaime González Durán, *el Hummer*, detenido en noviembre de 2008.

Ciudad Juárez, Chihuahua. Soldados y autoridades, ante lo que hoy es, en todos sentidos, un lugar común: una narcofosa.

Ciudad Juárez, Chihuahua. Además de los decapitados, los descuartizados y los incendios de negocios, la aparición de los carros bomba (en la gráfica) no ha venido más que a subrayar que en esa entidad el poder local ha sido rebasado y que los gobiernos, tanto el del estado como el federal, han fracasado en todo intento por pacificar esa ciudad.

Como otros tantos que traicionan a la organización, son "levantados" y, posteriormente, ejecutados, "encobijados" y abandonados. La guerra entre narcos, mientras tanto, prosigue.

"Pagará con su vida." La sentencia, pronunciada por una de las figuras centrales del narcotráfico, es consigna de todos los cárteles.

Si no se alcanza a negociar con las autoridades y poblar con declaraciones protegidas los expedientes de las procuradurías de justicia, la vida del traidor pende…

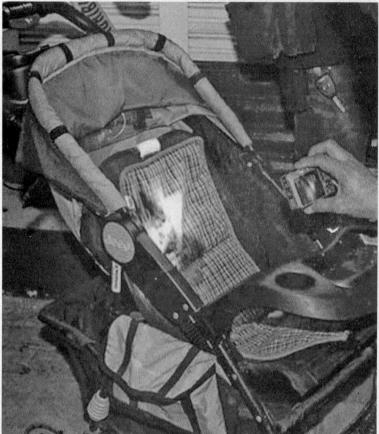

© Proceso.

Monterrey, Nuevo León. Calderón puso en marcha la cruzada contra la delincuencia organizada para lograr su propósito: rescatar los espacios públicos y la convivencia social. Aquí, un bebé que era paseado por sus padres en un parque recreativo fue alcanzado por las balas del narco.

El uso excesivo de la fuerza militar no fue bien visto por la clase política opositora al régimen ni por amplios sectores de la sociedad.

Si no se golpea el nervio financiero del narco no se puede derrotar a las mafias.

Sus pares centroamericanos le aseguran a Osiel Cárdenas: "A usted, lo que quiera [...]". Les inspira tal seguridad que los colombianos le suministran todo tipo de material: mariguana, cocaína y materias primas para elaborar los tóxicos de moda: las drogas sintéticas, el veneno químico que consumen con avidez las nuevas generaciones de adictos.

© Proceso.

© Proceso.

Culiacán, Sinaloa. Arriba: La base de la Policía Ministerial en Pericos, Mocorito, Sinaloa, no escapó a las ráfagas de los narcotraficantes. Abajo: Una *pick-up* de la agrupación policiaca, también baleada.

Bajas en las fuerzas armadas. Calderón: "Si ustedes ven polvareda levantarse es porque estamos trabajando".

Una ráfaga de tiros perforó su cuerpo. Todavía antes de este ataque, se pensaba que la abogada Raquenel Villanueva le ganaría la partida a la muerte, pues había sobrevivido a muchas balaceras. Pero no fue así.

No sólo con su capacidad de fuego, sino con su carácter sectario-religioso, *La Familia Michoacana* se ha expandido en corto tiempo. Aquí, manifestación de simpatizantes del cártel.

Homicidios en los 162 municipios más violentos del país
(Total: 2 mil 456 municipios)

162 municipios con 22 701 homicidios*
(80% del total de homicidios)

* Datos al 31 de julio de 2010.

	Conflicto	Homicidios	Porcentaje
	Pacífico vs Juárez	8 236	36%
	Pacífico vs Beltrán Leyva	5 864	26%
	Pacífico vs Golfo–Zetas	3 199	14%
	Pacífico vs Arellano Félix	1 798	8%
	Familia vs Golfo–Zetas	1 744	8%
	Golfo vs Zetas	1 328	6%
	Familia vs Beltrán Leyva	56	0.2%
	Sin determinar	476	1.8%
	Total	22 701	100%

Hasta el 31 de julio de 2010, el gobierno federal contabilizó 22 mil 701 muertes como consecuencia de la guerra contra el narcotráfico. Pero la cifra, al mes de abril de 2011, es escandalosa: suman 45 mil muertes. ¿Quién los mató? ¿El narco?, ¿el Ejército?, ¿grupos paramilitares? ¿O escuadrones de la muerte que generan terror en el país? El presidente Felipe Calderón no tiene respuestas para explicar esta masacre nacional y, aun ahora, nadie sabe nada.

Fuente: Información sobre el fenómeno delictivo en México, Gobierno federal, agosto de 2010.

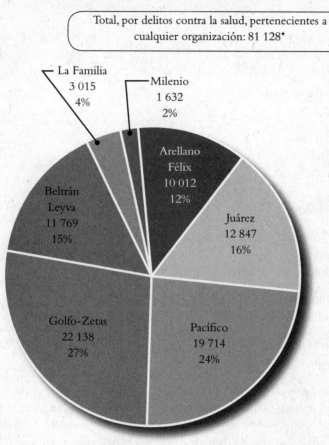

DETENIDOS POR ORGANIZACIÓN CRIMINAL

Total, por delitos contra la salud, pertenecientes a cualquier organización: 81 128*

La Familia
3 015
4%

Milenio
1 632
2%

Arellano Félix
10 012
12%

Beltrán Leyva
11 769
15%

Juárez
12 847
16%

Golfo-Zetas
22 138
27%

Pacífico
19 714
24%

Porcentaje de aprehensiones por cada una de las organizaciones criminales que operan en México y que se disputan el territorio. Lo cierto es que la realidad muestra que, pese a las detenciones, los cárteles están más fortalecidos que nunca, en plena recomposición y en expansión hacia otros países. La guerra ha sido el principal detonador del crecimiento de los cárteles dentro y fuera de México.

* Datos al 29 de julio de 2010. Existen 34 mil 350 detenidos que no se les acreditó ninguna filiación a alguna organización, lo que suma un total de 115 mil 478 detenidos por delitos contra la salud.
Fuente: Información sobre el fenómeno delictivo en México, Gobierno federal, agosto de 2010.

Comparativo de aseguramientos*

	Dic 1994– Jul 1998	Dic 2000– Jul 2004	Dic 2006– 31 Jul 2010
Cocaína (Ton.)	96.8	85.7	97.3
Marihuana (Ton.)	3 370.4	6 709.6	7 092.2
Armas	39 563	26 309	84 049
Vehículos	15 985	13 520	34 731
Moneda nacional (millones)	13.4	19.7	330.3
Dólares (millones)	11.9	34.7	411.9
Detenidos	64 187	58 818	115 604

Decomisos de droga, golpes al narcotráfico que de poco han servido. Las drogas de todo tipo llegan a México por puertos marítimos y aéreos, y aun por carreteras, con la complicidad y la protección de policías y militares. Sin protección oficial no se explica este boyante mercado que envenena al país.

* Estas cifras se refieren al 100% de aseguramientos en el país.

Fuente: "Violencia al alza", <eluniversal.com.mx>, 2010.

Luego le preguntarían: "¿Por qué defiende narcotraficantes?", "¿Por qué se metió al mundo de la mafia?" Y ella, sonriente, respondería:

"Yo no defiendo narcotraficantes. Todavía no me ha tocado un capo de peso completo. Ésos no necesitan abogados para que los defiendan, para eso tienen a sus generales y a sus coroneles. A un narco de verdad nunca lo veremos en la cárcel. Los presos que defiendo son la carne de cañón, la gente que les sirve, los empleados, los burreros".

Tras el huracán de violencia destado por la captura y deportación de García Ábrego, la vida de Raquenel entró en una larga etapa de escándalos y roces peligrosos. La lista de enemigos aumentó y tenía múltiples frentes abiertos. Muchos ojos observaban a la abogada en su incansable ir y venir, generando revuelos a su paso. La abogada alcanzó mayores alturas en la defensa de narcotraficantes y policías caídos en desgracia.

En medio de este alud de escándalos, Raquenel apareció como defensora de un grupo de narcotraficantes detenidos en Gómez Palacio, Durango, con 50 kg de cocaína, una maleta de dólares y armas. El jefe de esa banda era nada menos que Guadalupe Gutiérrez López, subdelegado de la Policía Judicial Federal en Sinaloa, a quien se le vinculó con García Ábrego.

Luego siguieron otros choques con autoridades policiacas y personajes del poder político. Raquenel seguía imparable. Transcurría el tercer día de la detención de García Ábrego, cuando otra sacudida violenta cimbraría su mundo: fue ejecutado el abogado Leopoldo del Real. Raquenel Villanueva, quien esa noche atendía la diligencia de un cateo, saltó a escena y quedó atrapada en medio de los reflectores. Consternada por el asesinato de su amigo, asistió al principal testigo de esa ejecución: Arturo Flores Loera.

Este personaje declararía que el ex comandante de la Policía Judicial, Mario Benavides Caballero, había sido uno de los autores del crimen. En su relato acusatorio también implicaba al famoso *narcopolicía* Guillermo González Calderoni (ex funcionario de la PGR), al

145

entonces gobernador de Nuevo León, Sócrates Rizzo, y al procurador David Cantú.

Raquenel dio por ciertas esas afirmaciones, pues este último era un personaje que conocía los movimientos de Polo del Real y había visto cómo fue ejecutado. Para Raquenel no había duda de que decía la verdad, de que el asesinato de su amigo y maestro se había urdido desde el poder. Así, terminó confrontada con altos funcionarios.

La tarde del 13 de mayo de 1998, una explosión atrajo la atención de varias personas que pasaban casualmente por el despacho de Raquenel, entonces ubicado en la colonia Central de la ciudad de Monterrey. Se trataba del primer aviso. Un sujeto fue enviado a colocar un artefacto explosivo en la oficina de la abogada, el cual estalló. No hubo heridos, porque nadie trabajaba a esa hora en el lugar. Aquel sujeto erró su plan: sólo pudo introducir la mitad del artefacto. El proyectil salió disparado y se estrelló en una cruz de fierro que la abogada tenía en su área de trabajo. Después del hecho siguió el escándalo.

A PRUEBA DE BALAS

Raquenel no se amedrentó. Pero los ataques más contundentes estaban por venir. El 23 de marzo de 2000 recibió una llamada telefónica en su despacho. Era urgente que acudiera a la Ciudad de México. Cuauhtémoc Herrera Suástegui, un oscuro funcionario de la PGR, a quien se vinculó con el narcotráfico, la esperaría en el aeropuerto Benito Juárez. Le urgía hablar con ella. Herrera fungía como fiscal antidrogas.

A Herrera Suástegui lo estaban investigando por sus presuntos nexos con el narcotráfico. Se le relacionaba con la protección del cártel de Juárez, en particular con la célula asentada en Cancún, Quintana Roo. La indagatoria de la PGR partía de una hipótesis: que, como jefe policiaco, tenía contacto con el cártel de Juárez a través de Mario Silva Calderón, *el Animal*, ex comandante de la desaparecida Policía Judicial Federal vinculado con los Carrillo Fuentes, que había sido detenido por la PGR y se convirtió en testigo clave para que se descubrieran las primeras *narcofosas* en los ranchos La Campana, Santa Elena y Santa Rosalía, de Ciudad Juárez, donde Vicente Carrillo Fuentes y sus sicarios sepultaron a varias personas ejecutadas. Atadas de pies y manos, otras víctimas habían sido enterradas con vida.

La cita entre Raquenel y Herrera Suástegui era para afinar detalles sobre una declaración que ella tendría que rendir y que serviría al funcionario para defenderse de las acusaciones que enfrentaba. En aquella ocasión, la abogada defendía a los testigos protegidos implicados en el llamado Caso Cancún, quienes vincularon a empresarios y políticos de Quintana Roo con el cártel de Juárez. Sobre aquel encuentro existe otra versión: que Herrera pretendía contratar los servicios de Raquenel Villanueva como defensora en su investigación criminal.

Procedente de Monterrey, el avión aterrizó en el aeropuerto Benito Juárez pasadas las 4:00 de la tarde. Raquenel descendió de la aeronave con su equipaje de mano y una pesada maleta. El chofer de Herrera Suástegui la esperaba. La condujo al estacionamiento, donde abordó una camioneta negra con vidrios polarizados. En el asiento delantero iba Herrera, atrás se acomodó Raquenel, jalando el voluminoso maletín. El funcionario de la PGR tenía una cita a las 6:30 de la tarde en la Unidad Especializada en Delincuencia Organizada (UEDO), donde iba a rendir su declaración ministerial. Antes tomaría un café con Villanueva para afinar la estrategia.

—Llévanos al hotel Imperial —ordenó Herrera Suástegui al chofer.

Media hora después, la camioneta detuvo su marcha a la entrada del hotel del Paseo de la Reforma. Herrera Suástegui descendió del vehículo, luego bajó Raquenel y rápido caminó hacia la puerta del hotel. Allí se detuvo y se volvió a ver por qué Herrera no la seguía. Al cruzar el umbral, se desató la balacera. En el tiroteo falleció el chofer de Herrera Suástegui. Tenía 25 años. Luego abrieron fuego contra el funcionario de la PGR, quien recibió dos impactos de bala. Otro de los sicarios disparó contra Raquenel Villanueva en dos ocasiones. Una bala le perforó un pulmón y la otra penetró su cabeza.

Al ver que la abogada se desplomaba, el pistolero le echó mano al maletín, pero la mujer herida no soltó el portafolios a pesar de hallarse al borde de la incónciencia. Raquenel y Herrera salvaron la vida. En medio de su letargo, Raquenel escuchó una voz que a lo lejos decía que los heridos serían llevados al Hospital Militar. Ella reaccionó y apenas pudo balbucear:

—Al Hospital Militar no me lleven. Me van a matar. Quiero un hospital privado, quiero estar con mi familia…

Herrera Suástegui y Raquenel fueron trasladados con urgencia a hospitales distintos. El fallecido fue llevado al Servicio Médico Forense. Tiempo después, el controvertido Herrera Suástegui, ex delegado de la PGR en Baja California y Campeche, murió por la complicación de sus males hepáticos.

Sobre los atentados, las investigaciones se centraron en dos hipótesis: la primera, que el cártel de Juárez pretendió ejecutar a Herrera Suástegui; la segunda, que el comando armado quería quitarle a Raquenel Villanueva el maletín, cuyo contenido también quedó envuelto en el misterio: se dijo que llevaba en él 2 millones de dólares. Ella lo negó, y argumentó que la maleta contenía el expediente completo de Juan García Ábrego y todas las pruebas que los abogados del capo hicieron valer en los Estados Unidos para solicitar un nuevo juicio. El maletín quedó en manos de la Procuraduría General de Justicia del Distrito Federal, donde presuntamente se extravió. Raquenel estuvo a un paso de la muerte. Al recibir los disparos, recuerda, se sintió flotando. Sentía que la temperatura de su piel aumentaba. Luego perdió el conocimiento, al sufrir un desmayo. Despertó horas después, acostada en la cama de un hospital.

Algunas semanas después, Raquenel estaba fuera de peligro. Después del atentado en el hotel Imperial, transcurrieron cinco meses del año 2000: finalizaba agosto. Apenas repuesta del susto y de las heridas, la muerte volvió a rondarla y tocó a su puerta. El día 31, varias personas hacían antesala. Entre el grupo estaba Edgar (se omite su apellido, a petición de Raquenel Villanueva), un joven que, después de varios años, pasaba a visitar a la mujer que años atrás lo había zafado de una acusación derivada de un fraude bancario.

"Voy a recomponer mi vida y usted se sentirá orgullosa de mí", le dijo en una ocasión. Aquel joven se preparó académicamente y más tarde adquirió la nacionalidad estadounidense. Sus esfuerzos lo llevaron a convertirse en guardia presidencial en el gobierno de los Estados Unidos.

Aquella mañana Edgar esperaba a la abogada para saludarla y entregarle un regalo. Raquenel se retrasó. Llegó a su oficina cerca de las 9:30 de la mañana, cuando Edgar ya no estaba: tuvo que retirarse, se le hacía tarde. Momentos después, un gatillero irrumpió en el despacho de la abogada y, pistola en mano, ordenó a gritos que las personas se tiraran al piso. Apuntando con el arma a todas direcciones, entró en el privado de Raquenel y empezaron los disparos. Tres balazos penetraron en el estómago de la abogada.

Ella gritó desesperada:

—¿Por qué me estás haciendo esto? ¿Qué te debo?

El pistolero empezó a temblar y soltó dos disparos más, hiriendo una de sus piernas y un glúteo. Raquenel cayó al piso casi en estado agónico. No se pudo levantar. Pensando que estaba muerta, el sicario quiso poner el sello de la mafia: le dio el tiro de gracia. Para su fortuna, la bala sólo rozó su cabeza. En ese instante de lucha entre la vida y la muerte, Raquenel experimentó, según su vivencia, que "tuve contacto con personas muertas que en vida me quisieron mucho; vi un túnel y sentí una sensación de paz… Como que una voz dulce me dijo que regresara, que aún no era mi tiempo".

Raquenel volvió a salvarse de la muerte. Circularon diversas versiones del atentado. Se daba como un hecho que la abogada estaba relacionada con el narcotráfico. Relacionaron el hecho con un cargamento de 4.8 t de mariguana que la Policía Federal Preventiva (PFP) aseguró días antes del ataque, en Sabinas Hidalgo, Nuevo León. Se dijo que Raquenel había dado el "pitazo" a los agentes federales.

Envuelta en esa negra nube de versiones, suposiciones y conjeturas, que la realidad no alcanzaba a despejar, la mala fama de Raquenel creció, confirmando lo que un amplio sector social suponía: que pertenecía a un cártel de la droga. Ella negó estar implicada con el narcotráfico:

"Yo sólo cumplo con mi trabajo".

Durante la gestión de Jorge Madrazo Cuéllar, procurador general de la República de 1997 a 2000, Raquenel Villanueva fue protegida. Se le asignó un grupo de escoltas, todos agentes federales. Pese a este cerco de protección, el 14 de noviembre de 2001, cuando salía de las instalaciones del Poder Judicial Federal de Monterrey, una lluvia de balas cayó sobre la abogada. Por cuarta ocasión intentaron matarla.

Volvieron a fallar. Le dispararon a distancia con rifles R–15. La escolta repelió la agresión. Nadie resultó herido. Los gatilleros huyeron.

ANTE LA MUERTE NO PROCEDE EL AMPARO

A sus 52 años de edad, 25 de ellos como abogada, Raquenel Villanueva seguía litigando en todo el país. Defendía a personas de todos los cárteles de la droga, sin preferencia por ninguno. "A mí me llaman y yo analizo si tomo el caso o lo rechazo. Les cobro lo justo y hay personas a las que no les cobro. A otros les cobro hasta el aire. No es cierto que tenga mucho dinero. Lo más que he ganado son 350 mil dólares. Me los pagó Reséndez Bertolucci. Me los gasté con mi familia.

"Soy madre soltera, soy la hija que más dolores de cabeza ha dado en mi casa, no me he quedado con ganas de nada. He hecho lo que he querido. Le he faltado a Dios en todas las formas. Les fallé a mis padres, le fallé a mi hija porque no le di un padre. El día que más lloré fue cuando estaba en el hospital y me vi todas las heridas. […] Estuve 23 días con el estómago inflamado. La operación duró 14 horas.

"Ese día lloré y le pedí a Dios que me perdonara. En mi profesión tengo que ser dura, muy dura. Después de pelearme con alguien, de mentarle la madre por el mugrero que hay en la justicia, llego a mi casa y lloro con mi mamá, con mi papá y con mi hija.

"Soy una mujer a la que Dios le está dando una segunda oportunidad. Reconozco que sigo teniendo defectos porque soy un ser humano. Sigo cometiendo pendejadas, pero también hago lo que debo hacer: defender a quien me busca, al que cree en mí. Yo lo único que no defendería es a un violador. A quien violara o matara a un niño. Fuera de eso, tengo que defender a todos, porque cuando me recibí hice un juramento.

"Hay abogados que no entienden esto. Creen que ser abogado es tener un chingo de lana, engañar al cliente y robar. Hay abogados que roban y por eso están muertos o presos. Este ambiente es muy difícil, pero es más duro para una mujer.

"Algún día me voy a morir, pero será cuando Dios me llame. No me imagino muriendo entre las balas. Pienso que moriré muy viejita. Eso quiero. Por ser abogada, soy tramposa con Dios. Hago promesas y mandas para que no me quite la vida. Sé que vivo horas extras, pero Dios siempre me cumple. Por eso cuando una promesa cumple su tiempo, de inmediato hago otra y así me la llevo. Yo cumplo y Dios cumple conmigo."

—¿Se la pasa usted interponiendo recursos dilatorios para no morir?

—Sí. Es un largo litigio que quiero seguir alargando lo más que se pueda.

—¿Procede el amparo contra la muerte? ¿Qué va usted a hacer cuando le dicten esa sentencia?

—Apelar. No le tengo miedo a la muerte. No procede el amparo. No utilizaré ese recurso. Hay otro más eficaz que no falla.

—¿Cuál?

—El perdón.

Los narcos tienen más palabra
que los políticos

"Yo tengo una misión en la vida y la tengo que cumplir", solía decir Raquenel Villanueva cuando se le preguntaba sobre los atentados y lo cerca que había visto la muerte en cuatro ocasiones.

Juegos del destino, Raquenel Villanueva, la dama de hierro, la imbatible, no le pudo ganar la partida a la muerte.

Antes de morir abatida por las ráfagas de las AK-47, su vida no dejó de ser sacudida por los embates del destino. Se le acusó, en 2006, de estar implicada en el presunto secuestro de Martín Gerardo Saldaña Sixtos, un agente del Ministerio Público afincado en el estado sureño de Guerrero. Por esa razón, la PGR la arraigó por un lapso de 30 días junto con el agente federal César Alejandro Ortiz Plata.

No se le comprobó nada y luego la misma Raquenel difundió lo que en privado le había dicho el hoy extinto fiscal antidrogas mexicano, José Luis Santiago Vasconcelos: que la había arraigado para protegerla, aunque no le dijo de qué o de quién.

—¿Usted le cree? —le pregunté un día, poco después de abandonar la casa de arraigo, mientras tomábamos un café en el restaurante del hotel Imperial, el mismo donde fue víctima de un atentado.

—No. Todos son unos mugrosos. He intentado hablar con él [con Vasconcelos] de mi caso y no me quiere recibir. Ni los teléfonos me contesta.

Con todo y su entorno turbulento, Raquenel no dejó de litigar casos relacionados con el narco después de cumplido su arraigo. Y es que no parecía temerle a los narcos ni a la muerte, pues a menudo se refería así de los narcotraficantes: "Mis respetos para los narcos, porque con ellos nunca he tenido broncas. Mis problemas han sido por la corrupción que impera en los altos niveles del gobierno federal, entre los funcionarios responsables de combatir el narcotráfico".

Un caso que litigaba Raquenel Villanueva en los meses previos a su muerte, y que quizás era de los más polémicos, fue el del agente federal Arturo Herrera Valles, quien, como comisario de la PFP, se convirtió en la voz más crítica que cuestionaba las relaciones de los altos mandos de la policía con el narcotráfico. Herrera Valles no tuvo empacho en acusar al propio titular de la Secretaría de Seguridad Pública (SPP), Genaro García Luna, de incurrir en actos de corrupción, de brindar protección a capos como *el Chapo* Guzmán y de "engañar al presidente" con un proyecto policiaco que, en los hechos, decía, sólo sirve a los intereses del crimen organizado.

Durante el gobierno de Vicente Fox, Raquenel Villanueva pisó callos que le dolieron a los hombres del poder. Declaró, por ejemplo, que el presunto narcotraficante Jaime Valdez Martínez era su compadre. Valdez era operador de los hermanos Beltrán Leyva en el estado norteño de Nuevo León. Este personaje sería, tiempo después, blanco de un fuerte escándalo, cuyos efectos llegaron hasta la casa presidencial.

El semanario mexicano *Proceso*, en su edición 1517, publicó una entrevista en la que Raquenel Villanueva dijo que un día su compadre Valdez Martínez la presentó con Fernando Bribiesca Sahagún, hijo de Marta Sahagún, la esposa del ex presidente Vicente Fox. El encuentro, según contó Villanueva, ocurrió en la discoteca La Fe Music Hall de Monterrey, adonde fue llamada por Valdez Martínez para saludarla, tomarse unas copas y, de paso, presentarle a su amigo. La abogada dijo que ese día vio a un "muchachito que estaba rodeado de varios elementos del Estado Mayor Presidencial".

Cuando, tiempo después, Valdez Martínez fue detenido por sus presuntas relaciones con el tráfico de drogas, Raquenel fue citada a declarar a la PGR sobre los antecedentes de su amigo y compadre. Ante varios agentes del Ministerio Público Federal ella relató el encuentro que tuvo con Jaime Valdez y Fernando Bribiesca. Su sorpresa fue mayúscula al ver que nada de lo que declaró fue asentado en acta ministerial alguna.

Lo peor vino, según dijo ella, cuando le advirtieron que nada de lo que había dicho podía quedar asentado por tratarse del hijo de la entonces primera dama del país. Pero luego de que dijo lo que sabía, la abogada comenzó a ser perturbada por amenazas de muerte y a eso atribuyó la fabricación del supuesto secuestro que la llevó a enfrentar un largo arraigo judicial.

La abogada, como se puede observar, había abierto varios frentes. Sus choques con las figuras del poder se agudizaron al asumir la defensa de Herrera Valles.

Durante el proceso judicial, ella acreditó que los testimonios incriminatorios que enviaron al ex policía federal a la cárcel habían sido fabricados tanto en la PGR como en la SSP mediante la manipulación de la figura del testigo protegido. También puso en evidencia lo que llamó "el cochinero" que le prepararon a su cliente para enviarlo a prisión y callarlo, pues era un personaje incómodo para García Luna. En medio de esta agitación, transcurrieron los meses. Raquenel Villanueva no se arredró ante las andanadas gubernamentales; por el contrario, imprimió fuerza a su trabajo: viajaba de Monterrey (la ciudad donde radicaba), hacia la capital del país; se le veía en los tribunales de Tamaulipas, Nayarit, Jalisco y el estado de México, donde están apresados los capos y los delincuentes más peligrosos del país.

"Tengo fe", repetía cada vez que se le preguntaba si temía morir ejecutada. "Tengo y debo de seguir adelante", decía con frecuencia, mientras analizaba el momento difícil que enfrentaba porque sabía que su vida estaba constantemente en riesgo.

Morir de pie

La mañana del domingo 9 de agosto de 2009, su buena estrella se apagó. Después de tomar un desayuno con sus familiares, acudió a un mercado popular de Monterrey, al que se le conoce como La Pulga Río —está cerca de la embajada estadounidense, de la procuraduría estatal y de un cuartel de la Policía Federal— por estar lleno de bazares y tendajones que ofrecen todo tipo de mercancías. La acompañó María de los Ángeles Cuéllar Villanueva, su hija, de 20 años. Llegaron al mercado en una camioneta Cherokee, y a escasos metros de este vehículo estaban sus tres escoltas, a bordo de una Suburban. Los guardaespaldas permanecieron afuera, mientras ellas recorrían los locales del mercado en medio del bullicio dominical. Buscaban una tienda de café.

Presuntamente, el grupo armado que asesinó a la abogada había preparado todo el escenario y la estrategia de ataque. Se sabe que, momentos antes del asesinato, los escoltas de la litigante fueron bloqueados, aunque no quedaron exentos de sospechas, nunca despejadas, de haber participado.

Cuando Raquenel Villanueva y su hija caminaban por un pasillo, se escuchó un rafagueo. Era una descarga de metralleta seguida por otra de un *cuerno de chivo*. Las ráfagas tenían un objetivo: diseminar a la gente, como ocurrió, pues, al escuchar las detonaciones, la multitud se echó a correr, abriendo espacios que dejaron en el blanco perfecto a la litigante.

Enseguida aparecieron cuatro gatilleros encapuchados en el pasillo H. Según relataron algunos testigos, Raquenel trató de correr al oír los disparos, pero le salió al paso un sujeto que frente a su hija le disparó con una pistola 9 mm. Una versión establece que recibió cuatro balazos, otra sostiene que fueron once. Un par de manos colocaron una sábana celeste sobre su cadáver.

Los corridos

Una vida tan saturada de tensión y de sobresaltos, plagada de claroscuros y por momentos cubierta por la penumbra de la sospecha y la tragedia, parecía que no podía inspirar nada a un artista que no fuera un cineasta habilidoso en el arte del suspenso. Pero no fue así. Raquenel Villanueva, con su tragedia a cuestas, inspiró a no pocos compositores de música del norte del país, su región, donde abundan historias sobre la ley del gatillo y los narcotraficantes.

Los grupos musicales, atentos al ir y venir de la violencia y las historias truculentas de narcos y sicarios, han hecho del corrido y

de los llamados *narcocorridos* todo un arte popular. Como otras historias, los atentados sufridos por Raquenel Villanueva se transformaron en corridos. Compositores como Chuy Gómez y Los Regios;
Beto Quintanilla y Los Leones del Norte; Pancho Villagómez y Los
Coyotes del Río Bravo, entre otros, resumieron en corridos la vida
trágica de Raquenel. Famosos son *La dama de acero* y *La abogada blindada*.

La dama de acero

Piensan que sólo Inglaterra
tiene su dama de hierro,
no se equivoquen señores
porque ahorita los entero.
En tierras regiomontanas
hay una mujer de acero.
Litigante por oficio,
su nombre me lo reservo,
el corrido es para honrarla,
no para echar leña al fuego.
Ejemplo de las mujeres
que trabajan con empeño.
No sabemos si es la mafia
o son gajes del oficio,
ya lleva tres atentados,
su vida ha sido un infierno.
Quieren tener bajo tierra
a esa gran dama de acero.
Ni las bombas han podido,
mucho menos la metralla,
ya ha estado cerca del cielo
pero se mantiene a raya.
Así que sigan temblando

los que quieren liquidarla.
Perdón pidió la señora
a todos sus agresores,
no porque les tenga miedo
tal fue por sus amores,
su madre y su pequeñita
son sus dos grandes razones.
Por ahí nos vemos señores,
soy un amigo sincero.
Honor a quien lo merece
y yo me quito el sombrero
para mandarle un saludo
a esa gran dama de acero.

La abogada blindada

Voy a contarles un caso
que sí merece un corrido,
porque de trece disparos
no cualquiera sale vivo,
y sucedió en Monterrey,
es verdad lo que les digo.
Licenciada ya famosa
por las penas que ha pasado,
otra vez salió con vida
de un tercer atentado.
Ya todos dicen por ahí
que tiene el cuerpo blindado.
Será que es regiomontana;
en su tierra muy querida
a qué santo se encomienda,
dicen que el cielo la cuida,
que es gente del más allá

157

que la tiene protegida.
En Monterrey una bomba
le destruyó su portal
y luego salió con vida
del Distrito Federal.
De nuevo aquí en Monterrey
demuestra que es inmortal.
Ya con ésta son tres veces
que la suerte le sonríe,
ella sólo quiere paz,
y creo que se la merece;
cuando se encuentra en peligro,
un ángel se le aparece.
Será que es regiomontana;
en su tierra muy querida
a qué santo se encomienda,
dicen que cielo la cuida,
que es gente del más allá
que la tiene protegida.

III

Ascenso y caída de Osiel Cárdenas

En 1997, con la muerte de Salvador Gómez Herrera, quien representaba el último obstáculo, Osiel Cárdenas se convierte en el líder absoluto del cártel del Golfo. Ya sin rivales, se apropia de esa organización y queda involucrado en la red del narcotráfico, negocio que él comienza a dominar. Efectivamente, lo hace durante menos de un lustro, periodo tan corto como tortuoso. Pero, como Amado Carrillo y Rafael Aguilar, dos figuras emblemáticas del narco mexicano que le precedieron, Osiel tampoco corrige su objetivo primordial en el mundo de la mafia: alcanzar la estatura de capo. Antes de llegar a serlo, su carrera criminal es cortada de tajo. En un enfrentamiento con el Ejército, él y varios de sus seguidores serán arrestados en Matamoros, Tamaulipas, a mediados de marzo de 2003.

Si contundente fue su detención, más estrepitosa aún sería su caída, tras la cual Osiel ya no se levantará. Su arresto lo conduce primero al penal federal de alta seguridad de La Palma, en el estado de México, y luego, tras su extradición en enero de 2007, a otro confinamiento en una prisión de los Estados Unidos.

Durante su fulgurante y efímero reinado, Osiel logra saborear las agridulces mieles del poder, no sin sortear los infortunios. Sin la perturbadora presencia del *Chava* Gómez, a quien consideraba un estorbo, Osiel hace sentir su presencia, y entre asesinatos y traiciones construye la senda que lo conduciría a la cima del cártel del Golfo.

Apenas se siente dueño del territorio que domina esa organización criminal, activa sus contactos comerciales en Colombia, Perú y

159

Venezuela. Los capos de esos países observan y estudian sus movimientos, pues lo consideran un cliente potencial. Es el año de 1998. Han transcurrido 24 meses de la caída de Juan García Ábrego, y ahora es Osiel Cárdenas quien se convierte en el depositario de la confianza de sus pares centroamericanos. "A usted, lo que quiera", le dicen sus socios. Les inspira tal seguridad que los colombianos le suministran todo tipo de material: mariguana, cocaína y materias primas para elaborar los tóxicos de moda: las drogas sintéticas, el veneno químico que consumen con avidez las nuevas generaciones de adictos.

Osiel se esmera en su trabajo y afina las relaciones con sus abastecedores, entre ellos, Rubén Darío Nieto Benjumea, *Güiri;* Esteban Ochoa White, *Vicente;* Fernando Martínez, *Fernando;* Rubén Darío Villa García, *Colombiano;* Gustavo Adolfo Londoño Zapata y Elkin Fernando Cano Villa.

La estructura de su empresa crece notablemente los meses posteriores al asesinato del *Chava* Gómez. Osiel ya ha tendido puentes hasta Sudamérica. Aquel hábil mecánico que desarmaba autos y volvía a colocar sus piezas sin alterar el funcionamiento de una máquina, acomete sus nuevas actividades con virtuosismo, como lo hacen los relojeros al desmontar los engranajes y volverlos a ensamblar para que el aparato siga su marcha inexorable, y marque el compás del tiempo sin vacilar en alcanzar los objetivos que se ha trazado.

Osiel visualiza el camino que debe seguir, y se percibe incluso como el amo del narcotráfico. Pero le falta aún el principal soporte: la estructura criminal. Es consciente de ello, y por eso mide los alcances de sus actos y admite que su empresa criminal no tiene la solidez necesaria, que antes debe diseñar cada una de sus piezas. Sólo así podrá edificar el emporio que sueña.

"Por eso he arriesgado tantas veces la vida", suele comentar entre sus cómplices. Y entonces se aboca a la construcción detallada de lo que llama "mi empresa". Sabe que el pasado es difícil de eliminar, pero su impetuosidad lo lleva a hacer todo lo posible por borrar la historia del cártel del Golfo y empezar a escribir una nueva donde él, y sólo él, sea el protagonista. Y así, deja a un lado su actitud bravucona y caprichosa, y pasa al terreno de la construcción. Intuye que para alcanzar la posición de capo necesita trabajar sin descanso y dar muestras de liderazgo.

En su interior se unen dos cables que provocan un cortocircuito explosivo y le permiten salir adelante: la desmesurada ambición por el poder, y el odio. Con paciencia y habilidad, Osiel comienza a trabajar el tejido de una red protectora. Su propósito es mantenerse alerta sobre peligros que lo acechan, tener información detallada sobre cómo se comportan sus rivales, las maniobras de la Policía Federal para detenerlo, lo que maquinan sus propios aliados, las probables traiciones. Él conoce como nadie este juego.

Osiel no se permite correr ningún riesgo. No quiere ser traicionado, como él traicionó, y ordena a un equipo de su confianza que espíe a sus colaboradores más cercanos antes de encomendarles posiciones estratégicas en la estructura de la organización. Arturo Guzmán Decena, *el Z-1,* se encarga de estas tareas. Desertor del Ejército, Guzmán Decena incorpora en su nómina de gastos a decenas de policías y militares, muchos de ellos diestros espías que siguen los pasos del personal cercano a Osiel. Nadie escapa a estos controles. Desde gatilleros, hasta las amantes del "patrón", son minuciosamente seguidos a todas partes. La orden de Osiel es muy clara: todo debe estar bien controlado. Un error, una filtración —y esto lo saben muy bien los miembros de la organización—, se pagan con la vida.

Conforme adquiere mayor control y, por tanto, jerarquía, empieza a ser notoria en Osiel una transformación de personalidad y de conducta que no pasa inadvertida entre su séquito. Sus aliados, y el personal de su círculo inmediato, como Eduardo Costilla Sánchez, *el Coss,* se percatan de ello. No ocultan su temor al grupo de militares que rodea al nuevo líder del cártel del Golfo. A esto se une el miedo de que su jefe, al que conocen bien, carezca del valor para enfrentarlos cara a cara con el arma desenfundada. También tienen la certeza de que, ante cualquier imprevisto violento, Osiel optará por la huida para después, desde el sigilo, preparar el golpe. Por eso Osiel quiere saber qué hacen sus cómplices, con quién se reúnen y de qué hablan. Esa necesidad de saberlo todo, ese estar permanentemente ocupado en el otro es, para Osiel, una obstinación casi enfermiza.

No se conforma con tener embragados los hilos del poder. Va más allá. Sus ambiciones desbordadas lo impulsan con frenesí a tomar el control de la prensa, de las corporaciones policiacas y de un amplio número de efectivos militares adscritos en municipios y demarcaciones de Tamaulipas. Los doblega con una metralla de dólares.

Con esos poderosos instrumentos envía señales que terminan por confundir a las desinformadas autoridades de la Procuraduría General de la República (PGR), que ya arrastra una histórica atrofia no menos grave que la corrupción que la carcome y paraliza. El asesinato del *Chava* Gómez aún resuena dentro y fuera de Tamaulipas. En la sede central de la procuraduría, en la Ciudad de México, el trágico eco de esa muerte hace que los funcionarios, impotentes para resolver el caso, prefieran decir que el cártel del Golfo está destruido. Así trasciende la versión de que por fin esa entidad del norte de México está libre de narcotraficantes, que el cártel del Golfo está desarticulado y que todos sus miembros están presos o muertos. La noticia se extiende por todo el país. Y Osiel aprovecha la situación para magnificar la versión a través de toda su red de complicidades. Logra que la prensa divulgue información en el sentido de que "un tal Osiel Cárdenas" no tiene capacidad ni liderazgo para rearticular el funcionamiento del cártel. Él mismo filtra que fue "madrina" de la extinta Policía Judicial Federal (PJF) y que se dedicaba al robo de autos. De ese modo se protege, al decir a la opinión pública que es un delincuente menor, y que carece del perfil para dedicarse al tráfico de drogas.

Osiel también toma otras previsiones. Llama en privado a Eduardo Costilla, *el Coss,* y le entrega fuertes sumas de dinero para acallar a la prensa. Su orden es precisa: "Que no hablen de mí, ni de la organización", le dice. Y el mensaje es transmitido a reporteros y columnistas, quienes mediante notas falsas despejan la pesada atmósfera provocada por la violencia que invade de sospechas a Osiel Cárdenas, de quien

no se duda que es el autor de los crímenes y desapariciones que ane-
gan de sangre y miedo a Tamaulipas y otras entidades vecinas.

La estrategia de Osiel surte efecto. Mientras el gobierno de Ernesto Zedillo pregona en el país y en los Estados Unidos que el cártel
del Golfo está desarticulado y que Tamaulipas es un territorio limpio, en varios municipios de la entidad el diestro constructor Osiel
coloca, ladrillo por ladrillo, los muros de su futura empresa.

Con la paciencia del pescador que espera que un pez muerda el
anzuelo, Osiel estudia el comportamiento de los hombres que habrá
de colocar en cada plaza: pone a prueba la lealtad de sus socios, ana-
liza la información que Guzmán Decena le entrega sobre los segui-
mientos hechos al grupo, y no todos salen bien librados. Se entera
de que algunos despotrican a sus espaldas y ordena varios asesinatos.
Los ejecuta "por soplones". Sólo permanecen junto a él quienes le
obedecen sin reparos, los que creen en su proyecto y están dispuestos,
si es necesario, a dar la vida por el nuevo jefe, quien vibra de emoción
cuando le dicen "patrón". Gatilleros de Gómez Herrera desaparecen
"por traidores"; otros son ejecutados y sólo unos cuantos se suman al
nuevo *narcoproyecto,* poniéndose a las órdenes del jefe y confesando su
lealtad: "Aquí estamos con usted, señor", le dicen.

Cuando ya ha elegido a los miembros de "la empresa", Osiel
avanza en la edificación de su cártel. Para consolidarlo, se apoya en
la estructura de poder estatal y en el cerco de seguridad más eficaz, la
policía. Y, con esa protección, convoca a una cumbre que durante
largos meses permanece envuelta en el secreto.

Gatilleros y operadores acuden al pueblo de Guardados de Abajo,
cerca de la frontera con los Estados Unidos, para recibir un trozo de
territorio. A mediados de 1998, Osiel reparte las plazas y dicta las
nuevas reglas del juego, no sin exigir lealtad, honradez y discreción.
En aquella histórica *narcocumbre,* el nuevo dirigente lanza una amenaza para quien se sienta tentado por la traición: "El que traicione
pagará con su vida", sentencia.

Todos los convocados escuchan atentos a Osiel Cárdenas. Lo miran fijamente. Y el patrón desenvuelve un ramillete de planes. Promete

canonjías, pide que se trabaje hombro con hombro y codo con codo para erigir la que hoy se considera la organización criminal más poderosa, después del cártel de Sinaloa.

Enterados de las reglas del cártel, mismas que rigen toda actividad mafiosa, Osiel procede a la designación de los nuevos mandos en las distintas plazas de Tamaulipas y, para ello, echa mano de sus mejores cartas, las que ya han pasado la prueba de fuego y de lealtad. Gilberto García Mena, *el June,* se mantiene inamovible en Miguel Alemán, donde ha mostrado ser una pieza eficaz: no sólo le ha dado apoyo, sino que ha sabido sortear los embates con habilidad durante varios años. Otra de sus cartas es Zeferino Peña Cuéllar, de temple agreste y sanguinario, a quien Osiel le confía la custodia de Ciudad Díaz Ordaz, así como Camargo y Nuevo Guerrero.

La ciudad de Matamoros, cuna del cártel del Golfo, se la entrega a Eduardo Costilla, *el Coss* —quizás el más cercano a Osiel—, en quien deposita confianza y responsabilidades relevantes, como la búsqueda de apoyos en las esferas del poder estatal y los contactos con los proveedores colombianos.

El municipio de Progreso queda a cargo de Juan Carlos Villalobos, ex comandante de la desaparecida PJF. A Gregorio Sauceda, *Don Goyo,* o *el Caramuela,* lo coloca en Reynosa, uno de los territorios que, junto con Matamoros, es de los más codiciados por otras organizaciones dedicadas al tráfico de drogas. Ante tan elevada responsabilidad, y debido sobre todo a que ésta es una plaza competida, Sauceda le pide a Osiel un par de refuerzos, a fin de cumplir sus expectativas. Se le asignan sin rodeos. Bajo sus órdenes comienzan a operar Guadalupe Rivera Hernández, *el Gordo Mata,* quien será aprehendido en mayo de 2005, y *el Gordo Lam.* El 29 de abril de 2009, Sauceda será detenido por el Ejército.

En Díaz Ordaz asume el mando de la plaza Efraín Torres, *el Z-14,* un desertor del Ejército a quien el hampa también bautiza como *el Chispa,* y que en marzo de 2008 será ejecutado en la comunidad de Villarín, Veracruz, durante la celebración de una carrera de caballos que deriva en una intensa balacera.

Otro círculo de operadores conforma un segundo cinturón de cómplices del cártel. En distintas tareas se enganchan Víctor Manuel Vázquez Mireles, *el Pariente, Meme el Cabezón* o *Niebla;* se suma Ezequiel Cárdenas, hermano de Osiel, conocido como *Tony Tormenta;* Rubén Sauceda Rivera, de quien sólo se sabe que le llaman *el Cacahuate, Don Sergio* o *Tango 90.*

Otras piezas incorporadas son Javier Solís Garduza, *Javier,* o *el Loro Huasteco;* César Eduardo García Martínez, *el Pollo, el Chicken* o *Tango 95;* Ramiro Hernández García, *el Matty;* Raúl Bazán, *el Chimbombo;* José Manuel Barrientos Rodríguez, *Pepillo,* o *el Flaco;* Juan Guerrero Chapa, *el Licenciado Guerrero;* Miguel Ángel Hughes Rivera, *el Bebo;* Rogelio García García, *el Roger;* Rafael Betancourt Vélez, *Rafa;* Juan Carlos García Bazán, *Juan Carlos.* A este grupo pertenece también un personaje llamado *Don Alejandro:* el brujo de la organización, a quien se le encomienda la protección de los integrantes de "la empresa".

Osiel no escatima recursos para reforzar su seguridad, y procura contar con una escolta de confianza, con la que convive y pacta la buena marcha de su organización. Ése será su círculo inmediato, el primer dique de protección: el grupo armado *Los Zetas,* originalmente conformado por desertores del Ejército.

Con las puertas abiertas en el mercado abastecedor más importante —Colombia—, Osiel asciende con vehemencia hasta la cima del cártel, sin que ya nada lo detenga. La confianza que proyecta hacia Sudamérica, donde es visto como un verdadero narcotraficante, le da mayor impulso. En Colombia les da certidumbre saber que su socio mexicano está bien protegido por las autoridades de su país, y que ninguna sombra se le atraviesa en sus actividades para el trasiego de drogas.

Pero esos logros le resultan insuficientes a Osiel, proclive a la voracidad. Con frecuencia siente que su empresa aún está desarticulada, a pesar de contar con una red de operadores, socios y abastecedores. "A la organización —suele decir entre sus cómplices— le faltan instrumentos." Se refiere a que el corporativo criminal aún carece de piezas importantes en su engranaje. Y es que, en efecto, lo que parece terminado y listo para funcionar, de pronto no lo está, pero con tesón continúa la ensambladura de su cártel. Ya fueron designados los responsables de las plazas; el cerco protector parece infranqueable; los abastecedores y las redes financieras trabajan sin que nada detenga su marcha… Sin embargo, Osiel advierte que su organización requiere diestros pilotos. Para tan sensibles tareas —nada menos y nada más que el transporte de los embarques de drogas—, contrata los servicios de Roberto Rangel Gutiérrez, *Roberto;* Alejandro Morales Betancourt, *Beta,* y Miguel Regalado Ortiz, *Regalado,* entre otros.

Con toda la maquinaria criminal bien aceitada, Osiel empieza a recibir por vía aérea innumerables cargamentos internacionales de cocaína. Lo mismo proceden de Colombia que de Venezuela, de Perú, que de Guatemala. La ruta del trasiego operada por Osiel pocas veces sufre variaciones. Es suficientemente segura. La droga se embarca en Colombia y Osiel la recibe en Chiapas, Veracruz o Campeche; luego la traslada a Tamaulipas, por ríos y lagunas, para posteriormente introducirla a los Estados Unidos.

La estructura del cártel, no obstante que su efectividad ha sido puesta a prueba al llevar con éxito unas 15 t de cocaína por mes a los Estados Unidos, todavía no satisface al capo. Quiere más poder, porque ha puesto la mirada en lo más alto. Lo que hasta ahora dispone es insuficiente. Osiel necesita de un ejército de abogados, y se apresta a conformarlo. Entre esa tropa de litigantes, que permanecerán atentos a cualquier detención de los miembros del cártel, figuran Juan Guerrero Chapa, *el Licenciado Guerrero;* Galo Gaspar Pérez Canales, *el Licenciado Galo; el Licenciado Gamboa;* Miguel Ángel Martínez Sánchez, *el Licenciado Martínez,* y Antonio López Nakazono.

La red del cártel, según los planes de Osiel, no puede descuidar su figura pública. No permite que se le critique o se le atribuyan crímenes y desapariciones. Necesita del silencio cómplice de la prensa, y lo consigue sin problemas. Para cubrir ese frente, contrata los servicios de algunos periodistas. Ellos tendrán la misión de "maquillar" la imagen del grupo criminal o de guardar silencio ante hechos de violencia en los que se involucre a sus miembros, en particular a Osiel, quien no quiere verse envuelto en el vórtice de los escándalos. Es evidente que la protección policiaca es tan importante como mantener amordazada a la prensa escrita y electrónica. Sólo con esas alianzas es posible la consolidación de sus planes de expansión.

Testarudo, Osiel no se conforma con el apoyo de los policías de una ciudad. Quiere tener a su disposición a todas las corporaciones policiacas que operan en Tamaulipas. Con pagos millonarios, logra la protección de las corporaciones adscritas a las principales plazas que ocupa el cártel: Matamoros, Reynosa, Miguel Alemán, Nuevo Laredo y Valle Hermoso. Luego las redes de complicidades se extienden a todo el Golfo de México, y establecen una mancuerna, una suerte de trabuco criminal con el grupo armado *Los Zetas*.

Ahora está libre, y sin competencia amenazante, en su vasto campo criminal, su único mundo. Ya no existe más la atemorizante sombra del *Chava* Gómez, que por las noches se le acercaba y lo tocaba con insistencia para comunicarle sus planes y negocios. Ya no está para darle esas órdenes que tanto le atemorizaban. Y es que Osiel y Salvador Gómez se necesitaban y al mismo tiempo se estorbaban. No hubo ningún momento en que se enfriara la discordia. Ambos hervían en su interior, se quemaban de odio hasta crepitar como leños ardientes. Los dos ansiaban el poder absoluto y sólo uno de ellos, Osiel, salió avante sin darse cuenta de que al ganar la batalla mediante la traición abrazaba con ello el infortunio.

Y desde esos recovecos —hasta donde su corta mirada interior no puede llevar luz— lo sigue perturbando el pavor con sus punzantes aguijones, a pesar de que está cómodamente sentado en la cima del cártel. El fantasma de la traición, representado por la figura del difunto Salvador Gómez Herrera, se desplaza ahora a sus socios y cómplices, de quienes se cuida las espaldas; la desconfianza le atenaza.

Como se sabe perseguido, Osiel invierte una parte de sus ganancias en la compra o renta y remodelación de casas de seguridad, para refugiarse en caso de que la organización se vea amenazada por alguna acometida del gobierno o de sus enemigos. Estos escondites también se utilizan para torturar, interrogar y ejecutar personas. Las casas de seguridad están bajo la custodia de Rafael Gómez Garza, *el Cuate,* y Emilio Abraham Chapa Villarreal, *Arqui.*

Lucha por encontrar el sosiego, pero pocas veces logra ese equilibrio; apenas se muestra valiente, viene la zozobra y el fantasma del *Chava* lo aguijonea; inclemente, lo paraliza. Es el miedo; lo trae adherido. Osiel teme ser asesinado. Esa tensión lo lleva a cambiarse constantemente de casa. Nunca duerme en el mismo sitio. No confía en los demás, salvo en sus más allegados; toma las precauciones debidas para que sólo algunos de los integrantes de su organización sepan dónde recala cuando cae la noche.

Sólo *Paquito* conoce los secretos del jefe; sólo él es su incondicional. Lo conoce de tiempo atrás, desde que trabajaba con el *Chava* Gómez falsificando facturas en su imprenta para vender autos robados. Osiel lo invitó a trabajar con él y lo quiere siempre cerca. Sabe de su lealtad y de su disciplina para responder con eficacia a las exigencias. De ahora en adelante, Osiel deposita en su personero —una excepción, porque no confía en nadie, y menos ahora que está en la cima del poder— toda la confianza. No sólo le pide que atienda sus necesidades cotidianas, también le confiere lo más preciado: su seguridad y su vida. Sólo ante los cuidados y atenciones de *Paquito* Osiel podrá dar la espalda y dormir algunas horas, no muchas, porque ese aguijón interior que lo atosiga irrumpe en sus sueños y entonces se despierta sobresaltado.

Pero ninguna perturbación, por enfermiza que sea, es perenne. Cuando las fuerzas de la realidad lo aterrizan y desciende de su nube rosa, un golpe de razonamiento lo aleja de los bordes de la locura. Es entonces cuando Osiel deja los devaneos y recobra la cordura. De inmediato se aboca a la tarea de proseguir con la marcha de su organización.

A Osiel se le inflama el pecho de egolatría. Se siente un empresario en ciernes, importante en el intrincado mundo de los negocios ilícitos. La necesidad de reconocimiento, que surge del vacío que lo envuelve, lo acucia. Anhela que de un día para otro se le reconozca como capo poderoso y se le respete. Busca con denuedo el elogio y se esfuerza por dar lustre a un linaje delincuencial. Quiere ser visto como una autoridad en el bajo mundo y así se lo exige a sus cómplices. Pero ese arrebato narcisista lo enloquece: Osiel insiste con vehemencia en que se le venere como a un dios. Es tal su anhelo por alcanzar el liderazgo —algo que sólo se gana con autoridad, dedicación y tiempo— que recurre a la fuerza y la amenaza. Como ese genio tenebroso que fue Fouché, echa mano de todas las artes del engaño y del espionaje.

Osiel, que durante largo tiempo se mantuvo en una posición de "segundón" en el escalafón del cártel del Golfo, por primera vez cree ser alguien en el oscuro mundo de la mafia, y ya no está dispuesto a aceptar el desdén, la indiferencia y mucho menos que sus empleados le alcen la voz cuando se dirigen a él. Se ve obligado a imponer su autoridad mediante intimidaciones; nada lo detiene en ese proceso de autoafirmación: "Que no se les olvide que yo soy el jefe", les dice a sus interlocutores una y otra vez. Tiene una ancestral hambre de reconocimiento que no puede saciar.

Sus gritos, sobre todo sus exigencias de poder y de respeto, se complementan con su atuendo. Osiel se esmera por ser un figurín, y decide entonces vestirse con ropaje fino y elegante. Esa envoltura transforma su personalidad. Pronto, aquellas camisas campiranas de cuadros coloreados y los pantalones de mezclilla luidos y desteñidos por el prolongado uso son sustituidos por prendas de marca.

Tal el esmero por el bien vestir que se pone en contacto con representantes de las firmas exclusivas y se decide por los trajes del diseñador Ermenegildo Zegna, que compra por encargo en la exclusiva tienda Hemisphere en la plaza fiesta San Agustín, en San Pedro Garza García, Nuevo León, donde también lo hacen las figuras más poderosas del mundo empresarial y de la mafia.

Sin embargo, Osiel se topa con un problema: debido a un defecto físico —tiene las piernas cortas y la espalda ancha—, no encuentra conjuntos que le queden bien, por lo que debe encargarlos a la medida. Asimétrico, su cuerpo necesita que sus sacos sean confeccionados de una talla que no corresponde a la de los pantalones. El sastre debe entonces tomar las medidas precisas para confeccionar las prendas.

Para complementar su atuendo, cuando Osiel estrena alguno de los costosos y exclusivos trajes para acudir a algún compromiso social o de negocios, a una cena con la dama que corteja, se perfuma con una exquisita fragancia de Cartier, la preferida de los hermanos Miguel y Gilberto Rodríguez Orejuela, jefes del cártel de Cali. Sabe ser generoso y comienza a regalar frascos de esa marca a sus colaboradores cercanos.

En el guardarropa de Osiel también abundan los pantalones y camisas de algodón y lino de marcas famosas. No pueden faltar los zapatos que más le gustan: los Grand Emyco, del número nueve y medio, en todos los tonos y estilos.

Paquito pronto se gana un lugar especial en el entorno personal de Osiel, gracias a sus buenos oficios y a su discreción. Desempeña sus tareas con destreza, está atento a las necesidades del señor. Sabe que a Osiel le gusta la pleitesía y le corresponde, siempre solícito, en el acto. Tan estrecha es la relación que un gesto de su jefe basta para que *Paquito* capte lo que desea su patrón. Pronto el hombre de mayor confianza de Osiel aprende a conocer con detalle los temores y las manías del capo del Golfo. Cada amanecer vigila que nada perturbe el sueño del jefe y supervisa con celo que el guardarropa, cada vez más selecto y ordenado, esté a punto para cuando Osiel se despierte y elija qué prendas usará. No puede permitirse ninguna falla. Todo lo hace con diligencia. Antes de que el reloj marque las 12 del día, *Paquito* tiene lista la vestimenta con la que Osiel ha de ataviarse. Conoce hasta los colores que más le gustan, así como su proclividad por las combinaciones de negro con beige, camisas lisas de manga larga y de colores claros.

Así, cuando sale del baño y frota su espalda con una suave toalla, Osiel ya tiene ante su vista varios juegos para que elija; ropa casual, o elegante, por si tiene alguna actividad importante. En una cómoda tiene un cajón lleno de varios pares de calcetines de colores, todos acordes con el atuendo que seleccione, y zapatos bien lustrados para toda ocasión. Una vez que escoge la indumentaria del día, dependiendo de las actividades registradas en su agenda, *Paquito* recoge las otras prendas y las vuelve a colocar en el guardarropa, con cuidado de que no se arruguen. Si esto ocurre, las lleva de inmediato a la tintorería. Siempre debe estar impecable.

Este solícito mancebo está presente en todos los sitios a los que acude su jefe. Como se siente perseguido, y de hecho lo está, Osiel opta por no permanecer más de dos días en un solo lugar. Cuando está en la ciudad de Reynosa, duerme en casas de seguridad diferentes que son identificadas con claves secretas: un día en la residencia conocida entre su personal de confianza como Punto Néctar; otros dos en Cuarenta Grande. Si viaja a la Ciudad de México, adonde se traslada con frecuencia para cerrar negocios con proveedores de cocaína colombianos, pernocta en un domicilio ubicado en Bosques de Tejocotes, número 9, en Bosques de las Lomas.

Así como cambia de refugio, el líder de la organización también varía las formas de presentarse: entre su grupo de conocidos, socios y una que otra amistad se hace llamar *el Ingeniero, el Licenciado, el Licenciado de la O, Patrón, Jefe, Chaparrito* y *Señor*. Dentro del cártel, una clave lo identifica: *Sombra*. Cuando asiste a eventos sociales, extiende su mano derecha para saludar y expresa: "Soy el ingeniero Alberto Salazar González"; a veces es más parco: "Ricardo Garza, para servirle". Pocas veces se hace acompañar de su esposa, Celia Salinas Aguilar, y de sus tres hijos: Celia Marlén, Osiel y Grecia Cárdenas Salinas. Cuando viajan juntos, invariablemente lo acompaña Ramiro Hernández García, *el Matty,* su hombre de mayor confianza en la planeación, asesoría y compra de cocaína.

Osiel a menudo está imbuido en la paranoia. Entre más poder acumula, mayor es el temor que siente de morir. Estos constantes sobresaltos ya no sorprenden a *Paquito,* quien con el paso del tiempo va conociendo los resortes emocionales de su jefe, aunque tiene prohibido hablar de ello. Nadie más que él está autorizado para saber dónde reposa, dónde come, dónde llora y se derrumba por el fracaso de un negocio o por el abandono de alguna amante que ha lastimado los más profundos sentimientos. *Paquito* termina convertido en su sombra fiel, el amigo casi perfecto que le cuida y atiende a cualquier hora del día y de la noche, y al que sólo le paga 350 dólares quincenales.

Atado a la ansiedad, que se agudiza en la medida en que sube de posición, Osiel entra en desesperación y nada parece sosegarlo. Ya no puede conciliar el sueño cuando sabe que ahora es el centro, el objetivo de las autoridades y de rivales que lo odian, y quieren verlo muerto o encarcelado. Pasa largas y pesadas noches despierto. Y en estas constantes vigilias aflora una de sus mayores debilidades: las mujeres. Se hace acompañar de sus amantes para dar rienda suelta a sus pasiones, para agotarse al máximo en intensas jornadas de sexo. Ésta será, como jefe del cártel del Golfo, una de sus fugas recurrentes. Sólo así logrará dormitar por las mañanas, pero su cuerpo, a menudo agotado por el insomnio, la droga y el sexo, desde hace tiempo desconoce el reposo placentero. Atrapado en los grilletes del placer sexual y eventualmente aterrorizado, Osiel no encuentra sosiego. Pese a que en aquellas largas horas sin sueño no le faltan mujeres: dispone de un harén para escoger con quién desea pasar una noche o dos, para en seguida cambiar de compañía, no logra estabilizar su pulso cardiaco. La lista de amantes es numerosa, y entre los miembros del cártel todas son conocidas, pero sólo algunas de ellas gozan de privilegios. La preferida será Hilda Flores González, *la Güera.* Osiel puede perderse varios días envuelto en la pasión y abandonar sus responsabilidades como cabeza de la organización. Su frecuente encuentro con mujeres y recurrentes ausencias causan enojo entre los miembros del cártel. Surgen por doquier rumores, versiones y chismes. Eduardo Costilla, encolerizado porque tiene dificultades para hablar con Osiel, empieza a suponer que su jefe está embrujado y que la hechicera que lo mantiene "encantado" es *la Güera,* con quien Cárdenas Guillén pasa la mayor parte del tiempo, encerrado en una cómoda recámara.

Tan desesperado está por esas evasiones, que le pide a *Paquito* un favor que, según cree, ayudará a su amigo y jefe a despertar del embrujo del placer: cuando *la Güera* le lleve de comer a Osiel, le dice, él debe tirar los alimentos a la basura. Entre los miembros del cártel, *el*

Coss no tiene empacho en comentar: "Esta vieja tiene a mi compadre embrujado… Algo le debe estar echando en la comida… Desde hace varias semanas veo a mi compadre todo pendejo, y él no se comportaba así".

La preocupación de Eduardo Costilla es real, pero no por el "embrujo", sino por el dominio que la dama ejerce sobre el jefe del cártel del Golfo. Cuando Hilda González abandona el lecho de amor, *Paquito* observa que Osiel, el bravucón, el hombre poderoso, se derrumba envuelto en el llanto por aquella mujer. Sin recato alguno, *el Coss* dice en sus momentos de enojo: "Esta pinche vieja tiene todo estúpido a mi compadre".

La intensa actividad sexual, aunada a la falta de sueño, mantiene el cuerpo de Osiel debilitado como una cuerda floja. Cuando su mente se aletarga, la despierta un disparo con fuertes dosis de cocaína. El efecto de la droga incrementa su paranoia y su desconfianza. Por eso Osiel jamás se desnuda, salvo cuando tiene encuentros sexuales. Pocas veces puede tirarse en la cama, abandonarse al descanso plácidamente. Si se quita la camisa y los zapatos, no desenfunda sus cortas piernas del apretado pantalón de mezclilla, apenas flojo del broche, por si es necesario salir huyendo de su aposento ante algún imprevisto.

Estas fugas, que por algún tiempo son frecuentes, después pasan a segundo término. Osiel se sobrepone, rompe las tenazas que lo sujetan al placer, y pone a prueba su voluntad. Aquí comienza su verdadera tarea, y su verdadera lucha; aquí se observa y se prueba de qué está hecho el nuevo jefe del cártel del Golfo, el hombre que llegó al poder mediante una traición.

Es tan fuerte el impulso que le arremete que lucha por no sucumbir ante los peligros que lo acechan, ante los ojos asesinos de sus enemigos que desean ansiosamente localizarlo para darle muerte y arrebatarle el preciado botín: las plazas que ha conquistado con las más bajas artes del engaño.

Los vientos cargados de odios que soplan a su alrededor, en particular en sus principales feudos: Tamaulipas, Coahuila, Nuevo León o Veracruz, lo van recubriendo de una gruesa coraza. Ya no teme matar, ya no le tiembla el pulso para tomar una decisión y, así, buena parte de su territorio es depurado de enemigos hasta que la región termina convertida en un vasto osario. Se calcula que poco más de 60 crímenes fueron ordenados por Osiel Cárdenas; las víctimas de sus secuaces suman otro tanto. Todo con el fin de tomar el control absoluto del estado de Tamaulipas, su principal baluarte.

A Osiel tampoco le preocupa que lo persigan por la muerte del *Chava* Gómez, aun cuando corre por todas partes el runrún de que él ordenó el asesinato. Tan fuerte es el ruido provocado por el rumor que en notas y reportajes publicados por la prensa tamaulipeca lo llaman *El Mataamigos*. De ahora en adelante, ése es su sello, y queda registrado como la marca de un producto peligroso. Pero nada de eso lo inquieta. Tiene la certeza de que las autoridades están atadas de manos, paralizadas, como estatuas, por el encanto del dinero que huele a droga y a muerte. Este lubricante no sólo le resulta eficaz para acallar a la prensa y comprar voluntades. También le transforma de un plumazo la personalidad apenas siente que el poder es un activo más en su haber.

Es evidente que Osiel se siente llamado a las tareas más arduas y peligrosas en el campo del tráfico de drogas, dejando atrás, muy atrás, las correrías vividas como "gramero" huidizo. Y aquí surge, libre de nubarrones, su voraz sentido de posesión, desatadas sus ambiciones personales, que ya no puede dominar.

Como a todo ser humano, a este capo nada le pertenece ni le pertenecerá, porque todo cuanto posee: dinero, poder, mujeres, complicidades, residencias, automóviles de lujo, es prestado. Lo que celosamente cree que es suyo, sólo suyo, lo ha obtenido mediante el despojo y la violencia. Y es que, como narcotraficante, Osiel se comporta como un victimario que suele arrebatarle al enemigo lo que tiene. Pero eso lo ata a una cadena interminable de desgracias, pues él también es víctima de robos, engaños, traiciones, deslealtades, y de cuantiosas pérdidas de dinero y cargamentos de droga.

Llega el año de 1999. Por voluntad propia, o bien por el juego caprichoso de las circunstancias, Osiel, el narcotraficante de carácter indómito, comienza a ejercer su liderazgo con las armas que mejor domina: la amenaza y la violencia.

Empeñado en seguir construyendo su empresa, también se ve sacudido en medio de oleadas de euforia. El poder lo ha metido en una burbuja que lo lleva a festejar sus traiciones sintiéndose más inteligente y afortunado que sus rivales. Entre su séquito es visto con asombro; todo momento es oportuno y placentero para festejar la muerte de Gómez Herrera, a quien no deja descansar en paz porque repetidas veces le dice, con el valor que dan las copas y mirando fijamente la fotografía donde yace muerto: "¡Ay, pinche compadrito puto!"

Salta de gusto y se vanagloria de su osadía, de su traición. "El cártel del Golfo —grita a los cuatro vientos— ya chingó a su madre." Él, que ha padecido carencias, siente por primera vez que es dueño de algo, incluso le reclama a la vida una deuda que parece impagable. Por eso sentencia con egolatría indómita: "Ahora soy dueño de mi empresa, lo que he construido, lo mío, lo que me ha costado tanto y por lo que he puesto tantas veces en riesgo mi vida".

A pesar de sus ambiciones de poder, de acumular, de ser reconocido como jefe, en el fondo Osiel siempre se ha sentido pequeño. Con coraje y obstinación se empeña en tenerlo todo a sus pies: el control del narcotráfico, la protección del Estado, dinero a manos llenas, alcohol, mujeres, sexo… El mundo no le importa en estos momentos en los que, ante los ojos de quienes le rodean, parece un poseso, un alma tironeada por una fuerza demoniaca.

Osiel está a punto de conquistar la cima del poder, ese anhelo cultivado pacientemente en las innumerables noches de insomnio, en esas noches en las que, inmerso en la droga y el alcohol, suele pavonearse ante sus mujeres y sus incondicionales. En su intimidad ha sabido dibujar sus quimeras y se comporta como si pudiera dominarlas. Se siente poderoso y piensa que ha llegado su tiempo; pero tiene dudas, las emociones lo traicionan, se siente rodeado de traidores al acecho de una oportunidad para destruirlo, y entonces se vuelve frágil, queda postrado, indefenso como cuando era niño. Esas emociones encontradas son el miedo, que lo desarma y desdibuja sus sueños.

Y ese arrobamiento surge precisamente cuando él, Osiel, está a punto de tomar en forma definitiva las riendas del cártel del Golfo, justo cuando se acerca al escenario por tantos años visualizado por él y tejido con ahínco. Paradojas de su sino trágico.

LOS ZETAS

El capo no confía en la gente que lo acompaña. Teme ser asesinado. La idea de una perfidia lo amordaza. El cártel del Golfo rueda en escala ascendente y el poder que ejerce es demasiado tentador como para confiarse. Osiel no sólo siente temor de morir: también le preocupa que en el país comiencen a proliferar nuevos grupos y competidores que se tornan agresivos y rondan sus territorios en forma amenazante.

Frente a ese escenario, no tiene más remedio que admitir la preocupación que siente. Por primera vez se ve obligado a confesar lo que le perturba. Habla en privado con Arturo Guzmán Decena, el hombre al que está unido por una complicidad y un secreto, el asesinato de Salvador Gómez Herrera, *el Chava*.

El primer paso de Osiel parece ser acertado. Guzmán Decena no es un personaje menor. Nacido en Puebla el 13 de enero de 1976, se forma en el Ejército, donde, bajo el rigor castrense, estudia la secundaria y la preparatoria, para después ingresar en el Grupo Aeromóvil de Fuerzas Especiales (GAFE), que se constituyó desde el principio con una vocación contrainsurgente.

Habilitado como experto en explosivos, Guzmán Decena desarrolla como nadie la inteligencia militar lo mismo que el contraespionaje; en corto tiempo adquiere destrezas extraordinarias para anular la guerra de guerrillas. Acumula tanta experiencia por méritos propios que se convierte en un avezado militar.

A diferencia de Osiel, él sí tiene arrojo, detalle que no pasa inadvertido para el ya casi jefe absoluto del cártel, quien observa en él a un hombre bien preparado; entonces comienza a urdir la creación de un grupo de seguridad que a lo largo de los años llegará a convertirse en el más poderoso que haya tenido jamás cártel alguno en América Latina.

Se sabe que una tarde de julio de 1998 le pide a Guzmán Decena que le ayude a crear el grupo protector que tanto necesita para sentirse seguro quien ya desconfía de todo y de todos. El militar trabaja como agente de la PJF y, al oír la petición, piensa de inmediato en llamar a sus conocidos dentro de la milicia.

Aprovecha el momento crucial que enfrenta el país, el desorden, el caos, la ingobernabilidad, el desastre de una nación que ha perdido el rumbo. Como nadie, Guzmán Decena saca ventaja del desorden que priva en el aparato de seguridad del gobierno, desgarrado por la violencia.

A finales de los noventa, la PGR crea la Fiscalía Especializada para la Atención de los Delitos contra la Salud (FEADS) para combatir al narco. Varios miembros del GAFE engrosan las filas de esta dependencia, cuya existencia resulta efímera. Alcanzada por los tentáculos del narco, desaparece junto con la centena de funcionarios coaccionados por el narcotráfico.

Quizá sin que las autoridades se lo hayan propuesto —las dudas pesan, sin embargo, más que la realidad—, los soldados son puestos en las manos corruptoras del narco. La FEAD se convierte en el trampolín más importante para que los militares salten al cártel del Golfo, abandonando el barco de la lealtad castrense para volcarlo, por conveniencia o convicción, hacia el jefe del cártel del Golfo.

Al darse cuenta de la debilidad del Estado, al ver ante sus ojos un verdadero regalo del gobierno y que lo puede tomar con sólo estirar sus manos, Guzmán Decena pone en marcha la estrategia que ha maquinado después de su conversación con Osiel.

Con ofrecimientos millonarios —y privilegios que un militar jamás podría obtener en el Ejército, donde una élite acapara los beneficios y canonjías—, los soldados son convencidos de algo que las propias autoridades tardaron en entender: que el narco paga mejor que el gobierno. Dura realidad, pero ésa es la razón por la que cientos de efectivos desertan de las filas castrenses para engancharse en la aventura del narcotráfico.

Poco a poco, como hormigas que abandonan el agujero, decenas de soldados empiezan a desaparecer. De un día para otro, ya no asisten a sus áreas de trabajo. El pase de lista obligado está plagado de silencios. Nadie responde al llamado del alto mando.

La preocupación cunde por doquier. ¿Dónde están?, se preguntan una y otra vez los jefes castrenses. Durante varios meses se piensa que fueron secuestrados o asesinados por la mafia. Las respuestas no llegan y la desesperación paraliza a los altos jefes de la Secretaría de la Defensa Nacional (Sedena), que deben rendir cuentas sobre el paradero de los soldados.

Con todos los conocimientos adquiridos en el Ejército, Guzmán Decena estructura otro ejército, el del narco. El nombre de *Los Zetas* surge porque varios de los primeros militares que se incorporaron al cártel del Golfo estuvieron adscritos, en calidad de policías, a la base *Zeta* de Miguel Alemán, Tamaulipas. Otra versión establece que el nombre deriva de las claves que los integrantes de este grupo paramilitar utilizan para comunicarse y no ser detectados.

Con sus amplios conocimientos, pero, sobre todo, con su fino olfato, Guzmán Decena desmantela el equipo mejor entrenado que entonces disponía el Ejército. Fuera de éste, el militar que dio vida a *Los Zetas* sabe moverse como nadie dentro de toda la estructura castrense: tiene amplias conexiones con generales, coroneles, mayores, y se codea con la crema y nata de la milicia.

Osiel ya se puede sentir seguro. Los hombres que deciden seguirlo casi con los ojos cerrados parecen elegidos por una mente tan astuta como perversa. Esos soldados que ahora trabajan para el narcotráfico y cuidan la integridad física de Osiel son capaces de despliegues rápidos por tierra, mar y aire; de hacer operaciones de emboscada, realizar incursiones, organizar patrullas. Son francotiradores especializados. Pueden asaltar edificios y realizar operaciones aeromóviles, de búsqueda y rescate de rehenes; poseen armas de uso exclusivo de las fuerzas especiales; ninguna otra unidad militar dispone de armamento semejante como es el caso de las pistolas HKP-7 y los fusiles G-3, a los que se les pueden incorporar lanzagranadas.

El arsenal de *Los Zetas* se refuerza y es más poderoso conforme pasa el tiempo. Hacia finales de 1998 y principios de 1999, ya cuentan con ametralladoras M-16, no faltan fusiles MGL, cada soldado de Osiel lleva consigo una ametralladora SAW 5.5 con capacidad de 700 tiros, un fusil Remington 700 para francotirador y una bazuca LAW sudafricana que usa el tubo antitanque.

Por primera vez un capo —Osiel Cárdenas— se convierte en el delincuente más protegido. Antes de enfrentarse a él, antes de que alguien intente tocarle un pelo o decida encararlo, debe derribar esta poderosa muralla humana. Este grupo armado que sacia con saña su sed de sangre es fiel reflejo de la demencia de Osiel Cárdenas.

Nadie sabe si al conformarse el grupo armado de *Los Zetas* el propósito fue involucrar de lleno al Ejército en el narcotráfico como un proyecto articulado por el Estado, como una manera en que sólo la presidencia de la República manejara los hilos del narco; lo cierto es que la decisión del entonces presidente Ernesto Zedillo de incorporar a las fuerzas armadas en la lucha antidrogas dio pie a un paramilitarismo asociado al narcotráfico y a la más tortuosa pesadilla que jamás haya vivido el país, cuya democracia aún patina porque sigue atada a una vieja dictadura: la del narco.

Los primeros miembros de *Los Zetas* no rebasan los 60 hombres de varios rangos militares. Casi todos tienen un rasgo en común: el rostro endurecido, en el semblante las grietas que provoca el castigo y el rigor de la milicia. En otros, brota de sus ojos el rencor, la frustración, y no pocos transpiran venganza, el vapor del odio que los quema por dentro.

El cerco protector de Osiel Cárdenas empieza a organizarse y a distribuirse muy bien el trabajo. Divididos en "estacas" (grupos no mayores de 15 hombres), ocupan las principales plazas: en Tamaulipas, se afincan en Reynosa, Camargo, Miguel Alemán, Nueva Ciudad Guerrero, Matamoros. Del Golfo de México brincan al Pacífico y se adentran en Guerrero, Chiapas y Jalisco. También se interesan en otras entidades del norte y no dudan en ocupar Nuevo León, Coahuila. Desbordados esos límites, incursionan en Sinaloa, Sonora, Durango y Baja California.

Sus ambiciones de dominio territorial los llevan hasta el Valle de Texas, en los Estados Unidos, donde son vistos por el gobierno como una amenaza para la seguridad nacional. Los estadounidenses tienen razón: *Los Zetas* habilitan territorios como campos de entrenamiento y algunos incluso adquieren la doble nacionalidad, para entrar y salir del país sin restricciones.

Con el paso de los años, *Los Zetas* dejan de ser militares puros —algunos de ellos son asesinados; otros, detenidos—, pero aún hoy conservan algo de su linaje castrense, que no se perdió ni con el asesinato de su fundador, Arturo Guzmán Decena, el *Z-1,* perpetrado el 21 de noviembre de 2002, cuando departía desarmado en un restaurante de las calles Herrera y Nueve de Matamoros, Tamaulipas.

Su lugar no puede ser ocupado por un improvisado. Por eso el trabajo se le encomienda a un militar de igual o mejor perfil que el propio Guzmán Decena. Su posición la ocupa desde entonces Heriberto Lazcano Lazcano, *el Lazca,* o *Z-3,* otro metal forjado con las más altas temperaturas de la milicia, otro desertor del GAFE que también fue entrenado en diversas disciplinas y que hasta la fecha es inamovible como jefe de *Los Zetas.*

Durante su proceso de evolución *Los Zetas* llegan a tener cerca de 750 miembros. Con el paso del tiempo, refuerzan su estructura con la incrustación de *kaibiles,* desertores de ese cuerpo de élite del Ejército de Guatemala, que se suman al cártel del Golfo para imponer sus más sanguinarias prácticas de muerte: la tortura, la decapitación y el descuartizamiento de cuerpos humanos.

Amantes de la guerra, afinan tan bien su estrategia bélica que logran infundir miedo, un paralizante miedo en todo el país, y en particular entre sus rivales, quienes no tienen más opción que responder con la misma saña y sembrando el mismo horror.

EL DERROTERO DE UN *KAIBIL*

William Mendoza González (también llamado Pablo Subtiul y a quien en distintas actas ministeriales se le menciona con el sobrenombre de *el Dandy*) abre el mundo de los *kaibiles* en un testimonio ministerial tan detallado como elocuente, en el que desde los entretelones de la delincuencia cuenta cómo se vinculó a *Los Zetas,* mezcla explosiva, sin duda, de grupos que saben utilizar los instrumentos del miedo, hacerse presentes en el imaginario colectivo con las más horrorosas prácticas de muerte.

En su dicho vibrante, este desertor del Ejército de Guatemala mira desde su propia historia el vasto mundo desgarrador que tiene enfrente, que es al mismo tiempo el de muchos como él, y narra que dejó la milicia para ligarse al narcotráfico. Tomó la decisión mientras descansaba apaciblemente en su casa. Un día lo visita Eduardo Morales Valdez, un ex *kaibil* amigo suyo, al que había conocido en el Grupo de Fuerzas Especiales del Ejército guatemalteco. Eduardo ya era un eslabón del narco. No sólo se lo dice a Pablo, sino también se lo demuestra con hechos.

Se hacía llamar Juan Carlos Fuentes Castellanos y le gustaba que lo apodaran *el Trinquetes.* Le fascinaba su apodo, porque lo hacía ver y sentirse habilidoso en el laberinto de las trampas y el engaño. A su corta edad —26 años—, ya reclutaba soldados desempleados.

Sin rodeos, Morales ofrece a William trabajar en México como encargado de la seguridad de un empresario. El nombre se lo reserva, pero seguramente se trata de Eduardo Costilla, *el Coss,* segundo de Osiel Cárdenas. Sin mayores explicaciones, le dice a William que ganará 3 mil pesos quincenales al arranque y que luego de algunos meses de trabajo le aumentarán el sueldo al doble o al triple, según su desempeño. William acepta.

Sin percibirlo, ya forma parte de la amplia red tejida por *Los Zetas* en Guatemala, y desde ese momento su amigo le pide que contacte a más ex militares guatemaltecos para llevarlos a México. Así lo hace. Se comunica con 12 ex *kaibiles* y el 12 de mayo de 2004 todos viajan a México. Así comienzan su aventura en el convulso mundo mafioso.

Parten de Petén, Guatemala, a las 11 de la noche y llegan poco antes del amanecer a la frontera con Tenosique, en Tabasco. La porosidad de esa frontera semejaba dos puertas abiertas de par en par, en apariencia sin vigilancia alguna. Nadie de ellos pasa por la rigurosa revisión. Ni siquiera por el rutinario "cacheo". Como si se tratara de personas de bien, las autoridades aduanales les otorgan un permiso por 72 horas para ingresar en México, luego de que los ex *kaibiles* explican que visitan el país para comprar algo de ropa. ¿Les creyeron o había arreglos con Aduanas?

Ya en territorio mexicano, un comedido operador del cártel del Golfo se encarga de llevarlos al puerto de Veracruz. Al día siguiente, viajan a uno de los refugios de *Los Zetas:* Tampico, Tamaulipas, feudo del *Coss.* Allí son alojados en un hotel de lujo con identidades falsas. Horas después, un sujeto fornido, de rostro duro y piel atezada que se identifica como miembro del cártel del Golfo los recibe con un tono amable: "Sean ustedes bienvenidos al grupo de *Los Zetas*".

RUEDAN CABEZAS

Con la incorporación de ex *kaibiles* no sólo se refuerza la cimentación y las columnas que sostienen a *Los Zetas,* sino que en México cambian las formas de asesinar: la ejecución tradicional realizada hasta entonces por un francotirador se vuelve práctica obsoleta. Los sicarios veteranos del cártel del Golfo, no propiamente de extracción militar, ahora deben decidir su futuro: incorporarse a otro cártel mostrando sus mejores credenciales como asesinos, quedarse desempleados o entrenarse para aprender a matar con mayor saña, como lo exigen las reglas que rigen a *Los Zetas,* quienes imponen el baño de sangre, lo mismo que la decapitación y el despedazamiento de personas, como una moda.

Cuando esta suerte de engendro bélico decide matar, ruedan las cabezas humanas por doquier. Entre algunos miembros de *Los Zetas* se cuenta que decapitan cuando las personas aún están con vida, y que las víctimas —sólo ellos saben lo que ocurre en ese último segundo de su existencia— pueden tener la conciencia de verse decapitados.

Cortar cabezas se vuelve una fiebre, desde Baja California hasta Quintana Roo. No hay una franja del territorio nacional donde no se cuente la historia de un decapitado. Si se trata de muertes violentas, como las del narco, en las frías planchas metálicas de los servicios médicos forenses dejan de practicarse las tradicionales necropsias; ahora los galenos tienen que trabajar con mayores dosis de horror: armar cuerpos con los despojos humanos que tengan a disposición.

En el peor de los casos, los deudos los reciben incompletos: sin extremidades superiores o inferiores; sin lengua, si el difunto fue un soplón; sin manos, si tomó algo indebido; sin ojos, si miró lo que le prohibieron ver; sin pene, si rebasó límites por el impulso del deseo.

Con la omnipresencia de *Los Zetas,* con este batallón dispuesto a matar y a disparar al menor movimiento de una hoja sacudida por el viento, Osiel Cárdenas no sólo se siente seguro, sino amurallado. El grupo protector crea tres, y en ocasiones hasta cinco, cinturones de seguridad para resguardar al jefe, quien por fin puede respirar con menor agitación en medio del fragor de la guerra por ganar mercados, controlar territorios y evadir a la justicia.

Por fin, tras largos meses y noches de existencia aterida, de oscuridad, de miseria y de miedo, Osiel otea un aire matinal, un nuevo poder naciente con la seguridad que le brinda su cerco protector, su muralla militar. Ahora sí empiezan sus verdaderas andanzas como capo y se desplaza de un lugar a otro con mayor soltura. Puede negociar directamente con sus proveedores sudamericanos en cualquier lugar del país: en Acapulco, en Cancún; en Chiapas y en Veracruz.

La Ciudad de México se convierte en uno de sus refugios habituales, donde no siente miedo de desplazarse, porque siempre habrá detrás de él uno o diez miembros de *Los Zetas* que lo cuidan de cerca o se mantienen discretos a prudente distancia para actuar en caso de alguna contingencia.

Tecnología y astucia

Al gran dique de seguridad se suman otras estrategias para blindar a Cárdenas Guillén de cualquier intento de escucha indebida que revelara las coordenadas de su paradero. La mayor parte de las operaciones de narcotráfico y las órdenes al interior del cártel las acuerda él mismo por medio de un aparato telefónico. Por ello deben ser líneas seguras, impenetrables.

Pero, ¿cómo lograr que una línea telefónica sea segura en un mundo saturado de prácticas de espionaje? ¿Cómo salir bien librado en este ajetreado negocio en el que la paranoia puede dar vida propia a las sombras y empujarlas a la traición?

La suerte siempre busca al que no la anhela. Sin exigirlo, Osiel tiene en sus manos una solución, al menos para evadir el rastreo de la PGR y la Sedena. Un día *Paquito,* su fiel personero, es iluminado por una idea en su estrecho mundo, un relámpago de creatividad que le permite darse en un acto de lealtad hacia Osiel. "A mi jefe —piensa en voz alta— nadie lo debe escuchar cuando habla por teléfono." El impulso de su ocurrencia bordea el exceso. A partir de entonces, ninguna inteligencia, ni militar, ni policiaca, y mucho menos criminal, podrá intervenir las líneas telefónicas del poderoso Osiel.

Con ese propósito, *Paquito* decide comprar varios celulares para Osiel. Cuando se percata de que en un cajón de madera que hace las veces de un baúl su jefe tiene 30 aparatos, comienza a enumerarlos como si estuviera calibrando armas de alto poder.

Encerrado en una habitación, empieza a pegar una cinta en cada teléfono y con un plumón anota el número correspondiente tomando en cuenta los días de cada mes. Luego, en una hoja que guarda celosamente, escribe los números telefónicos para no confiarlos a su traidora memoria. El arsenal de celulares está listo para usarse.

El 1 de enero, por ejemplo, Osiel utilizará el celular número uno —según las instrucciones giradas por *Paquito*— y el último día de cualquier mes el capo realizará sus llamadas por el aparato registrado con el numeral 30 o 31.

Así, para que Osiel vuelva a utilizar un mismo teléfono, debe transcurrir un mes, tiempo suficiente para minar la paciencia de un espía empecinado. De esa manera logra evitar durante algún tiempo la intervención de sus comunicaciones privadas.

La estrategia crea confusión, disloca las áreas de inteligencia de la Sedena y de la PGR, pues tan pronto los espías del Ejército se dan a la tarea de rastrear la señal huidiza del número por el que Osiel hace sus llamadas, el aparato telefónico deja de usarse antes de que se apague el día. Sólo *Paquito* conoce ese secreto y los horarios en los que Osiel realiza sus llamadas.

Confiado en su protección, en su amplio dominio territorial y en su poder, Osiel comienza a visitar la Ciudad de México, la urbe donde no es conocido, donde puede desafiar a las autoridades y reírse. Sabe que no llama la atención y se desplaza con tranquilidad en hoteles, restaurantes e incluso en teatros, a los que acude como hombre de bien, luciendo trajes finos, perdiéndose entre la muchedumbre que se apiña en calles y centros comerciales.

DESAFIAR A GOLIAT

Este hombre no puede prolongar el placer de su seguridad. Nada permanece quieto en su entorno. En 1999, nuevas marejadas de inestabilidad lo sacuden, al verse imbuido en sobresaltos y persecuciones provocados desde el extranjero. El gobierno de los Estados Unidos, juez del mundo en materia antidrogas, presiona al de México para que sea detenido después de que Osiel amenaza de muerte a dos policías del vecino país que ilegalmente realizan investigaciones en los territorios del cártel del Golfo. En noviembre de ese año, un periodista sirve de guía a Daniel Fuentes y Joseph Dubois, uno, agente de la Oficina Federal de Investigaciones (FBI), el otro, de la Agencia Antidrogas de los Estados Unidos (DEA), para localizar los escondites de Cárdenas Guillén en Matamoros.

Osiel es un benefactor social en su tierra, ha tejido complicidades, y en poblaciones urbanas y rurales le guardan tanta estima como respeto. No faltan las voces indiscretas que lo enteran de que policías estadounidenses siguen sus pasos. Siente que su territorio ha sido violado por estos intrusos y sale al encuentro de sus perseguidores con un grupo de sicarios decididos a matar.

Osiel y José Manuel Garza Rendón, *la Brocha,* amenazan de muerte a los agentes estadounidenses. Los encañonan con sus AR-15 y, cuando están a punto de matarlos, cuando parece que nada puede frenar la decisión, un golpe de suerte salva de la muerte a los intrusos investigadores. Osiel mide en fracciones de segundo —algo poco común en este hombre que actúa por impulsos— el alcance que puede tener darles muerte a los agentes y decide echarlos de su terruño no sin gritarles encolerizado: "No se vuelvan a meter a mis dominios, hijos de perra, porque se mueren".

La intercepción de los agentes deriva en agitación dentro y fuera de México. El escándalo estalla en los Estados Unidos cuando el procurador mexicano, Jorge Madrazo, está de visita en Washington, adonde asiste para una reunión del gabinete de seguridad de ese país. Lo acompaña Mariano Herrán Salvatti, zar antidrogas.

Los representantes de la DEA y del FBI les detallan los pormenores del incidente que ocurrió horas antes en México y del que nada saben los funcionarios mexicanos; les ordenan detener a Osiel. Y cuando mencionan el nombre del capo, Madrazo y Herrán no entienden a quién se refieren sus contrapartes estadounidenses. De inmediato, el procurador Madrazo llama a su oficina de la Ciudad de México y pide hablar con José Luis Santiago Vasconcelos, a quien solicita información "sobre un tal Osiel Cárdenas" que secuestró y amenazó de muerte a dos agentes estadounidenses en Tamaulipas.

Vasconcelos hurga en sus archivos. Pero en los expedientes criminales sólo hay vagos registros de que Cárdenas Guillén se dedica al robo de autos, que distribuye drogas a granel y que se fugó de un arraigo junto con Salvador Gómez Herrera. Se ignora, o así lo finge la PGR, que ese personaje sea la cabeza de una organización criminal reconstruida. Ésa es la razón por la que los Estados Unidos lo quieren vivo o muerto; los agentes de ese país ofrecen incluso una recompensa de 2 millones de dólares por su cabeza.

Por órdenes del gobierno estadounidense, a las que México se ciñe con obediencia, la administración de Ernesto Zedillo pone en marcha un fuerte operativo militar y policiaco en Tamaulipas para detener a Osiel Cárdenas. El desplazamiento de las fuerzas federales es aparatoso. Helicópteros blindados sobrevuelan las ciudades de Reynosa, Matamoros y Nuevo Laredo.

Convoyes repletos de hombres armados y vestidos de verde olivo patrullan calles y avenidas. Van de pie, mirando fijamente, despojados del asombro, como buscando sin querer encontrar. Por supuesto, con mucha anticipación el jefe del cártel del Golfo y su red de *zetas* tienen conocimiento del golpe que se prepara y toman todas las medidas para protegerse. En una reunión a la que asisten sus operadores, efectuada en Punto Roma, una de sus casas de seguridad de Matamoros, Osiel expresa su preocupación: "Las cosas se van a poner difíciles", les dice a sus allegados.

Pero el habilidoso Osiel, que durante mucho tiempo zigzaguea entre la seguridad y constantes sacudidas, esta vez centra su brújula y no permite que se le sorprenda. Cuando el Ejército toma el control de Tamaulipas, todo el cártel ya se ha diseminado. Buena parte de los miembros de la organización descansan en playas del Caribe y del Pacífico, e incluso agradecen al gobierno estas acometidas, porque sólo así —comentan entre ellos— "se pueden tomar unas vacaciones y equilibrar los nervios".

En Tamaulipas, todas las propiedades del cártel del Golfo son abandonadas. Cerrados lucen ante los ojos de los soldados y policías los centros de operaciones Punto Bomberos, Punto Romy, Punto

Doctor, Punto Litro 1, Punto Litro 2, Punto Alacrán, Punto León, Casa Chica, Punto Gimnasio y otros escondrijos de Osiel en Matamoros y Reynosa, Tamaulipas; la oscuridad y el silencio reinan en estas discretas propiedades del corporativo criminal que funcionan como oficinas de enlace con exportadores de cocaína sudamericanos.

Osiel parece abrazar el infortunio. Su mente y su entorno se ensombrecen de ominosos presagios. Y aquí vuelve a aparecer el miedo rayano en pavor. Pero esta vez no lo atenaza ni lo paraliza, sino que se vuelve su aliado y lo aleja de la tormenta que lo persigue. Osiel viaja al municipio de China, Nuevo León, donde se esconde durante varios días en el rancho Las Amarillas, un predio que le compra a Humberto García Ábrego a través de Juan Guerrero Chapa, a la postre su defensor.

El operativo militar dura varias semanas. El Ejército "peina" todos los rincones de Tamaulipas, pero de Osiel no quedan ni las huellas. Mientras las tensiones aumentan, algunos socios de Osiel: Víctor Manuel Vázquez Mireles, Francisco Suárez Vázquez, Pablo Cano, Rafael Gómez Garza, ya esperan el fin de año y la llegada del nuevo milenio cómodamente hospedados en el hotel Coral Beach (Fiesta Americana) de Cancún, Quintana Roo. El operativo federal fracasa. Días después, Osiel se suma al grupo que disfruta de sus vacaciones en las aguas del Caribe mexicano. A salvo de nuevo, se dispone a tomar un largo descanso y reserva la suite presidencial.

El final de 1999 se acerca. En punto de las 10 de la noche del 31 de diciembre, el equipo de trabajo de Osiel arriba a la discoteca Crispin de la zona hotelera de Cancún y se acomodan en distintas mesas, piden alcohol —whisky, ron, tequila, cervezas— y no faltan las dosis de cocaína lavada con sabor a fresa o menta para disfrutar de la velada y emprender un largo viaje fuera de la realidad.

El año finaliza entre abrazos y promesas. El 2000 abre nuevos horizontes para Osiel y su cártel. En su etapa más fulgurante como narcotraficante, los gustos por la buena vida gorgotean en su interior como *champagne* recién servido. Siempre desconfiado, Osiel decide no regresar a Matamoros. Prefiere afincarse en la Ciudad de México durante un tiempo.

LA VIDA REGALADA

El centro comercial Santa Fe, frecuentado por las más ricas familias de México, es uno de sus sitios preferidos para deambular como turista con los ojos cubiertos por el camuflaje más socorrido por mafiosos y no mafiosos: los lentes oscuros.

Cuando arriba a la capital del país para cerrar algún negocio, prefiere no llamar la atención y deja en Matamoros su camioneta Cherokee blindada. Entonces pide que lo trasladen por carretera en un automóvil deportivo Jetta VR6 y para circular por las arterias de la Ciudad de México prefiere un Volkswagen sedán blanco.

Se aloja en un hotel de paso para descansar algunas horas. Antes de realizar sus trayectos se quita los trajes finos y se enfunda ropa deportiva: *pants*, playeras, tenis y una gorra de beisbolista. No necesita más. Se acomoda en el asiento del copiloto, se baja la visera e inclina ligeramente la cabeza, como si estuviera leyendo, como si dormitara después de acumular los sueños interrumpidos de varias noches. Le pide a su chofer que conduzca despacio, que no se pase los altos y que no rebase a los automóviles para no incurrir en alguna infracción que lo ponga en riesgo. Teme que lo detenga la policía capitalina, que sirve a otros cárteles.

Cansado de estar encerrado en distintas casas de seguridad, donde vive rodeado de centinelas, desea experimentar un poco de libertad y, como si nada debiera ni temiera, elige un día o dos para pasear por varias partes de la Ciudad de México. De pronto quiere ir comer al restaurante Camarones o al Rincón Argentino de Polanco y tomar tequila Don Julio, una de sus bebidas preferidas. Sus cuentas las paga en moneda nacional, a diferencia de otros capos que prefieren hacerlo con dólares. Boyante, capo en jauja, Osiel gasta todo el dinero que gana.

En 2000, la nómina del cártel que comprende pagos a los emplea-dos, sobornos a policías y militares, mantenimiento de la infraestruc-tura de su empresa, compra de vehículos, viajes, comidas, regalos... supera los 2.5 millones de dólares mensuales.

Tan sólo los gastos personales de Osiel suman los 5 millones de pesos al mes, pues el capo ha decidido llevar una vida pomposa, aun-que cubierta por el velo del sigilo, que a veces le cuesta altas sumas de dinero en propinas, pues cuando lo ven departir con amigos y socios, meseros y capitanes dan por hecho que ese personaje al que atienden tiene toda la pinta de un narcotraficante, o al menos lo sospechan.

Osiel percibe esas miradas extrañas y cierra los ojos que lo ob-servan con el poder irresistible del dinero. En seguida envía a un hombre de su confianza a repartir atenciones monetarias entre todo el personal del lugar. Sólo así las miradas curiosas se transforman en sonrisas y no faltan quienes le dicen con sobrada deferencia: "Gracias, señor".

Osiel se siente tan libre que incluso desafía sus propios límites. Bordea el abismo. Temerario, se asoma al precipicio. Y elige ese año 2000, cuando arranca la campaña del candidato panista a la presiden-cia de la República, Vicente Fox Quesada. El hotel Fiesta Americana del Paseo de la Reforma parece un cuartel militar. De hecho, lo es. Osiel transita por la iluminada vía cuando un impulso le arremete. Quiere pasar la noche en el hotel donde se aloja el candidato presi-dencial.

Soldados y personal del Estado Mayor Presidencial vigilan los alrededores de ese aposento. El abanderado del Partido Acción Nacional (PAN) ha rentado todo un piso y decenas de habitaciones para la comitiva que le acompaña en su periplo por el país.

La noche ha caído y el capo se siente cansado. Ha permanecido en actividad varias horas. El acompañante de Osiel cree que irán a un hotel discreto de la periferia de la Ciudad de México para des-cansar del ajetreo del día, pero, como impulsado por un resorte, salta sorprendido al escuchar que el jefe del cártel del Golfo le pide que se acerque al Fiesta Americana, porque ahí es ahí donde quiere dor-

190

mir. "Me encantaría dormir en una cómoda suite y tomarme unos tragos", le dice el capo.

El chofer lo mira de soslayo y no duda en preguntarle con pasmo si está loco. Osiel ríe con sarcasmo y le dice a su interlocutor: "No, no estoy loco. Ese lugar —y señala el hotel Fiesta Americana desde el interior del vehículo— es el más seguro del mundo".

Y, tal como lo decide, Osiel pasa cómodamente la noche en el "hotel más seguro del mundo" sin que nadie advierta su presencia. En otra ocasión termina sus actividades casi exhausto y decide hospedarse en el Sevilla Palace de Reforma; en otra, eligió el Marriot de Campos Elíseos, en Polanco. Así se consiente Osiel, aunque a menudo, y por seguridad, se hospeda en hoteles conocidos pero no céntricos, como el Flamingo de la avenida Revolución; el Royal de Perisur; Fiesta Inn de Periférico, y el Holiday Inn; así como recorre el centro comercial de Santa Fe, también pasa algunas horas en la plaza conocida como Mundo E, e incluso le da por ir al teatro, al Polyforum Siqueiros, en el que entra al atardecer, poco después de comer en el restaurante Angus de Insurgentes, moviendo los ojos como búho cuando ve pasar una presa.

Al capo lo invade la rutina y terminan por hastiarlo los hoteles. Ya no quiere inventar nombres cuando se registra en la recepción, y resuelve su conflicto comprando una residencia. Le gusta una casa fastuosa localizada en Bosques de Tejocotes, número 9, en Bosques de las Lomas, en la Ciudad de México. A partir de 2001, ése será su refugio más seguro, tanto que la Navidad de ese año la festeja, precisamente, en su lujoso espacio, acompañado de familiares y amigos.

Navidad en familia

La noche del 24 de diciembre de ese año prepara una fiesta para festejar la Navidad. El menú: pavo, pierna horneada, variadas ensaladas, tequila Don Julio, whisky Buchanan's 18 años, *champagne* Dom Perignon, coñac.

191

Los anfitriones: Osiel Cárdenas, su esposa, Celia Salinas Aguilar, y sus hijos Celia Marlén, Osiel y Grecia Cárdenas Salinas. También está presente, como parte de la familia, Ramiro Hernández García, *el Matty,* asesor de Osiel en la planeación y compra de cocaína.

Los invitados: Javier Solís Garduza, *el Loro Huasteco,* y Francisco Suárez Vázquez, *el Lobo,* responsable de pagar las cuotas a policías y comandantes, así como de transportar carros blindados robados de México a Matamoros. Cómodamente sentado, también está presente en la fiesta Juan Gilberto Meléndez Gómez, encargado de la contabilidad del cártel; Francisco Alberto Vázquez Guzmán, *Paquito.* Todos los asistentes están acompañados de sus respectivas esposas, hijos, sobrinos, suegras, cuñados y otros familiares.

Comienza la cena. Un nutrido equipo de meseros sirve los bocadillos, destapa las botellas de licor; vuelan por doquier los corchos del *champagne* que, burbujeante, es servido en copas de cristal cortado. Antes del primer brindis, se arrancan tocando los mariachis y Osiel ordena que no paren de cantar hasta el amanecer.

A las 4 de la madrugada, se callan las trompetas y los violines descansan. El mariachi se marcha y Osiel sale disparado tras de ellos rumbo a otra de su casas de seguridad, localizada en Paseos de Taxqueña, al sur de la Ciudad de México, donde sigue la fiesta con otros amigos y socios.

Siete días después, la casa de Bosques de Tejocotes 9 vuelve a ser punto de encuentro, esta vez para festejar el fin de año. Nuevamente, Osiel, su esposa y sus hijos son los anfitriones. Los invitados son Francisco Suárez Vázquez, *el Lobo;* Francisco Vázquez, *Paquito;* Humberto Hernández Medrano, *Don Beto;* el doctor Jorge Ríos Neri, otro de los confidentes de Osiel. Ameniza el convivio un grupo de mariachis.

La cena se prolonga hasta las 3 de la madrugada entre risas, gritos y choque de copas. Después de la fiesta, el silencio reina nuevamente en la residencia. Las luces se apagan y Osiel no volverá a esa casa sino hasta varios meses después, en esa ocasión, para cerrar un negocio de drogas con sus proveedores colombianos.

En esos momentos, Osiel Cárdenas está en jauja: vive impune y es tan millonario como poderoso. Pero nada es perenne, pues su tragedia se aproxima peligrosamente. Una gitana lee las líneas de su mano izquierda y le presagia su desgracia por medio de una adivinación que el propio Osiel se encargará de hacer realidad poco tiempo después.

CONTRA LA MAREA

La buenaventura que hasta entonces ha acompañado a Osiel comienza a esfumarse apenas inicia el año 2002, que marca el desenlace de su sino fatídico. A partir de este periodo, su insaciable apetito de poder, sus pretendidas dotes de bonhomía, sus desplantes, su euforia, su alegría desbordada, el confort del que ha venido disfrutando gracias a la prosperidad de la organización criminal que encabeza se muestran peregrinos.

Su simulada vida apacible se va desdibujando hasta hacerse borrascosa. Vienen entonces los tropiezos. Cada golpe que da está acompañado de infortunios; apenas logra introducir un cargamento de drogas en territorio estadounidense, las desgracias le caen a porrillo, una tras otra.

Durante los primeros meses, se alteran sus días y sus noches, el escaso sosiego desaparece y se ve obligado a desplazarse constantemente para evitar que las autoridades lo ubiquen. Lleno de tribulaciones, inmerso en sobresaltos, inicia una fuga sin fin, una errancia que de manera inexorable va mermando su temple.

No es para menos. El Ejército y la Policía Federal lo persiguen y sus contactos dentro de estas instituciones, otrora poderosos, se ven impotentes ante las presiones de las autoridades de los Estados Unidos, que exigen a sus pares mexicanas combatir con rigor implacable el tráfico de drogas.

El gobierno de Vicente Fox, que tantas expectativas generó tras echar de Los Pinos al vetusto régimen priísta que durante siete décadas enmoheció las estructuras del poder, se muestra incapaz de contener la marejada de violencia que envuelve al país.

Su falta de experiencia lo hace lanzar escopetazos al aire para amedrentar al crimen organizado, y con esa acción Fox inicia una pretendida guerra contra el narcotráfico que en realidad se centra en dos cárteles: el de Tijuana y el del Golfo; a salvo siempre queda el de Sinaloa, cuyo jefe, Joaquín *el Chapo* Guzmán Loera, goza de su primer año de libertad luego de fugarse del penal de Puente Grande, Jalisco, donde era amo y señor de la prisión, dueño de vidas y voluntades.

Al arrancar 2002, Tamaulipas, acometido por las huestes de Guzmán Loera, semeja un campo de batalla. Y Osiel, atribulado por la arremetida oficial y con fuertes presiones económicas por el fracaso de sus negocios, lo que hace que sus proveedores colombianos se alarmen por la mala racha del cártel, opta por abandonar su tierra natal. Y aunque ya lo ha hecho anteriormente, esta vez intuye que ya no podrá tener la tranquilidad que necesita, pues sus propiedades, antes refugios infranqueables, ya no son seguras; sólo le quedan el rancho La Trementina, en Jalisco, y alguna residencia aledaña, pero aun así la zozobra lo acucia.

El encierro le aterra, y es en ese enclaustramiento casi monacal donde Osiel debe templarse. Acorralado, sabe que no debe descuidar a su organización criminal que tanto trabajo le ha costado consolidar; tiene fresco aún en su memoria cómo tejió a punta de pistola el entramado del cártel del Golfo, que ahora cruje y por momentos parece quebrarse por los embates del gobierno.

La falta de descanso y las tensiones lo atenazan cada vez con más fuerza. Insomne, en ningún aposento puede estar tranquilo. Cuentan sus allegados que, rendido por la fatiga, cerraba sus ojos e inclinaba su cabeza para descansar, pero despertaba sobresaltado y comenzaba a preguntarles qué había pasado; fugaz era su pesadilla, profunda, prolongada su ansiedad.

Las presiones aumentaron para Osiel cuando se enteró de que las autoridades de los Estados Unidos lo querían vivo o muerto. Fueron sus informantes dentro del gobierno quienes le comunicaron la noticia. Su red protectora aún funcionaba, aunque él no ignoraba ya que el tiempo se le acortaba.

Sabe que al otro lado de la frontera no le perdonan que haya amenazado de muerte a los agentes de la DEA, Joseph Dubois, y del FBI, Daniel Fuentes; tampoco olvidan que intentó asesinarlos y sepultarlos bajo gruesas capas de cemento o incinerarlos, deshacerlos en ácido o sosa cáustica, como estilaba hacerlo con sus rivales.

El gobierno de los Estados Unidos tiene clavada esta afrenta y debe vengarla. Por su bravuconería, atizada por sus excesos, Osiel se ha echado encima el poder del Imperio. Y éste, a través de sus agencias de inteligencia y de sus informantes, rastrea su huella en todos los rincones y escondrijos donde pueda estar. Inexorable, la maquinaria de justicia más poderosa del mundo está en marcha y sólo se detendrá hasta tenerlo en sus garras.

Las piezas del cártel, en cuya solidez siempre confió Osiel, comienzan a descuadrarse por las detenciones de sus integrantes, así como las decenas de muertes producto de los enfrentamientos con las autoridades. *Los Zetas,* cerco protector del cártel, se muestran insuficientes para contener los embates.

El grupo se divide: una parte queda a cargo de la seguridad del jefe Osiel; otra cae presa del tentador negocio del tráfico de drogas. Pese a este debilitamiento propio del caos, la integridad física de Osiel aún está a salvo, pero nadie puede garantizarle su seguridad interior; quizá sólo un ataúd, cuando su cuerpo descanse yerto. Pero ese momento tardará en llegar.

Osiel es un hombre físicamente sano; además, él ni siquiera piensa fugarse por la puerta del suicidio, como el legendario Pablo Acosta, el viejo cacique y narco de Ojinaga, Chihuahua, quien en abril de 1987 decidió terminar con su vida, luego de que las fuerzas federales rodearon su rancho y se disponían a capturarlo. Osiel tampoco busca entregarse, como lo intentó, sin éxito, su antecesor, Juan García Ábrego, al verse sumido en la desgracia y sin protección oficial.

No. Osiel, el capo más joven de su tiempo, prefiere seguir huyendo como desaforado; prefiere sobrevivir cada día en el negocio del narcotráfico, aun sabiendo que no hay futuro. Su naturaleza parece dictarle que sólo se vive el presente y así se comporta, saltando de un lugar a otro sin reposo. Un día puede estar en Matamoros y, por la noche, dormir en la Ciudad de México; al otro día despierta en Cuernavaca, y el siguiente aparece en Querétaro, y el resto de la semana lo más seguro es que nadie sepa dónde ha recalado, pues Osiel suele jugar con el misterio.

De pronto, el único hilo de comunicación —el teléfono celular— se apaga y nadie puede contactar a Osiel. Ni siquiera sus familiares, a los que a menudo deja de ver largo tiempo. Pasan los días y todo parece indicar que se lo ha tragado la tierra, hasta que vuelve a dar señales de vida desde algún rincón del país para saber cómo marcha el negocio y girar algunas instrucciones. Quien recibe las órdenes es Eduardo Costilla Sánchez, *el Coss,* su hombre de confianza, el que representa sus intereses dentro del cártel ante su prolongada ausencia.

Como algunos de sus contactos en la milicia y en la policía le han informado que los sitios a los que suele llegar ya son conocidos, Osiel decide no hospedarse más en hoteles. Tampoco desea refugiarse en su lujosa casa de Bosques de las Lomas, y rechaza la idea de mantenerse oculto en sus escondites de Matamoros. Cateadas por la policía, varias de esas casas han dejado de ser seguras.

Esta vez, Cárdenas Guillén, el eterno huidizo, el hombre sin reposo, se esconde durante varios días en el único sitio que nadie conoce: su residencia de Tomatlán, Jalisco, y pasa la mayor parte del tiempo entre la muchedumbre apiñada en una playa de Puerto Vallarta. Sólo entre las murallas humanas se siente protegido el más nómada de los capos.

Aquella atmósfera le agrada cada vez más. Algún remanso, algo de sosiego siente cuando soplan los aires del Pacífico: paradójicamente, la tierra enemiga, el territorio prohibido dominado por Joaquín *el Chapo* Guzmán Loera, el hombre más protegido del sexenio foxista.

Pero Osiel no se confía. Una semana, a lo mucho, le basta para reponer energías, templar sus crispados nervios y continuar la batalla que, lo sabe bien, ahora se torna más fuerte. Viaja a Tamaulipas y tan pronto sus cómplices en el gobierno —la mayoría de ellos militares y policías— lo enteran sobre la instrumentación de otros operativos en su contra, no duda en abandonar el Golfo de México y se traslada de nuevo a Jalisco.

En Tomatlán y otras demarcaciones de esa entidad, otrora cuna del cártel del Pacífico, a Osiel se le conoce desde 1999 con un nombre falso: Alberto Salazar González. Para no despertar sospechas, para que ningún ojo curioso fije la atención en su persona, entre la comunidad se hace pasar como ingeniero y proveedor de Petróleos Mexicanos. Durante un tiempo, esta prótesis de empresario, bastante socorrida por los narcos, le funciona a la perfección para ocultar su verdadera identidad.

Y mientras en las principales plazas del cártel del Golfo el ambiente es tórrido, Osiel descansa, espera que ceje la arremetida gubernamental, en compañía de *Paquito,* su centinela, su fiel guardián, el que no conoce de relajamientos si se trata de complacer a su jefe.

Apenas observa que Osiel se dirige a la playa, pisa la fina arena del mar y el agua espumosa baña sus pies, el comedido asistente ya ha colocado debajo de una sombrilla de playa una hielera atiborrada de alimentos y bebidas: latas de mariscos, cervezas, vinos, brandis, whisky, agua… todo lo que le gusta comer y beber al capo tamaulipeco.

El presagio de la gitana

El 3 de enero de 2002, el día rompe con un sol fulgurante. En el mar ondean a la distancia hilos de plata, el agua relumbrante es como un juego de espejos en movimiento que miran al sol. La arena blanca hace las veces de cómoda cama donde Osiel se tiende como si se abandonase a las fuerzas del destino.

A menos de dos metros de distancia, enterrado en la arena, *Paquito* no desvía la mirada de su jefe, quien reposa aparentemente despreocupado. Está atento a cualquiera de sus movimientos. Cuando Osiel Cárdenas levanta la mano derecha, el obediente guardián acude al llamado y sirve una cerveza helada que el jefe del cártel del Golfo bebe con placer.

En aquel momento apacible, escasos en su vida, todo parece imperturbable. La agitación interior que siente Osiel amaina al contemplar a niños y adultos cavar en la arena, correr tras un balón, y al sentir en su piel el viento que atrae los gritos desde la lejanía. Es impensable que todo aquello no remueva recuerdos de su infancia. En cualquier dirección hacia donde mueva su cabeza, bellas mujeres de cuerpos esculpidos broncean su piel bajo el sol ardiente, y, fija en el horizonte, la mirada de Osiel se pierde en el eterno vaivén del Pacífico.

Pero todo pasa con rapidez, como si una mano aviesa acelerara el discurrir del tiempo. Osiel Cárdenas no está destinado para la quietud. La perturbación retorna y reclama espacio en su tensionado cuerpo. A la distancia, una mujer de atuendos ondeantes camina por la playa y se acerca a la gente que descansa. Sus largos aretes se mecen al ritmo de sus pasos firmes. Anda a la caza de supersticiosos, comerciando con el don de la adivinación.

"Te leo la mano, amigo, te adivino la suerte, tu futuro", ofrece, caminando entre la gente que la rechaza con un "no, gracias".

Con su singular movimiento de caderas, la mujer se aproxima al camastro de Osiel, que abre los ojos cuando una sombra le cubre el rostro y escucha la voz melodiosa de la gitana:

—¿Te puedo leer la mano, tu suerte y tu futuro? —le dice.

Envuelto en la espesa neblina de las dudas, el encanto de la gitana resulta infalible para Osiel, quien se incorpora como si lo hubieran sacudido. Con una acuidad sorprendente, el capo pregunta si ve en sus manos la cárcel, las rejas o la muerte. La gitana observa las líneas de la mano izquierda de su interlocutor —la que los gitanos prefieren leer, porque contiene la información con la que se nace, según su sabiduría— y le responde: "No hay cárcel ni muerte ni rejas, pero sí veo a una persona de tez blanca que está muy cerca [de ti] y que hablará de muchos secretos tuyos".

Osiel se queda perplejo. El primer rostro que se dibuja en su afiebrada mente es el de *Paquito,* quien se desempeña como su asistente personal desde hace más de tres años. Envuelto en presagios ominosos, despide a la gitana no sin antes pagarle por su servicio. Medita un largo rato y no duda un ápice en ordenarle a Heriberto Lazcano, *el Lazca,* jefe de *Los Zetas,* que asesine a *Paquito,* quien desde ese momento comienza a ser visto por Osiel como un traidor.

El presagio de la gitana es el detonante de una crisis de mayores dimensiones dentro del cártel del Golfo. Con el transcurso de los meses, Osiel se muestra cansado, hastiado por los problemas y de vivir a salto de mata. En no pocas ocasiones sus socios ven cómo se derrumba, exhausto, en su cama. Las presiones lo consumen porque unos 200 miembros de la organización exigen sus pagos; sus informantes y protectores han dejado de recibir los 100 mil dólares semanales por sus servicios; los proveedores colombianos le van cerrando la llave del suministro; peor aún, la persecución militar y policiaca traba la marcha del negocio y le impide colocar cargamentos de droga en los Estados Unidos.

Pero el mayor enfado lo enfrenta en el interior del cártel: sus principales piezas —Víctor Manuel Vázquez Mireles, entre otros— comienzan a perder la cabeza, y de buenas a primeras es común verlos perdidos en holgazanerías, frecuentemente en estado de ebriedad, visitando burdeles para satisfacer sus instintos con prostitutas.

En distintas ocasiones Osiel, el eterno desordenado, se molesta y llama al orden: "¡Hijos de puta, cuídense, no se expongan y guarden su dinero porque algún día esto se va a acabar!" Pero estas palabras carecen de fuerza en ese momento caótico. Ningún orden puede lograrse por decreto, menos aún si la cabeza de la empresa criminal —Osiel— no ha decidido cambiar, como más tarde lo demostró, al aferrarse al poder.

Los infortunios atacan a Osiel por todos los frentes. Uno de ellos, el más débil, es su familia. Su esposa, Celia Salinas, no puede más con el peso de las circunstancias y se refugia en una iglesia evangélica de la colonia La Esperanza, en Matamoros. La pesadumbre y el hartazgo —convertidos en padecimientos casi congénitos— también han minado sus fuerzas y han causado algo peor: le han frustrado la esperanza de tener un hogar y una familia integrada.

Osiel se da cuenta de la inconformidad que impera en su seno familiar —la que sin duda le hace evocar sus aciagos días de infancia— y dimensiona en medio de su borrasca que ha arrastrado a lo que más ama al caos y a la desdicha. Y aunque nada puede hacer, porque si se une a su familia aumenta el riesgo de ser ubicado y aprehendido, confiesa a sus allegados su deseo de retirarse de la organización.

Expresa con hastío que no quiere saber nada de problemas y presiones. Y, en un grito de desesperación, dice a sus subalternos: "Les doy mi palabra de que si me voy por un tiempo no habrá problemas con los gastos de nuestras familias".

Este momento resulta clave. Osiel intenta resolver el futuro del cártel y anuncia su decisión de retirarse. Le comunica a sus allegados que Eduardo Costilla, *el Coss,* lo relevará en la jefatura del grupo criminal. Pero Osiel —quizá éste haya sido su mayor error— no renuncia a su adicción más destructiva: el poder. Su vida sólo parece tener sentido siempre y cuando permanezca atada a los reflectores, aunque, contradictoriamente, busca no ser perseguido.

Y ésta es la trampa de su vida trágica. Cuando su conducta debió situarse en el bajo perfil, como el buen capo que vive entre las sombras y al mismo tiempo abraza el poder, la parte demoniaca de ese poder que siente tan suyo como una extensión de su cuerpo lo enferma aún más.

Osiel quiere demostrar que sigue siendo poderoso. La locura lo envuelve de nuevo, y lo que era importante para él deja de serlo: la familia pasa a segundo término. Le está negado tener un hogar feliz y al mismo tiempo detentar el poder mafioso. Los amigos se vuelven enemigos. Los rivales lo acechan. Es tan perturbadora la duda que se le ha metido en la cabeza sobre la lealtad de *Paquito* que ordena en tres ocasiones más —entre el 12 de enero y el 15 de febrero de 2002— que lo asesinen.

Paquito se entera por voz de Pablo Cano, catador de cocaína del cártel, de que Osiel quiere verlo muerto. No da crédito a lo que escucha, pero toma sus precauciones. Sabe que en todo se puede ganar si se tienen manos hábiles y osadas relaciones en la empresa Osiel Cárdenas-cártel del Golfo. Es por ello que sus amigos le advierten y también le aconsejan: "El patrón quiere que te maten, habla con él".

Paquito tantea el terreno. No se arredra ante el poder de Osiel y no le evade la mirada cuando la del jefe del cártel del Golfo lo reta. Le pregunta por qué quiere asesinarlo. Osiel lo niega, pero un dejo de verdad se asoma en su mirada perversa; de inmediato quiere saber quién le ha dicho "semejante barbaridad" a *Paquito,* y éste suelta lo que sabe: "Estoy enterado de que usted ha ordenado cuatro veces que me maten", le dice.

Osiel responde con una pregunta:

—¿Me has hecho algo?

—No. Sólo servirle, cuidarle y atender a su familia —responde *Paquito.*

—¿Entonces?

—Pues no sé usted…

—No es así, no hagas caso de chismes, están locos…

Lo cierto es que, en efecto, Osiel quería quitarse de en medio al personaje que más conocía sobre sus movimientos y su vida personal; el que lo veía dormir, sonreír y llorar; en los peores momentos, *Paquito* llegó a escuchar cuando ordenaba los asesinatos de sus rivales y amigos.

Osiel temía que su hombre más cercano lo traicionara. Tanto fue el odio desatado hacia su fiel guardián que éste tuvo que abandonar la organización y echarse a correr para salvar su vida. En febrero de 2002, en plena huida por las amenazas de Osiel Cárdenas, fue aprehendido por la Policía Judicial Federal. El día 25 de ese mismo mes, *Paquito* acepta acogerse al programa de testigos protegidos de la PGR. El presagio de la gitana se había cumplido.

LA DELACIÓN DE PAQUITO

Al interior del cártel crecieron las divisiones y las discordias. La suerte de Osiel —nadie lo duda ya— está echada. El plan para su captura comienza a urdirse en la Sedena. Un nutrido equipo de militares adscritos al Centro de Inteligencia Antinarcóticos (Cian) trabaja afanosamente en su localización mediante lo que mejor saben hacer: las intervenciones telefónicas, a través de las cuales el capo es rastreado en todos los rincones del país.

Meses después, cuando cierta calma sopla en el Golfo de México, cuando la agitación en torno del grupo de Osiel baja de intensidad y las aguas retornan a su cauce, el poder del más escurridizo de los narcotraficantes empieza a sacudirse hasta el estrujamiento.

El imperio construido por Osiel Cárdenas ya está envuelto en un dédalo. Está en la mira del Ejército y del gobierno de los Estados Unidos; el hombre del que dependen unas 200 personas directamente y cuyas ganancias superan los 10 millones de dólares mensuales en el año 2002, tiene sus días contados en el negocio del narcotráfico.

Osiel se ha convertido en una figura perturbadora para la administración de Vicente Fox y para las autoridades de los Estados Unidos, que ofrecen 2 millones de dólares por su cabeza. Como ha entrado en liza con Joaquín *el Chapo* Guzmán Loera, Tamaulipas es un territorio "caliente", como se dice en el argot mafioso cuando un lugar está revuelto y agitado por la violencia.

Tan pronto como Francisco Alberto Vázquez Guzmán se convierte en testigo protegido de la PGR, y le asignan el nombre de *Rufino* como clave, comienza a tejerse el más voluminoso expediente en contra del cártel del Golfo, y su líder, Osiel, se convierte en una sombra danzante a lo largo del país.

La PGR obtiene información clave de los movimientos del cártel, completa la lista de los hombres que conforman el grupo de *Los Zetas,* responsables de la seguridad de Osiel, y localiza cientos de propiedades de la organización criminal —casas, ranchos, cuentas bancarias y vehículos—, tiempo después aseguradas por el gobierno federal por ser producto del narcotráfico.

El testigo estelar desnuda sin cortapisas al primer círculo directivo del cártel del Golfo, del que él mismo formó parte desempeñando el oficio de asistente personal de Cárdenas Guillén. En declaraciones ministeriales habla de Osiel como el máximo jefe del cártel. Y en seguida menciona que también forman parte de esa estructura criminal sus hermanos Mario, Homero y Ezequiel Cárdenas; señala a Heriberto Lazcano como el jefe de *Los Zetas,* y a Jorge Eduardo Costilla Sánchez, *Costilla,* o *el Coss,* como el subjefe del cártel, el segundo hombre más importante en el escalafón de la empresa criminal. Decenas de personas más son aventadas a la hoguera por el testigo protegido, a quien no le perdonarán su osadía.

A base de testimoniales, la PGR construye la radiografía del cártel del Golfo, el grupo mafioso que, años atrás, oficialmente se había dado como exterminado. Se había dicho que, tras la captura de Juan García Ábrego en Tamaulipas, ya no quedaban ni los escombros del viejo cártel.

Rufino, llamado *Paquito* dentro la organización, en distintas ocasiones, durante sus declaraciones ministeriales, levanta el telón y saca a relucir las muertes que ordenó Osiel, a quien califica como "un engendro del mal", porque posee "una mente diabólica".

El 29 de agosto de 2007, cinco años y siete meses después de su captura, rindió declaración a propósito de la detención de Juan Carlos de la Cruz Reyna, alias *el JC,* enlace entre el cártel del Golfo y los proveedores colombianos:

"Juan Carlos de la Cruz Reyna, alias *el JC*, fue policía ministerial del estado de Tamaulipas y pertenecía a la célula de Víctor Manuel Vázquez Mireles, alias *Meme el Cabezón* con clave *Niebla* en la temporada del año 2001 y la mitad del 2002; posteriormente pasó a la célula de Jorge Eduardo Costilla Sánchez, alias *el Coss*, con clave *Sombra*. Esto lo sé porque yo pertenecí a dicha organización hasta el 12 de enero del año 2002.

"Las funciones que Juan Carlos de la Cruz Reyna tenía dentro de la organización era [la] de dar seguridad a Osiel Cárdenas Guillén y a sus jefes inmediatos que he mencionado, ya que él traía credencial de la Policía Ministerial teniendo el poder de que si alguien de la

Policía Municipal, Ministerial, Federal o Federal de Caminos pretendía hacerles algo, él actuaba charoleando para que no molestaran el convoy o vehículo donde iba con su jefe inmediato [y] también [se ocupaba] de sacar información sobre algún operativo en contra de la organización, de hablar con los comandantes para arreglar las plazas y de [establecer] los acuerdos sobre las cuotas mensuales.

"[Juan Carlos de la Cruz Reyna] también participó en el atentado contra Rolando López Salinas, alias *el Rolis*, quien era gente de Eulalio López Falcón, alias *Yeyo*, que Osiel Cárdenas había ordenado en una casa de seguridad de la ciudad de Miguel Alemán, ya que era gente contraria a los intereses de la organización de Gilberto García Mena, *el June*. En esa ocasión participaron Arturo Guzmán Decena, Heriberto Lazcano, Braulio Arellano Domínguez, Hugo Ponce Salazar, Mateo Díaz López, Rogelio García García.

"En esa ocasión salió herido de la mandíbula Baldomero González Ruiz, *el Viejo Fox* [miembro del cártel del Golfo], ya que le dieron un balazo y fue llevado a la casa de seguridad *Cuarenta Grande*, de Reynosa, Tamaulipas, donde llegaron a darle informes a Osiel. Estos hechos sucedieron en el año de 1999."

El testigo *Rufino* hurga en los recuerdos trágicos que guarda en su memoria y relata con una precisión cortante las muertes que vio y de las que tuvo conocimiento durante su paso por el cártel del Golfo. Sin titubeos dice que Juan Carlos de la Cruz Reyna participó en las incineraciones de los licenciados Miguel Ángel Martínez Sánchez y Antonio López Nakasono, hechos que tuvieron lugar, afirma en su declaración ministerial, en el Punto Milpa de Matamoros, Tamaulipas, en 2000.

En ese sitio también fueron incinerados, por órdenes de Osiel Cárdenas —y con la participación directa, sostiene, de De la Cruz Reyna—, Rogelio García García, *Rogger,* y su hermano, al que sólo menciona con el sobrenombre de *Titino*. Luego añade que en esa misma casa de seguridad se quemaron los cuerpos de Gudelio Campos González, llamado *el Indio,* y su esposa, cuyo nombre, dice, no recuerda.

Francisco Alberto Vázquez Guzmán, *Rufino,* habla respecto de cómo operaba el cártel la corrupción con funcionarios del gobierno de Tamaulipas. El dinero se repartía a manos llenas, relata, y a cambio se obtenía protección e impunidad. No escapó de su memoria Guadalupe Herrera Bustamante, ex procurador del estado de Tamaulipas. De él afirma en un testimonio fechado en septiembre de 2007 que Ariel Herrera, *el Tigre,* miembro del cártel del Golfo, es hermano de Guadalupe, a quien el gobernador Eugenio Hernández Flores nombró procurador del estado, y después, orgullosamente, su asesor. Elocuente es el testigo *Rufino* al señalar a Guadalupe Herrera como pieza del cártel del Golfo desde el sexenio que encabezó en Tamaulipas Manuel Cavazos Lerma:

"En una conversación en la que conocí a Juan José Muñiz Salinas, alias *el Comandante Muñiz,* en la que [participaba] Ariel Herrera Bustamante, alias el Tigre, y Vicente Castillo Sáenz, alias *Mano,* escuché que *el Chava* Gómez le preguntó al Tigre si ya le habían entregado los treinta mil dólares al procu, refiriéndose al procurador general de Justicia del estado de Tamaulipas, Guadalupe Herrera Bustamante, comentándome posteriormente *Chava* Gómez que ese dinero se le mandaba para que no se realizara ninguna investigación en contra del cártel del Golfo y les girara órdenes a los comandantes de la Policía Judicial para desviar la investigación relacionada con el enfrentamiento que tuvieron los hermanos Treviño, a quienes habían levantado en Valle Hermoso, Tamaulipas, el 2 de agosto de 1998…"

El sentimentalismo no es cosa de Osiel Cárdenas. No puede, aunque intente, olvidar la traición; le suena y resuena en su cabeza la voz de la gitana: "Alguien que está [cerca de ti] hablará muchos secretos tuyos". Osiel no le perdona a *Paquito* la intrepidez de haber revelado parte de su vida personal y criminal ante las autoridades, y aunque no puede verlo muerto como deseaba, este "engendro del mal", como lo llama el testigo, hierve de rabia y busca la forma de vengarse y de acallar al traidor.

Como siempre ocurre con quienes esconden en su interior una suerte de miseria humana, Osiel cobra venganza sin dar la cara, sin hacerle frente a su enemigo. Rompe de la manera más bajuna las reglas de la mafia y ordena que asesinen a familiares de *Paquito*. El testigo protegido afirma en su declaración del 29 de agosto de 2007 que, apenas dos días después de su primer testimonio ante la PGR, desapareció su hijo, Alberto Vázquez Márquez; ocho días después corrió la misma suerte Víctor Manuel Vázquez, su hermano. El 4 de julio de ese mismo año fue asesinado otro de sus hermanos, Juan Rosendo Vázquez.

A estos hechos, hasta ahora impunes, se suman más desgracias: miembros del cártel del Golfo afincados en Matamoros, Tamaulipas, prendieron fuego a las casas de la madre y una hermana de *Paquito*. La arremetida de Osiel no podía ser para menos. El odio de un capo desgarrado se desata con toda su fuerza.

La captura

Los meses transcurren, y el grupo especial de militares continúa trabajando en la localización del jefe del cártel del Golfo. Durante varios meses, estos hombres de mala catadura dan palos de ciego en su afán por detener a Osiel. Cuando arriban a Matamoros, Tamaulipas, y preparan el golpe, Osiel ya no está ahí y ningún miembro del cártel se encuentra en la plaza.

El huidizo Osiel siempre se adelanta al ataque de sus enemigos, como liebre que olfatea a su depredador desde la distancia. En varias ocasiones los operativos resultan fallidos. Pero todo cambia cuando el grupo especial de la Sedena sostiene un largo diálogo con *Rufino*.

Le preguntan cómo pueden detener a Osiel. El testigo, que conoce los movimientos del capo, se da cuenta de que la estrategia está errada, que lo investigan a través de su gente cercana, mediante el rastreo de llamadas telefónicas imprecisas y en los sitios a los que él ya no acude, pues ha sido alertado de su búsqueda.

El plan de captura carece de puntería. Entonces se afina la estrategia: *Paquito* sugiere a los militares intervenir los teléfonos de la esposa y los hijos de Osiel, con quienes él suele comunicarse por las mañanas para preguntarles cómo están y cómo les va en la escuela.

El ardid da resultados. Sólo así el Ejército procede a intervenir el celular de Celia Marlén Cárdenas, una de sus hijas. Se cuenta que en una ocasión la muchacha le comenta a una amiga que estaría en Matamoros y que deseaba verla para invitarla a su fiesta de cumpleaños. *Paquito* le confirma a los miembros del Cian que, en efecto, la voz es de Celia Marlén, primogénita de Osiel, y les hace una recomendación: "Recuerden que Osiel se duerme cuando sale el sol. Es cuando se puede actuar. Sale el sol, se esperan media hora y entonces pueden atacarlo".

Osiel preparaba la fiesta para su hija. Se esperaba un menú variado, en particular carne asada, así como mariachis y tríos para amenizar el convivio. El jefe del cártel del Golfo llegó a Matamoros la tarde del 13 de marzo de 2003, acompañado de uno de sus socios, conocido como *el Piña*.

Cuando circulan por el corazón de la ciudad y se dirigen a la casa familiar, en el fraccionamiento Satélite, el jefe del cártel del Golfo expresa que percibe una calma muy extraña en la ciudad. Como una liebre, olfatea el peligro. "Está raro todo, esto está muy tranquilo." Intuye la amenaza, pero esta vez no atiende el llamado interior, la voz de alerta. Está demasiado excitado por la fiesta de su hija. Aquel nubarrón de sospecha se disipa tan rápido como pasa por su mente.

La percepción de Osiel no es un desatino. En ese justo momento, el grupo de militares del Cian ya está en Matamoros, acecha a su presa. Ninguna autoridad estatal es notificada del operativo. Las indicaciones del entonces titular de la Sedena, Clemente Vega, son precisas: todo debe hacerse en completo sigilo.

Ubicados estratégicamente, los militares aguardan el momento para asestar el golpe. Al día siguiente, 14 de marzo, la fiesta comienza poco después de las 2 de la tarde. Osiel, sonriente, festeja el cumpleaños de su hija Celia Marlén. Se destapan las botellas de vino y comienza a servirse el tequila y las cervezas heladas entre los invitados.

Los mariachis y los tríos tocan en forma alternada. Osiel pide que se prolongue el tiempo contratado y dice a los invitados que no faltará la música. En las calles de Matamoros, un grupo de agentes federales adscritos a la Subprocuraduría de Investigación Especializada en Delincuencia Organizada (SIEDO), enviados por José Luis Santiago Vasconcelos, tratan por su cuenta de localizar la casa de Osiel con el propósito de detenerlo en pleno festejo. Sólo se guían por dos datos: que Osiel celebra una fiesta y que donde oliera a carne asada ahí estaría departiendo el capo. Nunca localizaron la casa.

La fiesta se prolonga toda la noche. Al amanecer, Osiel se quita los zapatos, la camisa y se tiende en la cama sólo con el pantalón puesto. A las 9:57 de la mañana, cuando el sol brilla esplendoroso, se queda dormido. En ese momento, cuarenta efectivos del Grupo Aeromóvil de Fuerzas Especiales (GAFE) irrumpen en la casa del capo. Son repelidos con disparos y granadas por 20 hombres que, desde dos vehículos, custodian al jefe del cártel del Golfo.

Al escuchar las detonaciones, Osiel se levanta como impulsado por un resorte y, cual liebre espantada, corre a la parte trasera de su casa; brinca la barda y trepa al techo de las casas aledañas para alejarse del lugar. Sólo lleva el pantalón puesto. En medio del tiroteo, Osiel pretende salir por una calle lateral, pero toda la manzana estaba cercada por elementos del Ejército, quienes de inmediato lo detienen. Esposado, lo colocan casi en posición fetal, a fin de someterlo.

En poco menos de una hora, se pone fin a la vida criminal de Osiel Cárdenas, quien hasta el último momento lucha por escapar. *Los Zetas* intentan liberarlo sin éxito. Durante la detención hubo tres enfrentamientos: el primero, cuando los militares llegaron a la casa del capo; el segundo, con francotiradores, y el tercero cuando el detenido fue trasladado al aeropuerto de Matamoros. Allí lo intentan rescatar sus cómplices en medio de una balacera con elementos de la Policía Federal Preventiva, que se suma al operativo.

Osiel Cárdenas, el capo más sanguinario, cae vencido ante el poder militar. Su futuro se plaga de claroscuros y su vida, de aciagos presagios. El capo es subido a un avión de la Fuerza Aérea que lo traslada a la Ciudad de México. El viaje no tiene retorno. La aeronave aterriza a las 13:30 horas en la base Santa Lucía. De allí, el prisionero es llevado en helicóptero al Campo Militar Número 1, donde es puesto a disposición de la Unidad Especializada en Delincuencia Organizada (UEDO).

La dependencia lo espera con un rosario de cargos: delitos contra la salud, lavado de dinero, delincuencia organizada, portación de armas de fuego de uso exclusivo del Ejército, usurpación de funciones, uso indebido de insignias y siglas oficiales, cohecho y homicidio.

Durante el interrogatorio le preguntan qué pasó con cuatro agentes federales que un año antes desaparecieron en Tamaulipas. No responde, pero por voz de otros testigos la PGR sabe que los policías fueron secuestrados por miembros del cártel del Golfo y enterrados vivos bajo pesadas lozas de cemento.

Osiel es trasladado al penal de máxima seguridad entonces conocido como Almoloya de Juárez —hoy penal del Altiplano, también conocido como La Palma— y encerrado en un área de castigo, por ser un delincuente de alta peligrosidad. Pero el temerario Osiel no baja los brazos. La cárcel no será el fin de su historia. Dentro de la prisión se convierte en una pesadilla para el gobierno, pues con un celular sigue dirigiendo su empresa, incluso en condiciones de mayor seguridad.

Pronto, muy pronto, en la prisión sólo imperaría una ley: la del capo Osiel Cárdenas. Osiel pronto logra relacionarse con custodios y funcionarios. Para no estar mucho tiempo en su celda de castigo, contrata a un amplio cuerpo de abogados, más de 15 litigantes lo asisten, pero no todos están a cargo de su juicio. Muchos de ellos trabajan como "correos", mensajeros del capo.

Mediante sobornos, Osiel logra que le autoricen utilizar teléfonos celulares para mantenerse comunicado con el exterior y con los miembros del cártel. Esta herramienta le permite seguir dirigiendo su organización criminal, pactar acuerdos, negociar cargamentos de droga, realizar pagos a sus proveedores y ordenar los asesinatos de sus rivales.

Por ello, mientras Osiel se mantiene preso, no cesan las matanzas en Tamaulipas. Visionario de su negocio, cree que una alianza con el cártel de Tijuana le puede fortalecer y, aprovechando su cercanía con Benjamín Arellano Félix —quien, como él, mantiene tensos los hilos de su organización—, acuerda un pacto de no agresión y de trabajo conjunto para bloquear al enemigo común: Joaquín *el Chapo* Guzmán Loera.

Entre los años 2003 y 2006, Osiel controla la prisión e incluso puede planear ejecuciones dentro de la cárcel. A él se le atribuye, por ejemplo, el asesinato de Arturo Guzmán Loera, *el Pollo,* hermano del *Chapo.*

La planeación de este crimen inició con la introducción de una pistola que llegó hasta la celda de un reo apodado *el Ceja Güera.* Era una 9 mm. Bien aceitados los engranes de la corrupción en el penal, los custodios permitieron que el crimen se perpetrara. Cuando Guzmán Loera, *el Pollo,* se aproximaba a la rejilla de prácticas para hablar con su abogado, le dispararon varios tiros en el pecho. Su cuerpo cayó exhausto y en pocos minutos murió. Así cobraban venganza Osiel y Benjamín Arellano, y golpeaban el corazón del *Chapo* Guzmán, su rival, quien después ordenó una matanza de sicarios del cártel del Golfo en Tamaulipas.

Osiel se había convertido en una pesadilla para el Estado. El gobierno federal había detectado que planeaba fugarse de la prisión. Lograron saber, a través de sus órganos de inteligencia, que el capo ya tenía preparado un helicóptero negro para el escape y un ejército de *zetas,* entonces su brazo armado, que ya disponían de información sobre los códigos de acceso que los llevarían hasta la celda de Osiel y, así, ayudarlo a escapar.

El plan de fuga no se efectuó porque, a tiempo, el gobierno pudo desactivarlo mediante la detención de al menos tres sujetos que operaban como artífices de esta maniobra, para la cual ya tenían preparada a mucha gente armada.

Estos hechos aceleraron aún más los planes del gobierno para extraditar a Osiel Cárdenas a los Estados Unidos, donde tenía cuentas pendientes con la justicia. Al iniciar el gobierno de Felipe Calderón, en diciembre de 2006, se tomó la decisión política, que no jurídica, de extraditar a varios narcotraficantes peligrosos, entre ellos al que durante seis años —de 1997 a 2003— fungió como jefe del cártel del Golfo, la segunda organización más poderosa que opera en México.

El 1 de enero de 2007, encendidos los ánimos por el inicio del nuevo año, un autobús repleto de policías y militares arribó al penal de máxima seguridad de La Palma. Los pedazos de oscuridad aún no se esparcían, cuando una voz masculina comenzó a llamar, uno por uno, a los capos que viajarían sin retorno a los Estados Unidos.

—Osiel Cárdenas —gritó el agente.

—Presente —contestó el capo, quien, atado de pies y manos, y ataviado con el uniforme beige de los presos, fue llevado hasta el autobús que luego lo trasladaría hasta el aeropuerto, donde un avión de la Fuerza Aérea Mexicana lo llevaría, junto con los demás, al estado de Texas para enfrentar juicios por delincuencia organizada.

Osiel fue acusado de varios crímenes y de delitos contra la salud. Luego de un largo juicio, aceptó su responsabilidad y, tras negociar con las autoridades estadounidenses, con las que colaboró aportando información sobre las complicidades políticas que tienen los narcotraficantes en México, fue encarcelado en una prisión especial donde, se afirma, vive cómodamente.

IV

El Ejército doblegado

La noche del 23 de abril de 1989 la cena estaba servida en una amplia mesa del restaurante San Ángel Inn, al sur de la Ciudad de México. Una decena de comensales se disponían a festejar el cumpleaños del general Jorge Maldonado Vega, personaje con una amplia trayectoria en las filas castrenses.

Maldonado Vega gozaba de la tranquilidad del retiro. Había ingresado en el Ejército en 1951, como alumno del Colegio Militar, y llegó a ser general, grado con el que se retiró, en 1985. Por esa trayectoria, ganada a pulso, se le veía con respeto al interior de las fuerzas armadas, aunque había sido criticado por incurrir en excesos en el ejercicio del poder, como muchos otros militares de su tiempo. Ese inconveniente no le impedía codearse con la élite militar que estaba en el poder durante el sexenio de Carlos Salinas de Gortari, entonces representada por Antonio Riviello Bazán, titular de la Secretaría de la Defensa Nacional (Sedena), con quien cultivaba una estrecha relación.

En la mesa del agradecido festejado se chocaban las copas de vino. Amigos y familiares habían sido convocados por el coronel Alfonso Caiseiro Pérez para celebrar al hombre, ahí relajado y sonriente, que él respetaba y admiraba por su carrera militar. A unos cuantos metros, atentos, unos ojos escrutaban los movimientos del general. Hacía tiempo que ese observador estaba empeñado en conocer y estrechar amistad con el militar. Nunca había tenido oportunidad de tenerlo tan cerca. Esa noche se presentaba, y estaba dispuesto a aprovecharla.

Así que, inopinadamente, la amena plática del grupo se vio interrumpida por aquel individuo de 1.85 m de estatura, que bordeaba los 34 años de edad. Una voz amable apagó la conversación del grupo y la atención se centró en aquel personaje que vestía ropa informal.

—¿Es usted el general Maldonado? —preguntó el sujeto con un tono de amabilidad y fineza.

—A sus órdenes —respondió el militar.

El general Maldonado Vega no había visto antes al personaje, quien atrajo su atención cuando, en cascada, le empezó a enumerar pasajes de su vida castrense. Le dijo que admiraba su entereza porque no lo habían podido comprar ni con 5 millones de dólares, que sabía de su duelo de Chapultepec, que tenía datos acerca de las veleidades que estuvieron a punto de llevarlo a enrolarse con la guerrilla; que tenía conocimiento de su intachable comportamiento ante sus prisioneros, quienes nunca fueron torturados, ni víctimas de delitos inventados, ni les robó droga. Aquel personaje también le mencionó que sabía que esas prácticas eran exclusivas de las corporaciones policiacas y del Ejército, que torturan y matan.

Maldonado Vega escuchó en silencio ese pormenorizado relato y agradeció al final la deferencia del trato. Sin embargo, tras esa aparente ecuanimidad, producto de su formación, en su mente comenzó a trazar escenarios para ubicar a su misterioso interlocutor. Pensó incluso que podía tratarse de Amado Carrillo, de quien había escuchado hablar; o quizá tenía enfrente a algún otro narcotraficante o jefe policiaco. Su mente se atiborró de conjeturas.

Transcurridos 30 o 40 minutos, el viejo general vio despejadas sus dudas: su interlocutor le confesó que era Amado Carrillo Fuentes. La charla prosiguió, en confianza. Derribada esa barrera, el festejado terminó por proporcionarle su nombre completo, su dirección y sus teléfonos. Carrillo Fuentes se retiró de la mesa y desapareció del lugar.

Pasaron tres meses, aproximadamente, sin que Maldonado Vega tuviera noticias de Carrillo Fuentes, hasta que una madrugada de julio de ese mismo año, en su departamento del Desierto de los

Leones, en el Distrito Federal, recibió una llamada telefónica. Era la voz de una mujer desesperada: Luz Bertila Carrillo Fuentes, hermana del *Señor de los Cielos*.

Con la voz agitada, se disculpó ante el general por haberlo despertado y le comunicó la urgencia: su hermano Amado había sido detenido por un grupo de militares y estaba preso en una ranchería del poblado de Huixopa, Sinaloa. Le dijo que sabía que lo habían torturado y que corría peligro.

—Mi hermano tiene mucho prestigio y pueden matarlo, le pido, por favor, que lo ayude. Usted es el único que puede hacerlo —suplicaba la mujer del otro lado del auricular.

Maldonado Vega se sorprendió —"fue impresionante esa petición", reconocería en su declaración ministerial—, y acudió al rescate. La familia Carrillo Fuentes le proporcionó los medios para trasladarse al sitio: vehículo y chofer. A las 8:00 de la mañana del día siguiente, Joel Martínez, quien dijo ser ayudante de Amado Carrillo, se puso a las órdenes del general Maldonado y lo trasladó al aeropuerto de la Ciudad de México. Allí, el militar abordó rápidamente un avión Cesna 210, cuyo piloto en cuestión de minutos tomó pista y despegó con destino a Culiacán, Sinaloa.

A su llegada a esa entidad, el general fue llevado a Navolato, donde radica la familia Carrillo Fuentes. Allí se presentó Luz Bertila, quien le expuso más detalles de la aprehensión de su hermano: Amado Carrillo había asistido a una fiesta a Huixopa con algunos familiares y amigos. Lo acompañaban, como ya era habitual, varios agentes del Ministerio Público Federal y de la extinta Policía Judicial Federal (PJF); sin embargo, un grupo de militares lo había detenido, sin motivo aparente, y ella sabía que, por los golpes que le propinaron, su hermano estaba inmóvil de medio cuerpo y la gente del pueblo decía que lo iban a linchar.

—Sálvelo, general, por favor. Sé que usted puede hacerlo… —era la súplica de aquella mujer atribulada.

—Cálmese, por favor, cálmese… El Ejército no va a matar a su hermano, ni va a permitir que lo hagan, se lo aseguro.

Los Carrillo Fuentes dispusieron de una avioneta Cesna 182 para volar hasta la demarcación. A bordo iban Maldonado Vega y el piloto. Al cabo de una media hora aterrizaron en una pista de terracería. El general se dirigió a la base de operaciones que el Ejército tenía en ese sitio y se puso en contacto con el comandante para preguntarle si era verdad que tenían como prisionero a un tal Amado Carrillo.

Un sargento y un elemento de tropa, quienes lo reconocieron, le respondieron que sí estaba preso. El general preguntó cómo estaba, si era cierto que lo habían golpeado y que lo iban a ejecutar. El sargento respondió:

—No, mi jefe, es el procedimiento [los golpes], pero no le va a pasar nada.

Como a unos 20 metros, Maldonado Vega observó al prisionero, inclinado por el dolor que sentía en uno de sus brazos. Minutos después llegó el sargento Heriberto Baltasar Pantaleón, quien de inmediato increpó a Maldonado Vega, preguntándole para qué quería verlo. El general le respondió que sabía de la detención de Amado Carrillo, que la familia desconocía la razón y que estaba preocupada porque entre la gente corría la versión de que lo iban a ejecutar.

Baltasar Pantaleón expuso que el señor había sido detenido porque les pareció sospechoso, debido a que iba armado: portaba una pistola calibre 45 con empuñadura de oro y andaba enjoyado. "Nos parece que puede ser un capo grande" y estamos esperando a que nos den instrucciones sobre qué hacer con él.

—Golpear a una persona tan severamente y retenerlo tanto tiempo no se les ha enseñado en el Colegio Militar y es un error grave. Para eso está la PGR, es la instancia a donde lo deben enviar con todas las pruebas que tengan en su contra —expuso Maldonado Vega al sargento.

Un tanto contrariado por la contundencia del argumento, el sargento dijo:

—No sabemos nada porque no ha hablado y dudamos que vaya a hablar. Sólo se podrá consignar por el arma que trae. No tenemos nada más y no lo conocemos.

En 1989, Amado Carrillo, en efecto, era poco conocido, aunque ya formaba parte del cártel de Juárez y operaba al lado de Rafael Aguilar Guajardo. Había desplegado gran parte de su poder en el norte del país, donde tenía empresas importantes, como la aerolínea Taxis Aéreos del Noreste (Taxeno), la cual disponía de una flotilla de aviones utilizados tanto para brindar un servicio de transporte en toda la Comarca Lagunera como para el movimiento de grandes volúmenes de cocaína hacia los Estados Unidos.

El diálogo entre Maldonado Vega y Baltasar Pantaleón se cortó. Éste dio por terminada la plática, pidiéndole al general que se retirara del lugar y que no siguiera insistiendo. Para ese momento, el titular de la Sedena estaba enterado de la detención de Amado Carrillo y de las gestiones que en su favor realizaba Maldonado Vega. El general entendió la postura del sargento, pero se vio obligado a explicar que su presencia en la comunidad no era motivada por fines económicos, sino que sólo atendía la petición de la familia, preocupada por el señor Carrillo Fuentes; que también había aceptado verificar la aprehensión por saber cómo estaba, ya que él siempre había estado en contra de la tortura, los crímenes y las ejecuciones, y aclaró que al señor Carrillo sólo lo había visto en una ocasión. Luego, se retiró del sitio y abordó la avioneta de regreso a Culiacán, donde volvió a encontrar a la hermana de Amado. Ambos se dirigieron a la casa de la madre del detenido. En una charla, en la finca La Aurora, municipio de Navolato, en una estancia amplia con jardines y altos pinares, el general fue claro y directo:

—El problema de Amado es mayor a mi capacidad para hablar por él. Se le detuvo con un arma y es probable que sea consignado. De todo este asunto, y hasta de mi presencia aquí, ya está enterado el secretario de la Defensa, Antonio Riviello Bazán. Yo les sugiero que acudan ante las autoridades civiles o militares para arreglar este asunto.

La señora Aurora Fuentes, una mujer bragada y de fuerte carácter, entendió la posición del general Maldonado, a quien agradeció el gesto y la atención de acudir en apoyo de la familia y su hijo.

—Preparen el avión para que lleven al general a la Ciudad de México —ordenó la madre de Carrillo Fuentes.

El general solicitó que mejor lo trasladaran por carretera a la ciudad de Guadalajara, desde donde voló en línea comercial a la Ciudad de México.

El reencuentro

La siguiente ocasión en que el general Jorge Maldonado Vega tuvo contacto con *el Señor de los Cielos* fue en la cárcel. Dos meses después de la detención, y en agradecimiento por haber atendido el llamado de su familia, el capo pidió a su hombre de confianza, Joel Martínez, localizarlo, para invitarlo a que lo visitara en el Reclusorio Sur, donde estaba preso por portación de arma prohibida. El general aceptó gustoso la invitación y acudió al día siguiente. Pasó todas las aduanas sin ser revisado, nadie le preguntó a quién iba a ver, ni le exigieron identificación.

El guía, Joel Martínez, conocía todos los movimientos del penal, tenía una amplia red de cómplices, la mayoría custodios, que estaban bien pagados y recibían regalos de Amado Carrillo, como premio por otorgarle facilidades en todas sus diligencias.

Ya en la cárcel, el propio militar constató que un gran número de personas visitaban al *Señor de los Cielos*. Su poder era pleno, controlaba desde los celadores hasta la dirección del penal. No sin sorpresa, observó que el capo vivía a todo lujo: tenía a su disposición un amplio número de habitaciones conyugales; comía alimentos traídos de los restaurantes más caros de la ciudad, degustaba exquisitos vinos y con frecuencia gozaba de la compañía de alguna de las beldades de algún centro nocturno. Todo se le concedía a tan ilustre huésped, gracias a los buenos oficios de Raúl Patiño Esquivel —a la postre, alto comandante de la PJF—, quien entonces se desempeñaba como jefe de seguridad del reclusorio.

Al llegar al sitio donde estaba Amado Carrillo con un grupo de internos, éste llevó al general a un espacio libre para dialogar a solas. Sentados en una banca, le confesó:

—General, me da mucho gusto verlo. Deseaba agradecerle lo que hizo por mí y por mi familia. Afortunadamente, sólo fui consignado por portación de arma de uso exclusivo del Ejército, pero cuento con amigos dentro de la PGR para que el problema se resuelva en un año. Yo le pido, por favor, que no pierda contacto conmigo. Si usted cambia de domicilio, hágaselo saber al ingeniero Joel Martínez.

Entre septiembre y octubre, Maldonado Vega rentó una casa en Guadalajara, Jalisco, adonde se fue a vivir. Atendiendo la sugerencia de Amado Carrillo, le llamó a Joel Martínez para darle sus nuevos teléfonos. A finales de 1990 y principios de 1991, el asistente del capo le telefoneó para comunicarle que muy pronto se resolvería el problema del jefe, que toda la gestión para liberarlo estaba en manos de la PGR, que sólo era cosa de esperar un tiempo. Meses después, el general recibió un nuevo telefonema. Era el enviado de su amigo, quien le comunicó que "el jefe" quería verlo, pues había sido liberado y estaba de regreso a la actividad.

El general tomó el primer vuelo hacia la Ciudad de México. Al llegar al aeropuerto lo recogió Martínez, quien lo instaló en el hotel Real del Sur, antes de llevarlo a una lujosa residencia que el propio Maldonado Vega describió con detalles en su interrogatorio judicial, en 1997, cuando fue detenido por sus vínculos con el narcotráfico.

Esto fue lo que contó:

"Al día siguiente fui trasladado a la colonia Pedregal de San Ángel… [sus guías] entraron por una calle de nombre Risco. En la casa ya se encontraba abierta la puerta de la cochera […] donde había dos vehículos. El inmueble es de aproximadamente mil 500 m^2 de superficie, con una construcción de residencias propias de la colonia. Había un mozo, quien estacionó el vehículo."

Contó además que fue conducido al comedor, donde estaba sentada toda la familia Carrillo Fuentes: la señora Aurora Fuentes, Sonia Barragán, esposa de Amado, y los seis hijos del matrimonio, cuyas edades oscilaban entre los cuatro y los 12 años. También estaban sus hermanos Vicente y Aurora. El capo presentó al militar ante todos.

Después del protocolo. Amado se reunió con él en privado, volvió a agradecerle su intervención y le ofreció una disculpa por haberlo afectado. Le dijo que estaba enterado de que los altos mandos militares habían sabido de su intervención en aquella ocasión y después le anunció que le iba a regalar 5 millones de dólares.

Esa generosidad desbordada dejó estupefacto al general. Sin embargo, el capo había previsto todo y empezó a contarle el plan que traía entre manos. Le dijo que con ese dinero se podía comprar 50 camiones Kenworth, le propuso otorgarle 5 millones de dólares más para que adquiriera una cantidad de tractocamiones similar para él y le pidió que se los administrara. Si aceptaba, podía darle el dinero. El general meditó la propuesta unos segundos. Respondió que nunca había manejado grandes cantidades de dinero, por lo que le pidió tiempo para elaborar un esquema que no despertara sospechas. Le explicó que podría manejarse la situación como si se tratara de un préstamo sin intereses, a pagar en tres o cuatro años.

—¿En cuanto tiempo tendrá usted una respuesta? —insistió Carrillo Fuentes.

—En seis meses. Déjeme pensarlo bien.

Transcurrido el plazo, el general se puso en contacto con Amado Carrillo, quien lo citó en la misma casa. Sin embargo, en contra de lo que pensaba, el capo se mostró desinteresado y se excusó arguyendo que en ese momento no disponía de efectivo. Agotado el asunto, el general se despidió y regresó a Guadalajara.

En julio de 1993, Carrillo Fuentes ya tenía otro plan para el general Maldonado Vega. Pensaba convertirlo en pieza clave para el entrenamiento de un ejército de hombres adiestrados en el manejo de armas sofisticadas. Su idea era disponer, para su servicio personal, de un batallón capacitado en diversas disciplinas, para que lo protegieran a él y a los principales miembros de su organización. Con ese propósito, nuevamente le ordenó a su fiel Joel Martínez localizar al general; una vez que lo consiguió, lo trasladó a Ciudad

Juárez, Chihuahua. Ahí tenía reservada una habitación en el hotel Plaza Juárez. Apenas desempacó, fue trasladado a una de las casas de su anfitrión, en una zona residencial de lujo.

Fue recibido por el mismo Amado Carrillo, quien sin rodeos le dijo que sabía que andaba mal económicamente. El general reconoció que, en efecto, tenía problemas de dinero. Entonces el capo soltó su plan y le confió que tenía una propuesta interesante: se trataba de adiestrar al personal que operaba al servicio del cártel de Juárez en el manejo de las armas más complejas, con aditamentos de rayos infrarrojos y láser, las más modernas. Le explicó que tenía planeado contar con un brazo armado con la capacidad de respuesta de un ejército, e incluso mejor que eso. La respuesta del general fue tajante: le dijo que no podía trabajar para él. No hubo más comentarios y los dos terminaron por ir a divertirse a un palenque. El general, siempre cauto, antes de entrar en el lugar desarmó al capo para evitar problemas. Al día siguiente abordó su vuelo de retorno a Guadalajara. Pero este desaire no hizo desistir a Amado y más bien lo obligó a urdir un plan más amplio para convencer al general de que sirviera a la organización de alguna forma. De ello dio testimonio el propio general Maldonado Vega en su declaración ministerial.

En el siguiente encuentro, efectuado en el hotel Real del Sur de la Ciudad de México, el capo le pidió que lo relacionara con altos mandos militares. Pretendía que Maldonado Vega fuera el puente para acceder a generales de división con poder dentro de la milicia, con los jefes de zonas militares y del más alto nivel de la Sedena. Sin embargo, el general se negó de nuevo. Respondió que eso era muy delicado, por el compañerismo que había entre esos altos jefes, y aclaró que él no podía ayudarlo.

En la última entrevista que tuvieron, en febrero de 1996 (siempre según la versión del general), Amado le pidió acudir a la Ciudad de México y hospedarse en el hotel Emporio, adonde fue a recogerlo un contacto del capo de nombre "Julio", quien lo llevó a una residencia en la calle de Palmas, en las Lomas de Chapultepec. Algunas cuadras antes de llegar al lugar, "Julio" le ordenó al militar que se agachara. Era una costumbre para que los visitantes perdieran el sentido de la ubicación y no pudieran identificar la casa.

De elegante decoración y muebles finos, la construcción era de tipo modernista: techos altos y una sala desplegada en desniveles. Al fondo, cerca de un sótano, estaba Carrillo Fuentes, quien al ver al general fue a su encuentro. Se sentaron en una pequeña sala. Al principio, quiso envolver al visitante contándole que tenía todo bajo su control y contaba con el apoyo de importantes y poderosos hombres de la política, quienes estaban a su servicio. Luego retomó el tema de las armas y de sus hombres. Esta vez, con mayor vehemencia, le pidió al general Maldonado que organizara un equipo de 40 hombres para su seguridad y para lo que fuese necesario, que tenía el dinero suficiente para comprar el mejor armamento del que se disponía en el mundo. A pesar de la presión, el militar no se dejó seducir y rechazó por enésima ocasión la oferta del capo. Habituado a doblegar a sus interlocutores, bien por convencimiento o mediante gratificaciones millonarias, Carrillo Fuentes echó mano de su última carta ante el obstinado militar. Mirándolo de frente, clavó su mirada en la sien del militar y le espetó: "Usted puede tener cantidades de dólares para todo lo que quiera hacer, para vivir como nunca ha soñado".

Maldonado lo miró en silencio, le dijo que no aceptaba, y se marchó del lugar.

Amado y el Ejército: la negociación

Al igual que el general Jorge Maldonado Vega, Adrián Carrera Fuentes, director general de la PJF en el sexenio de Carlos Salinas, se convirtió en uno de los hombres más cercanos a Amado Carrillo Fuentes y, como muchos otros aliados del capo, no resistió los "cañonazos" de dinero que le ofrecía el jefe del cártel de Juárez.

En 1993, dos años después de que Carrillo Fuentes salió de la cárcel, reaparecieron en escena Adrián Carrera Fuentes y Víctor Manuel Patiño Esquivel, dos personajes que habían estrechado lazos con Carrillo desde la prisión. Habían sido nombrados director de la PJF y director operativo de esa corporación, respectivamente.

Tan pronto como asumió el cargo, Patiño Esquivel se apresuró a gestionar una entrevista entre su jefe y Carrillo Fuentes. La cita fue en una de las residencias del capo, en el Pedregal de San Ángel. El encuentro fue narrado posteriormente por el propio Carrera Fuentes en su declaración ministerial:

"Procedieron a abrir el portón del garaje, metiendo el vehículo al interior del mismo. El de la voz fue conducido por Víctor Patiño Esquivel hacia la sala de la casa, en donde momentos después se presentó Amado Carrillo, quien le dijo al declarante que si no lo iba apoyar brindándole protección para que pudiera seguir llevando a cabo sus actividades relacionadas con el narcotráfico, que deseaba que le comisionara como subdelegados de la policía a las personas que él le indicaría y que le proporcionara a elementos judiciales federales para que lo protegieran y le sirvieran de escolta.

"El emitente le manifestó que no podía hacer lo relacionado con la designación de subdelegados, ya que no tenía facultades para ello, pero que sí le iba a comisionar a policías judiciales federales para que lo escoltaran y a lo que sí podía comprometerse era a no perseguirlo y dejar que siguiera trabajando.

"Ante esta respuesta Amado Carrillo manifestó que estaba de acuerdo, que lo ayudaría en lo que pudiera y que a cambio le gratificaría por la protección con cantidades de dinero, sin que en ese momento se haya especificado cuánto dinero le entregaría ni cada cuanto tiempo."

Luego del encuentro, que según el jefe policiaco duró unos 20 minutos, se retiraron. Meses después, la PJF logró asegurar varias toneladas de cocaína; la mayor parte de esos cargamentos se incautó en Mazatlán, Sinaloa; por lo que dos meses después Amado Carrillo buscó contactar a Carrera Fuentes. Nuevamente, el canal fue Patiño Esquivel. En dicha entrevista, el capo le pidió que le presentara al director de Intercepción de la PGR, para platicar con él, pues le habían asegurado un poco de mercancía; fue vehemente al manifestarle su interés por llegar a un arreglo con ese funcionario y con el director de Erradicación de Cultivos; pero Carrera se negó, aduciendo que su relación con ambos funcionarios no era buena.

—Sólo le pido que no me acose. Déjeme trabajar —pidió Carrillo Fuentes.

—No hay problema, a partir de hoy no mandaré ningún operativo desde la Ciudad de México.

Como muestra de agradecimiento, Carrillo Fuentes le gritó a uno de sus colaboradores: "Doctor, doctor (se refería presuntamente a Carlos Colín Padilla, el operador financiero del cártel de Juárez), venga por favor. Compre un Cadillac mañana a primera hora, el más lujoso que haya, y se lo entrega al señor.

—¿De qué color quiere usted su Cadillac? —preguntó el doctor al director de la PJF.

—Lo quiero guinda, por favor.

Satisfecho, el dadivoso capo despidió al visitante y le dio una maleta de piel con poco más de 300 mil dólares. Era el pago por sus favores.

Con el tiempo. Carrera Fuentes se convirtió en uno de los hombres más cercanos al *Señor de los Cielos*, junto al general Maldonado Vega. Este último, por su parte, llegó a fungir como enlace para acercar a los hermanos Carrillo Fuentes con los presuntos mediadores de otras organizaciones criminales —sobre todo del cártel de Tijuana— para que negociaran ante la Sedena el fin del conflicto entre ellos y así terminar con la violencia que se vivía en el país. Y es que poco antes de partir a Chile, hasta donde pensaba expandir su imperio como hombre de negocios y como jerarca del narcotráfico, *el Señor de los Cielos* se había obsesionado con negociar con el gobierno federal para operar el negocio de las drogas sin sobresaltos y así frenar la escalada de violencia. Las organizaciones criminales —los cárteles de Tijuana, Golfo, Juárez y Sinaloa— se disputaban a sangre y fuego las rutas y el control de varias plazas de la República: era una guerra que parecía no tener fin. Confiaba en los buenos contactos que tenía al interior de las fuerzas armadas.

Uno de esos contactos era Eduardo González Quitarte, quien primero logró que la propuesta del capo del cártel de Juárez se sometiera a un serio análisis, que llegó a manos del entonces secretario de la Defensa, Enrique Cervantes Aguirre, un oscuro personaje envuelto en la sospecha. Además de su relación con el narcotráfico y de ser conocido como administrador de algunos bienes de Carrillo Fuentes, González Quirarte tenía acceso directo a las instalaciones de la Sedena, donde era atendido por altos jefes militares. Esa deferencia se debía a que el alto mando tenía interés en concretar la negociación que ya se había puesto en el escritorio de Cervantes Aguirre.

De acuerdo con un reporte fechado el 14 de enero de 1997, en poder del titular de la Sedena, las peticiones de Carrillo Fuentes eran claras y precisas: no deseaba entregarse, tenía interés en negociar y pactar con el gobierno; también pedía tranquilidad para su familia y que lo dejaran trabajar sin ser molestado. A cambio, otorgaría al Estado 50% de sus posesiones; colaboraría para acabar con el narcotráfico desorganizado; actuaría como empresario, no como criminal; no vendería droga en territorio nacional, sino en los Estados Unidos y en países de Europa; traería dólares para ayudar a la economía del país, y no actuaría violentamente ni en rebeldía.

En los dos encuentros que Cervantes Aguirre tuvo con González Quirarte, éste le explicó que si no se lograba la negociación, el cártel de Juárez y su líder llevarían su ofrecimiento, con sus beneficios, a otro país.

En septiembre de ese año, al ampliar su declaración ministerial, el general Gutiérrez Rebollo, quien conocía los detalles del plan trazado por el cártel de Juárez, confesó que González Quirarte tuvo tres acercamientos con el titular de la Sedena. Y precisó que dicho personaje acudió en dos ocasiones a las instalaciones centrales de esa secretaría, donde fue recibido por el jefe del Estado Mayor, general Juan Salinas Altez, y otros seis generales. El general Rafael Macedo de la Concha también figura en la lista de militares que se entrevistaron con González Quirarte.

Gutiérrez Rebollo —cuya detención sigue siendo una incógnita, aunque se presume que fue víctima de una venganza del alto mando militar— dijo que González Quirarte comentó a los militares que uno de los puntos del arreglo era que los agentes del INCD "no efectuaran operativos, para lo cual se entregaría a unos licenciados, cuyos nombres no fueron revelados, 60 millones de dólares, de los cuales ya se les habían adelantado 6 millones".

De forma paralela al planteamiento presentado por González Quirarte, otro grupo, presuntamente por encargo de Cervantes Aguirre, hacía gestiones con *el Señor de los Cielos* para lograr el acercamiento con los altos mandos militares y concretar la negociación. Esos sujetos serían los licenciados que Gutiérrez Rebollo mencionó en su testimonio, quienes buscaron entrevistarse con Carrillo Fuentes a través del general Maldonado Vega.

Pero, ¿quiénes eran esos licenciados y cómo surgieron en la trama de esta negociación del cártel de Juárez con la Sedena? ¿Quién les ordenó ponerse en contacto con los miembros del cártel de Juárez?

En su declaración ministerial, Maldonado Vega cuenta todas las maniobras que se realizaron con la finalidad de que él fuera una de las vías para contactar a Amado Carrillo. La historia se remonta al momento en que el contador Edmundo Medrano presentó al militar con el licenciado y periodista Rafael Pérez Ayala, quien en abril de 1996 le pidió que hiciera contacto con el narcotraficante Carrillo Fuentes; posteriormente contactó también a Fermín Duarte, a quien contó el plan de Pérez Ayala.

Pérez Ayala se identificó ante el general Maldonado Vega como una persona de confianza del titular de la Sedena y presumió tener derecho de picaporte en la presidencia de la República. Según el testimonio del militar, Pérez Ayala también le comentó que tenía el respaldo de un fuerte grupo político —aunque no mencionó los nombres de sus integrantes—, preocupado por la ola de violencia provocada por el crimen organizado e interesado en pactar con las organizaciones criminales, por lo que pensaron en él para llegar al *Señor de los Cielos*.

—Nadie más que usted es la persona ideal para contactar al señor Amado Carrillo. Confiamos en que, por su cercanía con él, usted podrá ayudarme —le dijo Pérez Ayala a Maldonado Vega.

Con esa encomienda, el militar viajó a Sinaloa a finales de 1996 e hizo contacto con el capitán y licenciado Rigoberto Silva Ortega. Le apostaba a que, a través de terceras personas, pudiera acercarse a los Carrillo Fuentes. Pasaron algunos días y no obtuvo respuesta, por lo que decidió regresar a la Ciudad de México y se hospedó en el hotel Emporio, donde recibió una llamada. Se trataba de Rodolfo Carrillo Fuentes, el menor de los hermanos de Amado (un joven a quien la PGR consideró en vida como una pieza clave en la maquinaria de lavado de dinero del cártel de Juárez). Ambos acordaron un encuentro para el día siguiente. Un chofer pasó por el militar y lo condujo a una casa ubicada en Lomas de Chapultepec, donde ya lo esperaban Vicente y Rodolfo Carrillo.

De inmediato soltó la propuesta de Rafael Pérez Ayala: que se terminaran las agresiones entre los grupos antagónicos y las autoridades civiles y militares. La propuesta les pareció muy interesante a los hermanos Carrillo Fuentes, quienes le indicaron "que iban a llevar el planteamiento a su hermano Amado", según el testimonio del general. La respuesta, le dijeron al despedirlo, llegaría al día siguiente. Pasaron cinco días sin indicios de la contestación. Pérez Ayala, insiste Maldonado Vega, le pedía ser paciente. Pero la respuesta nunca llegó.

Meses después, en julio de 1997, sobrevino la muerte del *Señor de los Cielos* en el hospital Santa Mónica de la Ciudad de México como consecuencia de una sobredosis de Dormicum que le fue suministrada luego de ser sometido a una cirugía plástica y a una liposucción. Este hecho desencadenaría muchas dudas: ¿realmente está muerto Amado Carrillo? ¿La cirugía plástica habría sido la forma en que negociaría con el alto mando militar? ¿En qué terminó aquella negociación secreta entre la Sedena y el cártel de Juárez? Hasta ahora nadie lo sabe.

Lo único cierto es que, después de que oficialmente Amado Carrillo fue declarado muerto, Pérez Ayala seguía en contacto con

Maldonado Vega y le insistía en la necesidad de un acercamiento con los cárteles para cerrar la negociación y frenar la violencia generada por los ajustes de cuentas entre las mafias de la droga.

Tras su detención, en 1997, en el hotel Emporio, Maldonado Vega fue sometido a un fuerte interrogatorio tanto en la Sedena como en la PGR, donde reveló otros detalles sobre las actividades de Pérez Ayala y la negociación que él protagonizó para acercar al cártel de Juárez con los altos mandos militares.

Éstas son las partes medulares del interrogatorio:

—Que diga el declarante en forma pormenorizada en qué consistió la entrevista que sostuvo con el licenciado Fermín Duarte, en Culiacán, Sinaloa.

—Le hice el planteamiento de que había tomado contacto conmigo el señor Rafael Pérez Ayala, a través del licenciado Rafael Castellanos, con una propuesta... en relación al problema del narcotráfico en la República y me expresaba el licenciado Pérez Ayala representar al presidente de la República y al secretario de la Defensa... Me había pedido [que] contactara a grupos como los hermanos Arellano Félix y Amado Carrillo Fuentes, para expresarles que nombraran a un negociador, sin antecedentes penales, para buscar una solución conjunta a la problemática del narcotráfico entre el gobierno, militares y narcotraficantes, con dos líneas concretas y una tercera que surgiera de los narcotraficantes, que serían las siguientes: uso y venta de drogas a semejanza de lo que sucedió en Estados Unidos de América, en donde al autorizar la venta legal de alcohol se abatió [el índice delictivo].

"La segunda línea sería la búsqueda de una amnistía con los narcotraficantes negociando [tanto] la entrega del capital a la nación [como] penas corporales; la tercera, iniciativa que los [narcotraficantes plantearan, éstos] pedirían los datos de Rafael Pérez Ayala, su nombre completo, teléfonos y celulares, a fin de que ellos pudieran comprobar su nivel de competencia profesional, por haber sido asesor de dos presidentes anteriores y dos secretarios de la Defensa anteriores, y para efectos de confianza... Que por su parte el señor Fermín Duarte no hizo comentario salvo que le parecía una importante idea, que lo comunicaría con alguien, sin decirle con quién, y que tendría contestación en corto tiempo. Que el de la voz sabía que era un enlace con Amado Carrillo..."

—Que diga el declarante qué se mencionó en la entrevista que tuvo con Vicente Carrillo Fuentes.

—[...] Me dijo que ya estaba enterado de la propuesta del licenciado Pérez Ayala y me preguntó lo que referí: que se buscaba a un representante idóneo que no tuviera antecedentes penales con capacidad para decidir; me dijo: voy hablar con mi hermano, después me comunico con usted. [Vicente] me dio tres números de teléfonos y un número de Sky, previendo una cita al día siguiente entre las 3 de la tarde y las 7 de la noche; que al buscar contacto al día siguiente, a través de los teléfonos, noté que se cortaba la comunicación, y entre 48 y 72 horas alguien que no identifiqué me dijo que no había interés en ninguna negociación por no haber confianza y que me pedían que no me volviera a comunicar...

—Que diga el declarante a quién le hizo saber el proyecto que tenía en mente el licenciado Rafael Pérez Ayala.

—Que del proyecto únicamente sabíamos Rafael Pérez Ayala, Vicente Carrillo Fuentes, Rodolfo Carrillo Fuentes, Fermín Duarte, Rigoberto Silva Ortega y yo. Todos ellos se enteraron por mí. Rafael Pérez Ayala buscaba motivarme a lo que yo consideraba una misión patriótica... Pérez Ayala se responsabilizaba de llevar al negociador para ser escuchado por el poder civil militar, sin que hubiera algún documento que así lo acreditara...

Cuatro meses después del fallecimiento de Carrillo Fuentes, el 22 de noviembre de 1997, Pérez Ayala, articulista del diario *Excélsior*, fue asesinado. Había desaparecido desde nueve días antes; su cuerpo fue encontrado oculto en la cajuela de su coche. Su hija Yanila se había comunicado con su padre unos días antes del desenlace, quien la tranquilizó diciéndole que estaba atendiendo a unos clientes. Dicha reunión se habría llevado a cabo en el hotel Marriot, la cual concluyó a las 19:00 horas. Pérez Ayala, entonces de 61 años, se despidió de sus clientes y abordó su coche. Ya no se le volvió a ver, sino hasta que apareció muerto en Tlalnepantla, estado de México.

V

La narcopolítica, el doble poder

Los planes de expansión del cártel de Juárez en la Península de Yucatán y en Quintana Roo avanzaban a paso veloz, con el presunto apoyo del gobernador de este último estado, Mario Villanueva Madrid, erigido en la figura emblemática de mayor poder en la región.

Con una posición geográfica privilegiada, conexiones por ríos, lagunas y amplias comunicaciones hacia los Estados Unidos, Quintana Roo fue utilizado como un estado ideal para el aterrizaje de aviones cargados de cocaína que, procedentes de Sudamérica, podían descender con protección oficial en cualquier punto de la entidad. El territorio tenía decenas de pistas clandestinas bien acondicionadas. Las relaciones entre Mario Villanueva Madrid y el entonces presidente de la República, Ernesto Zedillo, eran estables y se podría decir que entre ellos había una buena comunicación. Más tarde, sin embargo, surgirían las diferencias y, según el primero, los desacuerdos por problemas de negocios serían la causa de su caída y desgracia política.

Pero el gobernador terminó vinculado a la célula criminal del cártel de Juárez, hasta convertirse en una pieza clave en los proyectos de expansión de Amado Carrillo, según la investigación realizada por la Procuraduría General de la República (PGR). Tan pronto como asumió el poder, trabó relación con Alcides Ramón Magaña, el principal operador de la llamada célula del Sureste. Ese estrecho vínculo quedó acreditado en varios testimonios. Uno de los más explosivos, por el cúmulo de detalles que aporta, es el que rindió Albino Quintero Meraz, el socio del *Metro*, quien desde el puerto de Veracruz operaba el negocio del narcotráfico en todo el Golfo de México y en gran parte de la Península de Yucatán.

Don Beto, como le llamaban a Quintero Meraz en su momento glorioso, cuenta cómo conoció a su socio Ramón Magaña, quien tiempo después lo presentó con Mario Villanueva. Ambos insaciables, lo quisieron todo: el dinero, el poder, las mujeres, los mejores coches, las joyas más relumbrantes...

Cuenta Quintero Meraz:

"En Mexicali conocí a Ramón Alcides Magaña (a) *el Metro* en 1989, ya que era jefe de grupo de la Policía Judicial Federal [PJF]. Otra persona que llegué a conocer fue al gobernador de Quintana Roo, Mario Villanueva Madrid [por conducto del *Metro* [...] Me lo presentó en 1997 en el [...] hotel Casa Maya de Cancún, Quintana Roo, en una habitación de Óscar Benjamín García (a) *Rambo*. En esa ocasión estuvimos *Metro*, el señor Villanueva, el director de la [PJE], de apellido Marín Carrillo [...] y yo. Recuerdo que, en esa ocasión, Óscar Benjamín se salió de la habitación [...] Quien platicó con el gobernador de Quintana Roo fue *el Metro* [...] no supe qué trataron *Metro* y el señor Villanueva. Ese primer día, en que conocí al gobernador, recibí una llamada de Óscar Benjamín García, quien me mencionó que *Metro* iba a hablar con el señor Villanueva y que me fuera hacia donde estaban ellos para que lo conociera.

"Días antes *Metro* me mencionó que le iba a dar dinero al señor gobernador para que no nos molestara... [al que] volví a ver tres meses después, en la misma habitación, lugar en el que platicamos Óscar Benjamín, *Metro*, Mario Villanueva y yo [...] y se comentó que iban a llevarle unas muchachas al gobernador Villanueva. Este ofrecimiento [...] lo hizo *el Metro*, a lo que el gobernador contestó que estaba puesto y que le avisaran con Óscar cuando llegaran las muchachas. Por parte del gobernador Villanueva no recibí ningún apoyo, lo que hacía era no molestarme, es decir, que la PJE y los municipales no me detuvieran. Recuerdo que, en esos días, *Metro* me pidió una fotografía mía y fotos de Rubén Félix, Miguel González, Miguel Félix, Antonio Valdés, que en realidad es mi cuñado, Álvaro

Muñoz Carrasco… [porque] Mario Villanueva nos iba a proporcionar credenciales de la PJE de Quintana Roo, pero a mí nunca me entregaron la citada credencial, sin embargo, a las demás personas sí se les entregaron ya que yo se las vi…"

Mario Villanueva: "Zedillo me traicionó"

Nueve días antes de concluir su mandato, Mario Villanueva Madrid desapareció de la escena pública. De buenas a primeras nadie lo volvió ver. No se presentó a entregar el poder a su sucesor, Joaquín Hendricks, a quien había impulsado para ser gobernador. Perseguido por la Agencia Antidrogas de los Estados Unidos (DEA) y la PGR por sus vínculos con el narcotráfico, Villanueva se esfumó a pesar de que decenas de agentes federales le pusieron marca personal en vísperas del relevo gubernamental. En su despacho del palacio de gobierno, cuyas paredes eran fieles testigos de sus complicidades y chuecos arreglos, el silencio hacía pesado el ambiente.

Sobre la desaparición de Villanueva surgieron varias versiones: que se refugió en Cuba; que estuvo escondido en una casa propiedad de su amigo Víctor Cervera Pacheco; que se fue a Europa; que a la Ciudad de México; que nunca se fue de Quintana Roo, que estaba en Belice…

La PGR le perdió la pista en marzo de 1999, cuando desapareció de Yucatán. En realidad, Mario Villanueva entraba y salía del país por la frontera sur. Sobre su detención circularon dos versiones. Una, que él decidió entregarse a la justicia y, dos, que lo detuvo la DEA, luego de varios meses de seguimiento, y que fueron los elementos de esta agencia quienes lo pusieron a disposición de la PGR. Lo cierto es que el día de su detención o entrega, Villanueva Madrid se dejó ver en las calles, como si no fuera un hombre perseguido. El 24 de mayo de 2001, el ex gobernador de Quintana Roo se dispuso a dar una vuelta por algunas avenidas de Cancún. Iba a bordo de un vehículo Nissan acompañado de su chofer, Manuel Chan Rejón, y de Ramiro de la Rosa Bejarano, famoso líder juvenil de Democracia 2000 y protagonista de algunos escándalos por presunto tráfico de ilegales. Un tercer pasajero, Irvin Trigo, ex colaborador de Villanueva y del que no se supo más, los habría entregado a la DEA. Durante ese recorrido fue aprehendido.

Tras ser capturado, Villanueva Madrid mostraba los signos del abandono personal: la cabellera larga y la barba crecida. Su único patrimonio, quizás el poco dinero que disponía en ese momento, eran 143 mil pesos en efectivo, una bicoca para un hombre acostumbrado a gastar millones de pesos.

El 25 de mayo de 2001, luego de ser interrogado por la PGR, Villanueva Madrid fue internado en el penal de La Palma. Ahí fue humillado: proclive al trato duro y a veces soez, Villanueva tuvo que enfrentar la dureza de la prisión. La deferencia con la que era tratado como amo y señor de Quintana Roo de pronto cambió por los gritos y las mentadas de madre.

—¿Cómo te llamas? —le gritaban.

—Mario —respondía con voz baja y el orgullo pisoteado.

Y el verdugo insistía a gritos:

—Tu nombre completo.

—Mario Ernesto Villanueva Madrid, señor.

Lo raparon. Se puso el uniforme a rayas y durante muchos meses Mario Villanueva, acostumbrado al sol radiante del Caribe, dejó de ver la luz del día.

Un alud de cargos sepultó la posibilidad de que alcanzara su libertad. Decenas de testigos protegidos —con versiones ciertas y falsas, según sus conveniencias— robustecieron las acusaciones criminales contra el ex gobernador. En los Estados Unidos, su imagen de narco atrajo a los altos mandos de la DEA. *El Chueco* es visto como un personaje clave para conocer el oscuro mundo de la narcopolítica mexicana. No se equivocan. Su pleito con Ernesto Zedillo y con Roberto Hernández, el voraz banquero, huele a narcotráfico. Por eso Villanueva Madrid es uno de los personajes que más codicia la justicia estadounidense. Y es que no hay duda: Mario Villanueva es el hombre que más sabe sobre el cártel de Juárez y, sobre todo, de su red de relaciones políticas.

Después de varios meses de juicio, Mario Villanueva se decidió a escribir sobre el origen de su desgracia desde la intimidad de su celda. Comenzó su relato —una suerte de diario personal— y escribió cómo lo traicionó el presidente Zedillo, a quien culpa de su encarcelamiento. La razón: que, como gobernador, se negó a otorgarle obras millonarias a Rodolfo Zedillo. Querían apoderarse de Quintana Roo y endeudar el estado, según Villanueva.

Cierto o falso, a Mario Villanueva se le acusó de estar relacionado con el cártel de Juárez. Según datos históricos, esa organización criminal alcanzó, como ya se dijo, su etapa de poderío precisamente durante el gobierno de Ernesto Zedillo, cuyo secretario particular, Liébano Sáenz, fue acusado por el testigo protegido Jaime Olvera Olvera de recibir dinero del narcotráfico. Nadie sabe, hasta ahora, si las sumas multimillonarias que presuntamente recibió Sáenz serían parte de aquel pacto que pretendió sellar el cártel de Juárez con las altas esferas políticas y militares. Lo extraño es que Liébano Sáenz no fue procesado. La PGR, entonces a cargo de Jorge Madrazo, decretó el no ejercicio de la acción penal por falta de pruebas, pues al testigo de cargo lo declararon no digno de fe. El hecho es que Sáenz libró aquella investigación, aunque aún prevalecen muchas dudas al respecto, incrementadas, todavía con mayor fuerza, tras la extraña muerte de Amado Carrillo Fuentes.

No todos corrieron la misma suerte que el ex secretario particular de Luis Donaldo Colosio: en la plenitud del poder, atrapado por los grilletes de la soberbia y la arrogancia, Mario Villanueva gobernaba como amo y señor de Quintana Roo. La fortuna le sonreía. No había nada que el gobernador deseara que no tuviera a su alcance o no pudiera conseguir con una orden. Tanto la DEA como la PGR, sin embargo, le pusieron los reflectores al *Caballo*. Hacia el segundo semestre de 1997, comenzaron a surgir fuertes versiones sobre su presunta relación con el narcotráfico. Le esperaba lo peor. Aunque protegido por la armadura del fuero, empezó a preocuparse, y entonces comenzó a vivir momentos de tensión. Desde ese instante todo fue caos en su vida.

EN LA INTIMIDAD DE SU CELDA

Mario Villanueva fechó el 22 de julio de 2002 su escrito en el que narra el origen de su desgracia política. Dirigido a su entonces defensor, Carlos Bojórquez, tiene el tono de una confesión y su redacción, la meticulosidad que sólo permite el encierro. Son 42 cuartillas escritas con tinta negra, a renglón seguido y sin accidentes en sus líneas. En 11 cortos capítulos, Villanueva cuenta cómo se fraguó, desde la presidencia de la República, su caída y encarcelamiento. En uno de los apartados, dice cuál es el objeto de su relato:

"Se proporciona aquí una relación de hechos en forma narrativa, surgidos de mi memoria. El sustento en cuanto a fechas, nombres y hechos que faltan se encuentra en un diario personal, en algunos documentos privados y oficiales, en algunos testigos y también en mi memoria, en la que guardo mucha más información."

El vía crucis de Mario Villanueva comenzó el segundo semestre de 1997, según narra en su confesión escrita, cuando "un amigo que trabajaba en la Dirección de Comunicación Social de la presidencia de la República me dio unas copias de un supuesto parte policiaco de la Policía Judicial Federal en [el] que se expresaba que estaba yo involucrado en actividades ilícitas. [El] parte se distribuyó de manera confidencial a unos cuantos periodistas de confianza por el titular de la mencionada dirección, para ser publicado sin indicar su procedencia."

Sobre esa *filtración*, primer golpe orquestado desde la presidencia, Villanueva expone: "Se me informó que la intención era darme un susto". Y entre paréntesis, apunta: "Lo que en [la] política mexicana se conoce vulgarmente como dar un calambre".

Escrito en la intimidad de su fría celda del penal de La Palma, Villanueva Madrid acepta que, aunque sabía que el informe era falso, "me preocupó su contenido". De inmediato acudió a ver al entonces comandante de la Zona Militar de Chetumal (coronel de Infantería Agustín Valladares Castillo) para consultarle sobre el citado informe.

Narra Villanueva:

"Además de tener muy buena relación con él, una de sus funciones más importantes era la vigilancia y control del narcotráfico [...] Le entregué copia del parte y le solicité que se hiciera una investigación tanto del contenido del documento como de mi persona, poniéndome a su disposición."

Con el documento *celosamente* guardado en una carpeta, en noviembre de 1997 Mario Villanueva comenzó a tocar las puertas de otras dependencias en busca de certeza. En realidad quería saber si existía algún expediente que lo ligara con el narcotráfico. Con ese fin solicitó una cita con el procurador general de la República, Jorge Madrazo Cuéllar. En la charla, Villanueva le mostró al procurador el documento incriminatorio. Luego de revisarlo y de consultar a sus colaboradores, Madrazo respondió, según Villanueva, que el informe carecía de valor legal y "que no había ningún antecedente o mención a mí en cuanto a actividades ilícitas".

Pero lo dicho por Madrazo no le bastó a Villanueva e insistió:

—Quiero que se me investigue y estoy dispuesto a ponerme formalmente a disposición de la PGR —le dijo al procurador.

Madrazo le expresó convencido:

—No es necesario, señor gobernador. No hay razón para ello.

—Yo quiero dejar limpio mi nombre —insistió Villanueva.

—No es necesario, le repito.

—Me preocupa todo esto.

—Despreocúpese.

Villanueva insistió en ser investigado. Madrazo Cuéllar meditó un instante. Luego tomó el teléfono de la red interna y llamó a Mariano Herrán Salvatti, entonces titular de la Fiscalía Especializada para la Atención de Delitos contra la Salud (FEADS).

Cuenta Villanueva:

"Al señor Herrán le entregué un oficio firmado por mí en el que le pedía que se me investigara y se me informara de cualquier posible mención de mi persona en algún expediente. Me reiteró que no existía nada en absoluto y que si hacían oficial mi solicitud era por mi insistencia…"

El recorrido de Mario Villanueva no paró ahí. Luego fue a visitar al secretario de la Defensa Nacional (Sedena), general Enrique Cervantes Aguirre, a quien entregó otra copia del informe criminal.

Cervantes Aguirre escuchó atento a Villanueva. Luego comentó:

—Aquí en la secretaría no tenemos ninguna información sobre usted. No debe preocuparse.

De acuerdo con Villanueva, la Sedena llevó a cabo una investigación sobre el informe policiaco que lo implicaba en el narcotráfico. Según le dijeron, el documento era falso.

La amistad entre Villanueva y Cervantes era tan estrecha que, según confesó aquél, el militar le otorgó una licencia especial como coleccionista de armas. Con base en ese respaldo oficial, el ex gobernador dice que tenía más de 50 armas de uso exclusivo del Ejército.

Luego de su encuentro con el procurador Jorge Madrazo, el nombre de Mario Villanueva comenzó a ser mencionado en informes de inteligencia e Interpol por presuntos vínculos con el cártel de Juárez. Las notas periodísticas agitaron aún más su entorno.

Villanueva tomó el teléfono y llamó al procurador Madrazo para preguntarle sobre el origen de las informaciones que lo implicaban en el tráfico de drogas. Según Villanueva, Madrazo le comentó que la nota era falsa, que provenía de un informe hecho con dolo y que Interpol nada tenía que ver. Le dijo, además, que se enviarían cartas aclaratorias a los periódicos para desmentir la información.

Inquieto porque crecía el escándalo de su relación con el narco, Villanueva estaba atrapado entre los fantasmas de su propia realidad. Como la nota publicada en el periódico *Reforma* le había causado temor debido a que atribuían la información a la "inteligencia mexicana", quiso comprobar si la Secretaría de Gobernación avalaba el informe. Le llamó a Emilio Chuayffet, pues, según Villanueva, de él dependía el Centro de Investigación y Seguridad Nacional (Cisen).

Narra Mario Villanueva:

"Me aseguró que de sus dependencias no había surgido la información, la cual era de mala fe. El director del Cisen [Jorge Tello Peón] me informó que no tenían ninguna información relacionada con la publicación…"

Y entre paréntesis, Mario Villanueva escribió: "Era otro calambre".

Sin existir, aparentemente, una investigación en su contra, Villanueva fue blanco de una intensa campaña periodística dentro y fuera de México, cuyo punto toral siempre era el mismo: su complicidad con el cártel de Juárez. Al respecto, Villanueva detalla:

"A partir del segundo semestre de 1998 se realizó una fuerte campaña periodística en mi contra con notas que me involucraban en el narcotráfico, que señalaban que yo era adicto a la cocaína, que tuve que internarme en una clínica para curarme y que tenía relación con los principales narcotraficantes del país… Estas noticias surgían de un expediente sobre mí que hizo el Cisen con información falsa y dolosa para ser proporcionada a los medios de comunicación, lo que se hizo a través de un subsecretario de Gobernación. Parte de esa información se publicó en los Estados Unidos. […] un amigo, dueño de unos periódicos nacionales, […] me entregó una copia del expediente y me informó que procedía directamente del presidente la orden de darme en la madre…

"Le llamé en seguida al director del Cisen y me reuní con él […] Le puse en sus manos la copia del documento y al verlo me dijo: Eso es mío, es nuestro. presentación […]. Le indiqué dos párrafos y al leerlos se turbó, pues no esperaba que fuera el expediente que se había hecho contra mí. Soltó una imprecación en contra de un subsecretario de Gobernación diciéndome que estaba apenado y cansado de que le pidieran [hacer] documentos y no tuvieran cuidado con su manejo porque lo ponían en evidencia. […]. Más tarde me habló por teléfono diciéndome que sí se había elaborado en el Cisen, que había mano negra y que luego me explicaría con mayor amplitud.

"Posteriormente me reuní con él y con el contralmirante Wilfredo Robledo Madrid, director de Servicios Técnicos del Cisen y primo mío, en la oficina de éste. Ahí Jorge Tello Peón, en un gesto de arrepentimiento y solidaridad hacia mí, porque se suponía que éramos amigos, me manifestó que el documento había sido elaborado por personal del Cisen, de la PGR y del Ejército. Asimismo me dijo que él sólo tenía dos jefes, el secretario de Gobernación y el presidente de la República y que de éste había venido la orden de hacer el expediente."

Según la *confesión* escrita de Villanueva, el informe incriminatorio del Cisen se elaboró con dos objetivos:

"Desprestigiarme ante la opinión pública y las autoridades de México y Estados Unidos [y] hacerme culpable previamente, preparando el terreno para enjuiciarme con el expediente judicial que se fabricó de noviembre de 1998 a marzo de 1999 con [el] objeto de enviarme a la cárcel."

Atribulado y envuelto en un escándalo de dimensiones mayores, Mario Villanueva dice en su relato confidencial que, en medio de los golpes periodísticos, acudió a ver a Francisco Labastida Ochoa, secretario de Gobernación, a quien le reclamó por qué el gobierno le daba este trato. Labastida le dijo que él no había participado en ello y se comprometió a que no se publicaría nada sobre el expediente citado.

Pero las filtraciones de información y de algunos fragmentos del expediente siguieron llegando a las redacciones de los periódicos. Cuenta Villanueva:

"Días después [de la entrevista con Labastida] salió una publicación bastante amplia en un diario nacional. Me reuní con Labastida y me indicó que haría una aclaración por escrito. Ésta se hizo y cabe destacar que el comentario del jefe de redacción del periódico fue cómo era posible que se les mandara una información y posteriormente se les enviara una nota diciéndoles que la información era falsa…"

La PGR, principal instrumento del presidente, comenzó a integrar una averiguación previa contra Mario Villanueva, quien se enteró del asunto porque enviaron a Chetumal a Samuel González Ruiz, entonces titular de la Unidad Especializada contra la Delincuencia Organizada (UEDO) para empezar la investigación que más tarde fue conocida como Caso Cancún.

Villanueva recuerda:

"A partir del segundo semestre de 1998 enviaron a Cancún a Samuel González Ruiz, con el fin de realizar investigaciones en relación al cártel de Juárez… Aproximadamente en el mes de octubre de ese año me enteré que había hecho comparecer a algunas personas de Cancún tratando de obligarlas a que me incriminaran en el narcotráfico. Un ejemplo es el empresario Fernando García Zalvidea, quien fue encarcelado un año y medio y después absuelto por los jueces.

"Traté de comunicarme de inmediato con el procurador Jorge Madrazo […] ya no volvió a contestar ninguna de mis insistentes llamadas ni a darme la audiencia que le solicitaba [luego pudo hablar con Jorge Madrazo por intervención, según supo más tarde Villanueva, de Liébano Sáenz y del secretario de Gobernación, Francisco Labastida].

"[…] se publicó en periódicos nacionales parte del contenido de las declaraciones de dos testigos protegidos, al parecer narcotraficantes, que mucho después supe se llaman Gilberto Garza García (a) *el Güero Gil* y Gildardo Muñoz Hernández. La información no era oficial, al parecer era una filtración hecha por personal de la PGR a la prensa, y en ella se decía que yo tenía una relación con narcotraficantes y les daba protección.

"Por una nota de un periódico de Estados Unidos, que ahora no recuerdo, me enteré que durante una visita que hizo el procurador Madrazo a esa ciudad, declaró que habían abierto en la PGR una averiguación previa para indagarme por vínculos con el narcotráfico. Ésta fue la prueba para mí de que se estaba creando un expediente en contra mía que me permitió demostrarle tanto al secretario de Gobernación, como al secretario particular del presidente, que se había abierto un expediente judicial en que se me incriminaba, ya que ellos me lo negaban.

"Me preocupé por conocer el expediente y aclarar cualquier imputación que se me hiciera. Para ello, continué insistiendo en la oficina del procurador sin éxito; traté de entrevistarme con el presidente Zedillo y éste ya no quiso recibirme y desde los últimos días de mi administración hasta el término de ella no pude tener contacto con él. Únicamente tuve acceso en ese tiempo al secretario de Gobernación, Francisco Labastida, y al secretario particular del presidente Zedillo, Liébano Sáenz.

"[…] tenía yo informes confidenciales de funcionarios de alto nivel del gobierno federal y opiniones de políticos, periodistas y abogados de prestigio, quienes coincidían en lo siguiente: tu problema es político, te quieren meter a la cárcel y no lo vas a resolver en este gobierno del presidente Zedillo, porque es el principal interesado en encarcelarte.

"Coincidieron también en sugerirme que huyera de inmediato del país. […] la situación era muy clara: se estaba preparando el expediente judicial contra mí y esto se haría el último día de mi mandato para obtener la orden de aprehensión y detenerme el 5 de abril de 1999, en la entrega del gobierno…

"Mis propios abogados (uno de ellos miembro del Estado Mayor Presidencial) me indicaron que mi única opción era huir a la mayor brevedad […] Incluso hicieron gestiones con amigos en gobiernos extranjeros para que me dieran protección y asilo y se obtuvieron respuestas positivas en varios de ellos.

"Me negué a huir como vulgar delincuente […]. Las únicas puertas que me quedaban abiertas eran las de Francisco Labastida y […] Liébano Sáenz, por lo que acudí a ellos haciéndoles el siguiente planteamiento: estaba yo consciente que mis actitudes políticas habían incomodado al presidente y que en especial mi actuación respecto al PRI estaba obstruyendo los planes del presidente y de Labastida, que se perfilaba como el seguro candidato del PRI a la presidencia. […] Por su conducto le proponía al presidente Zedillo una solución de carácter jurídico y político. Jurídico porque al haberse abierto la averiguación previa mi propuesta era que se resolviera de acuerdo a la ley, con mi comparecencia ante el Ministerio Público Federal para conocer en detalle las acusaciones y aclararlas, haciendo la observación de que si no pudiera aclarar alguna de ellas, aceptaría la cárcel […].

"[…] debo dejar claro que aunque lo solicitaba como una concesión, tenía como acusado todo el derecho a ello, pero me lo estaban negando. […] no se me dio esta oportunidad y, sin embargo, a otros políticos que tenían y aún tienen acusaciones sí se les permitió. Uno de ellos es precisamente Liébano Sáenz. Político, porque significaba yo un estorbo para el presidente…"

En uno de sus encuentros con Liébano Sáenz, Villanueva propuso renunciar al cargo de gobernador para ponerse a disposición de la PGR. En su escrito, Villanueva anotó entre paréntesis: "Aclaro que el procurador Madrazo mencionó públicamente y en privado que mi juicio no era posible porque yo me amparaba en mi fuero. Esto no era cierto".

Villanueva abre otro paréntesis en relación con Joaquín Hendricks: "Tenían temor que perdiera por ser un candidato débil ante una oposición fuerte. Ésta era una solicitud de ellos".

Según escribió Villanueva, Liébano Sáenz le dijo que la propuesta le parecía exagerada, que él estaba seguro de "que se me permitiría aclarar cualquier acusación que tuviera y me comentó de las acusaciones que se le hicieron y la forma en que tuvo que aclararlas. Además, se comprometió a entregar mi mensaje al presidente […].

"El licenciado Francisco Labastida me indicó que no era necesario llegar a tanto […] Me dijo que no era necesario que renunciara al cargo, pues era una solución muy drástica de mi parte y me solicitó expresamente que continuara como gobernador y que me hiciera cargo directamente de la campaña política del PRI en Quintana Roo […] Cumplí cabalmente con todo. El PRI triunfó y no le faltaron recursos. Del presidente nunca hubo respuesta."

Después de varias semanas de insistencia, por fin el procurador Jorge Madrazo recibió en su despacho a Mario Villanueva. La cita fue el 23 de diciembre de 1998. Estaba acompañado del titular de la FEADS, pero según el ex gobernador, su trato fue distinto:

"Fue áspero en su trato, me dijo que sólo recibía órdenes del presidente, que sólo con él trataba directamente y que ni el mismo presidente se metía en su trabajo. Me entregó un oficio en [el] que se me citaba a comparecer [...] en la FEADS. Uno de los comentarios que hizo el procurador Madrazo, que me llamó la atención por estar fuera de lugar, fue que preguntó y demostró mucho interés por el desarrollo de la demanda por difamación que el director de Banamex, Roberto Hernández, presentó contra el director del diario Por Esto de Yucatán y Quintana Roo..."

Villanueva explica que en esa charla le dijo a Madrazo Cuéllar que desde hacía un año había entregado a la FEADS un oficio en que planteaba su decisión de ponerse a las órdenes del Ministerio Público Federal; que había solicitado información sobre su proceso y le reclamó al titular de la PGR que le había hecho muchas llamadas y peticiones de audiencia sin obtener respuesta, a lo que el procurador le respondió, según Mario Villanueva, "que no estaba enterado".

Mario Villanueva compareció ante la FEADS el 26 de diciembre de ese año, a las 10:00 de la mañana. Estuvo presente José Luis Santiago Vasconcelos, entonces coordinador de investigaciones de esa fiscalía, así como José Trinidad Larrieta Carrasco, coordinador de la UEDO. Dice Villanueva:

"Me dieron a conocer de manera general una relación de imputaciones, como que era fama pública [mi] relación con el narcotráfico, información derivada de publicaciones periodísticas; que se encuentra relacionado con la organización criminal de narcotráfico que opera en el sureste del país al mando de Alcides Ramón Magaña, el Metro; que se encuentra [vinculado] al narcotraficante Albino Quintero Meraz; que facilitó la introducción ilegal al país de cocaína y el transporte de la misma al norte del país, para ser introducida a Estados Unidos; que para la descarga de la cocaína utilizó el hangar del gobierno del estado en Chetumal [...]; que brinda protección a Albino Quintero Meraz y que por [ella] recibió obsequios [...]; que se reunió en diversas ocasiones con narcotraficantes en [...] Cancún;

que poseyó aproximadamente 1 kg de cocaína para su consumo en un hotel de la ciudad de Cancún."

En su libreta de apuntes Villanueva anotó que estaba imposibilitado para responder a las acusaciones, pues los responsables de la FEADS y de la UEDO le comentaron que, de acuerdo con el artículo 14 de la Ley Federal contra la Delincuencia Organizada, no se podían conocer los nombres de las personas que hacían las imputaciones en su contra.

Villanueva relata que luego interpuso un amparo. El juez le dio la razón, pero la PGR recurrió a la revisión, según el ex gobernador, "para ganar tiempo en tanto terminaba mi gestión". La resolución quedó pendiente.

El suplicio de Villanueva continuó. De nueva cuenta habló con Francisco Labastida y Liébano Sáenz, al tiempo que continuaba con sus compromisos de trabajo como gobernador. También buscó la respuesta a su demanda con el procurador Madrazo, pero el cambio de actitud de éste fue aún más radical: "Me cerró la puerta de nuevo y ya no volvió a atenderme", narra el presidiario de La Palma.

Faltaban pocos días para que Villanueva concluyera su administración. Altos funcionarios de la PGR le mandaron decir que le darían la información solicitada —los datos duros de su expediente— pero tenía que comparecer, de nueva cuenta, ante la FEADS y la UEDO, respectivamente. Y así fue. El 24 de marzo de 1999, el Ministerio Público Federal se instaló en su despacho de Palacio de Gobierno, donde se enteró de que la acusación en su contra contenía 29 imputaciones, pero la lectura de los pormenores no convencieron al debilitado gobernador.

"Al igual que la comparecencia anterior, la información sobre todas las acusaciones era muy general e incompleta y no permitía ninguna posibilidad de aclaración, dejándome en estado de indefensión. Por esto les hice hincapié en que deberían ponerme a la vista las hojas del expediente donde aparecía textualmente cada imputación tal como la ley lo establece, pero se negaron a ello. Con esto me quedó claro lo siguiente: no había ningún interés en que aclarara las imputaciones ni que me defendiera. La comparecencia fue para cumplir un requisito legal previo a la consignación que se haría once días más tarde [pero] no para darme la información necesaria para defenderme... No me quedaba otro recurso que seguir insistiendo ante Gobernación y la Presidencia de la República que se ajustaran a la ley y me dejaran defenderme en el proceso de averiguación previa. Con esta esperanza rechacé un plan de fuga que me indicaron mis abogados para salir del país al otro día de mi comparecencia. Y un día antes también, pues me sugirieron que no asistiera a la comparecencia del día 24 y huyera la noche [anterior]. Me dediqué a terminar mi texto y último informe de gobierno, el cual presenté ante el Congreso del Estado la noche del siguiente 26 de marzo."

A Villanueva se le cerraban los espacios. Poco antes de terminar su último informe de gobierno, se entrevistó con Diódoro Carrasco, último secretario de Gobernación del gobierno zedillista, quien le habló de las instrucciones del secretario Labastida para gestionar ante la PGR la entrega de la información contenida en el expediente acusatorio.

—Regrese a Quintana Roo, todo saldrá bien —le dijo Carrasco. Villanueva viajó a Mérida, Yucatán, y le pidió a su abogado que permaneciera en la Ciudad de México para esperar las indicaciones de la Secretaría de Gobernación.

Casi al borde de la desesperación y temeroso, Villanueva se entrevistó con su mentor, Víctor Cervera Pacheco, poderoso cacique de Yucatán. El encuentro con el viejo político priísta, quien tiempo después fallecería, le subió los ánimos al derrotado Villanueva Madrid:

"[Cervera] Es mi amigo [...] Preocupado por mí me dijo que vería personalmente al presidente Zedillo, pues pensaba que podía estar siendo engañado. [...]".

Inquieto por saber lo que Cervera había hablado con el presidente —no tuvo tiempo de conocer si habló o no con Zedillo—, Villanueva se trasladó a la Ciudad de México en un avión privado que aterrizó en el aeropuerto de Toluca. La vigilancia policiaca lo perturbó a su llegada a la terminal aérea. Cuenta:

"Desde que llegué al aeropuerto para ir a mi cita con Diódoro Carrasco, personal armado de la FEADS me recibió, revisó el avión y me tendió un cerco con varios vehículos que me acompañaron, teniéndome permanentemente vigilado hasta que regresé a Toluca y abordé el avión con rumbo a Mérida…

"En la ciudad de Mérida ocurrió lo mismo y estuvieron fuera de la oficina del gobernador Cervera esperando que yo saliera. Esto me extrañó mucho y decidí engañarlos y perderme de su vigilancia. Mandé al chofer con el vehículo y un abogado que fue a verme a Mérida, simulando que yo iba en el vehículo, con rumbo al aeropuerto. Dio resultado y pude salir solo y sin mayor problema. Me dirigí a casa de un amigo y desde ahí establecí contacto para conocer la situación en Chetumal. El reporte que se me dio era alarmante. Se había establecido un fuerte operativo por parte de la PGR y del Ejército […]. El rumor era que sería detenido o secuestrado. Pensé que esto tal vez no sería posible pues aún era gobernador y no había ninguna orden de detención en mi contra, pues mi situación política lo impedía. También pensé que la intención era tenerme bien vigilado […] para evitar mi fuga. Sin embargo, decidí cancelar mi salida a Chetumal y quedarme observando […]. Al otro día, al no aparecer yo, mi asistente decidió viajar por la mañana a Chetumal y retornar el avión a Mérida (el avión era rentado)."

Mario Villanueva escribió en su libreta que cuando los agentes de la PGR se percataron de su ausencia en Chetumal, "me dieron por prófugo". Y empezó su búsqueda "para tratar de encontrarme. Yo no tenía un plan de fuga, pero la actitud de la PGR y del Ejército me obligó a pensar que lo más conveniente era buscar un refugio lo más seguro posible y esperar […]". Aunque Cervera Pacheco fue cuestionado por brindar protección a Villanueva, éste aclara en su escrito que el ex secretario de la Reforma Agraria no tuvo nada que ver en su asunto. Seguramente no quiso implicarlo porque a los dos los unía no sólo la amistad. También eran cómplices y se debían muchos favores.

Mario Villanueva estaba en el ojo del huracán. Zedillo desoyó toda petición de ayuda para el gobernante. Y, tal como lo suponía

Villanueva, el día de la toma de posesión de Joaquín Hendricks, el 5 de abril de 1999, un juez federal obsequió a la PGR la orden de aprehensión. Sin ningún respaldo político, acosado por la prensa, que lo llamaba *narcogobernador*, Villanueva tuvo que huir como un delincuente. Los días más crudos apenas empezaban. Las circunstancias le negaron las salidas y fue alcanzado por los errores que él mismo tejió desde el poder. Una negra sombra opacó sus días de gloria.

Después de analizar, en frío, su entorno político y personal, Mario Villanueva consideró que su caso era político, como le habían dicho sus amigos y defensores, y que la persecución obedecía a su pleito personal con el presidente Ernesto Zedillo. En una entrevista que, desde la clandestinidad, le concedió en junio de 1999 —con apenas tres meses de desaparición— al reportero Martín Morita, entonces corresponsal del semanario *Proceso* en la Península de Yucatán, Villanueva respondió a varias preguntas sobre el origen de las diferencias con el presidente.

—¿Cuándo o en qué momento se dio la ruptura entre usted y el presidente Zedillo? —preguntó Morita.

—Como mencioné antes, hubo varios factores, pero a ciencia cierta no sabría decir cuál fue la razón por la que dejó de hablarme, aunque en una ocasión, no recuerdo exactamente cuándo, pero fue en el 98, yo le dije en Los Pinos que [...] el partido necesitaba democratizarse, porque así como iban las cosas lo más seguro sería que en las elecciones de 2000 íbamos a perder. [...] El presidente me preguntó cuál era mi opinión sobre Bartlett y Roberto Madrazo. Le respondí que, además de que son mis amigos, los consideraba como dos de los mejores prospectos para la candidatura, y hasta le dije que en una consulta a las bases cualesquiera de ellos dos podría ganar limpiamente. El presidente me dijo: "Estás del lado de los duros, ¿verdad?", a lo que yo le respondí que no los consideraba así, que más bien eran políticos muy completos. Luego [...] me volvió a decir: "Y todos los demás, incluso yo, ¿no te parecemos completos?" Le dije que él y su gabinete tenían muchas cualidades, y le pedí que no malinterpretara mis opiniones, que yo estaba hablando con respecto a la sucesión presidencial. Noté que en sus palabras había un cierto tono de molestia e ironía, porque casi al final de la plática me dijo: "¿Sabes qué? Me caes bien por francote. Hasta pareces norteño, sólo que te falta un poco más de altura…"

Casi tres años después, en su relato personal, Mario Villanueva pareció disipar los nubarrones y sus dudas. Así relata las razones de su verdadero pleito con Ernesto Zedillo:

"La relación era buena desde que fue secretario de Educación y candidato a la presidencia de la República. Se empañó y se fue haciendo áspera nuestra relación por una serie de circunstancias…

"Un hijo mío de nombre Carlos Mario, que era estudiante de leyes en la Ciudad de México, fue a verme para solicitarme una reunión con familiares del presidente. Se trataba del hermano, Rodolfo Zedillo, el padre y un hermano de nombre Fernando Zedillo. Me enteró mi hijo que trabajaba en una empresa denominada Compañía Impulsora de Servicios (CIS), cuyo director era Rodolfo, que lo habían nombrado director de Proyectos para la zona sur del país, para realizar una serie de proyectos en Quintana Roo.

"No estaba enterado de ello ni conocía a los familiares del presidente. Mi hijo era un joven inexperto, sin la capacidad para el cargo que le asignaron, por lo que me quedó claro que lo estaban utilizando como gancho para enlazarse conmigo e interesarme en su propuesta. Me pareció indebido su proceder, pero accedí a reunirme con ellos para conocer sus planteamientos, los cuales eran los siguientes:

"El padre y el hermano del presidente actuarían como gestores directos para promover proyectos en Quintana Roo, obtendrían el financiamiento y las obras se harían por empresas de su propiedad o de otros parientes y amigos de ellos […] De las ganancias se me proporcionaría una parte.

"El gobierno del estado debería participar asignándoles obras de su propio presupuesto, aceptando y avalando los proyectos que ellos propusieron, y adquiriendo créditos de la Línea del Rey (financiamiento español), del banco de Obras y Servicios (Banobras) y de bancos privados.

"Los proyectos a realizar de inmediato serían: un hospital en Cancún, plantas de tratamiento de aguas residuales en Cancún y Chetumal, modernización de la carretera Cancún-Tulum, asignación a ellos del Centro de Convenciones de Cancún y la torre inconclusa anexa [a éste].

"Traerían un financiamiento autorizado de la Línea del Rey por aproximadamente 12 millones de dólares para iniciar de inmediato la construcción del hospital, el cual debería estar por completo a cargo del arquitecto Luis Zedillo, tío del presidente, y el gobierno debería adquirir el crédito con cargo a la deuda pública.

"No pretendo justificarme calificándome como vulgarmente se dice [como] blanca paloma, pero la actitud de los familiares del presidente me pareció irresponsable y peligrosa para el mismo presidente Zedillo. Además, aún estaban frescos los conflictos que le causó al presidente Salinas una actitud similar por parte de su cuñado Luis Yáñez. Por ello, ordené a mi hijo que se retirara de esa relación, cancelé mi relación con ellos y le mandé el recado al presidente con su concuño, de que la actitud de sus familiares le haría mucho daño y por lo mismo me había negado a apoyarles."

Un personaje que salió a relucir en este pleito —en cuya trama presuntamente no fue ajeno el narcotráfico, quizás el fantasma oculto en este enfrentamiento político— fue el empresario veracruzano Roberto Hernández, el banquero más próspero durante los sexenios de Carlos Salinas y Ernesto Zedillo.

Sobre sus confrontaciones con el financiero de Tuxpan, Veracruz, Mario Villanueva sostiene en su relato que todo comenzó por una campaña de golpes periodísticos desatada por Mario Renato Menéndez, director y dueño de la cadena de periódicos *Por Esto* de Mérida y Cancún (a menudo relacionado, en su momento, con Villanueva), quien lo acusó de narcotraficante y de que en su propiedad descargaban en lanchas la cocaína proveniente de Colombia. La propiedad es al parecer de más de 11 km de costa en la Reserva de la Biosfera de Sian Ka'an, en el centro del estado de Quintana Roo, y sólo puede llegarse a ella por lancha, helicóptero o avioneta.

"El secretario de Gobernación, Emilio Chuayffet, me llamó en una ocasión para decirme que Roberto Hernández le había dicho al presidente que yo era el responsable de la campaña contra él y que la orden del presidente era que yo lo resolviera de inmediato. Le manifesté mi desacuerdo a Chuayffet pues yo no tenía nada que ver en ello, pero me dijo que el presidente está sumamente enojado conmigo y que no había más que acatar sus órdenes.

"Al otro día había una reunión sobre el Mundo Maya en Mérida, donde asistirían el presidente y Roberto Hernández. En el camino hice unas tarjetas breves para cada uno de ellos exponiéndoles que no podía aceptar semejante acusación [...] Roberto Hernández leyó las tarjetas y acordó conmigo que nos reuniríamos posteriormente, pero jamás tuve la oportunidad, pues nunca quiso aceptar mis llamadas telefónicas. También me acusó de alentar la invasión de una pequeña parte de su propiedad por una cooperativa de pescadores que estaban en el terreno muchos años antes de que yo fuera gobernador y que reclamaban su derecho a esa tierra señalando que la adquirieron antes que Roberto Hernández.

"Respecto a las tarjetas para el presidente, se las entregué en privado, antes de retirarse de una reunión conmigo y el gobernador de Yucatán. También le entregué una copia de las que le había dado a Roberto Hernández. Su actitud fue de enojo, pero insistí en que no tenía nada que ver y se retiró molesto sin despedirse.

"Al otro día me volvió a llamar el licenciado Chuayffet para hacerme un reclamo mucho más serio: el presidente estaba sumamente molesto conmigo porque me atreví a darle unas tarjetas a Roberto Hernández y a él. La orden era resolverlo de inmediato. No podía resolver lo que no me correspondía aunque lo intenté con Mario Renato Menéndez. Tal vez hubiera podido ser mediador, pero Chuayffet me dijo que una de las instrucciones era que yo no hiciera contacto con Roberto Hernández. De todos modos quise verlo, pero siempre se negó.

"Este asunto tiene muchos más detalles que hicieron más difícil la relación con el presidente y solamente destacaré tres hechos más al

251

respecto: Roberto [Hernández] interpuso una demanda por difamación en la FEADS contra Mario Renato Menéndez...

"La única ocasión que pude ver al procurador Madrazo, en el periodo en el que me estaban elaborando el expediente por narcotráfico, éste se refirió al problema del *Por Esto* con Roberto Hernández, cuestionándome sobre el mismo sin que hubiera razón para ello...

"En mi primera comparecencia [...] se me preguntó cuál era mi relación con Mario Renato Menéndez [...] Fue muy extraño este interés.

"En los últimos meses de mi gestión le pregunté al secretario Labastida su opinión sobre las acusaciones de Roberto Hernández contra mí y me expresó que Roberto Hernández seguía teniendo la certeza de que yo era el responsable de la campaña periodística contra él. Ésta era una de las razones de que el presidente siguiera molesto conmigo."

En su etapa de tránsfuga, Mario Villanueva abrigó la esperanza de que el gobierno del cambio le garantizara un juicio justo y apegado a la ley. Pero Vicente Fox, triunfante en los comicios de 2000, estaba empeñado en sepultar a ese partido. Y Mario Villanueva, con todo su negro historial, era un buen instrumento para hundir aún más en el desprestigio al PRI y a los priístas.

En su escrito personal, Villanueva evade contar los detalles de lo que hizo como prófugo de la justicia. Secundado por Carlos Bojórquez, por ese tiempo su defensor, robusteció la versión de que nunca salió del país y que permaneció escondido en casas y fincas propiedad de varios amigos suyos. Durante su escape, Miguel de Jesús Peyreffite Cupido, poderoso procurador de Quintana Roo, falleció en circunstancias extrañas en el estado de Morelos.

Lo dicho por Villanueva perdió fuerza y comenzó a resquebrajarse cuando el entonces procurador Rafael Macedo dijo que el ex gobernador entraba y salía del país por la frontera sur. Meses antes, en las postrimerías del sexenio de Ernesto Zedillo, el titular de la PGR, Jorge Madrazo, contrató los servicios de una empresa extranjera con oficinas en México, denominada Decision Strategies Fairfux

Internacional LLC (DSFX), para rastrear los pasos de Mario Villanueva. Los informes de entonces indicaban que Villanueva no sólo permaneció en Quintana Roo.

Con base en la información recabada por la multinacional, la PGR pudo saber que Villanueva estuvo, durante varios meses, fuera del territorio nacional: en Belice, Cuba, Panamá, Honduras y Venezuela. En este último país, según datos contenidos en el libro *De Cancún a Almoloya* (Océano, 2002), el gobierno mexicano abrió un juicio de extradición, el cual canceló Jorge G. Castañeda, entonces titular de la Secretaría de Relaciones Exteriores, debido a que Mario Villanueva ya estaba preso en La Palma.

Villanueva escribió en su relato que, ante el fracaso de las negociaciones con el presidente, tuvo que esconderse:

"Al enterarme por la televisión de la orden de aprehensión, decidí que encontraría el refugio más adecuado para una larga permanencia. Lo mejor era esperar a que concluyera la administración del presidente Zedillo. Abrigué la esperanza de que el gobierno federal que le sucediera no tuviera interés político en continuar con el deseo de que se me condenara. Al llegar al poder el presidente [Vicente] Fox, consideré que habría condiciones de imparcialidad para tener un juicio justo y que había llegado el momento de entregarme y enfrentar el juicio desde la cárcel...

"Envié dos cartas al presidente Fox y una al procurador Macedo de la Concha. En ellas les expuse que me entregaría y que deseaba conocieran mi preocupación por todas las anomalías y arbitrariedades [...] Les reiteré que confiaba en ellos y que lo único que deseaba era imparcialidad ante los jueces, que la PGR se apegara a la ley y reconociera incluso los atropellos realizados contra mí y otras personas con el fin de incriminarlos. El presidente mandó decir que tuviera confianza, que se haría justicia, que la verdad prevalecería. El procurador manifestó también que habría un juicio justo y que la PGR sería imparcial. Desafortunadamente fue un engaño."

En febrero de este año, cuando el presidente Felipe Calderón tomó la decisión de extraditar a varios narcotraficantes a los Estados

Unidos y ocultar por 10 años las razones jurídicas en las que se basó su entrega a la justicia norteamericana, el nombre de Mario Villanueva volvió a ser mencionado como uno de los presuntos narcotraficantes más codiciados por el gobierno estadounidense.

Sin embargo, la defensa de Villanueva sostiene que aún no le notifican si hay orden de extraditar al ex gobernador.

VI

Narcocarrera fatal

A la distancia parecían espejos en movimiento deslumbrando al sol…

Sólo quienes, entre la tupida vegetación, podían sortear el camino y acercarse a la explanada, disolvían el espejismo: así resplandecían los medallones y parabrisas de más de 200 vehículos de lujo, entre los que, orondas, prepotentes, destacaban las 4 x 4 de llantas enormes: Ranger, Yukon, Avalanche, Lobos…, estacionadas desordenadamente aquella tarde del 3 de marzo de 2007, en un paraje de Villarín.

A la entrada de esa comunidad veracruzana de unos 300 habitantes, que recientemente había saltado a la fama por celebrar carreras de caballos de acaudalados ganaderos y poderosos narcotraficantes, se avistaban ya las *trocas* verde olivo o negro metálico de formidables defensas, y se percibía una mezcla del olor a barbacoa, carnitas y carne asada de venado que, a la sombra de la arboleda, consumían algunos de los asistentes pendientes de sus Hummers, las camionetas más codiciadas por los narcotraficantes de todos los pelajes que habían llegado procedentes de Nuevo León, Tamaulipas, Chiapas, el Distrito Federal y McAllen, Texas. Su propósito: poner a competir caballos purasangre y apostar cantidades que podrían sumar millones de dólares.

El día de la carrera, aunque era pleno invierno, el sol inclemente del trópico veracruzano concentró su furia y puso el termómetro a casi 35 grados. Pese a encontrarse a escasos 30 km del puerto de Veracruz, el pequeño poblado no cuenta con el paliativo de la brisa. Por el contrario, más próximo a las rancherías ganaderas de Vargas,

Santa Fe y San Julián, donde hombres y mujeres visten botas vaqueras y sombreros de palma, Villarín se halla envuelto en una atmósfera con regusto a estiércol.

La pobreza de Villarín —donde hoy se mantienen en pie apenas unas 150 casas— no alcanza a imaginar el poder económico de los empresarios y ganaderos que cada fin de semana llegan ansiosos de calar a sus mimados corceles. Se calcula que cada uno de éstos cuesta por lo menos 3.5 millones de dólares, y todo el mundo sabe que en las carreras los hombres que han bajado de los vehículos de vidrios polarizados van a apostar una bolsa de por lo menos 2.5 millones de dólares en cada justa…

Antes de este próspero y animado periodo que el 3 de marzo culminaría en tragedia, la tranquilidad de Villarín bordeaba el aburrimiento. Sus pobladores cumplían las jornadas de trabajo contando las horas y, al salir, el que no se fugaba por el alcoholismo se arrojaba en las hamacas del tedio, vicios ambos que, se sabe, adormecen el alma y marchitan el espíritu. El principal problema de Villarín, solían decir sus habitantes, es que no había problemas. Y, como si los hubieran invocado, en junio de 2006 comenzaron a llegar.

EN ANCAS DE LA DESGRACIA

Todo empezó cuando Efraín Teodoro Torres, miembro del grupo armado conocido como *Los Zetas,* irrumpió en la comunidad invitado por Marciano Nayen y su hijo Arturo, quienes lo habían conocido tiempo atrás en el puerto de Tuxpan, atraídos por una debilidad compartida: los certámenes equinos. Perseguido por sus rivales del cártel de Sinaloa, Torres buscaba un sitio tranquilo para apaciguar su vida de fugitivo y de matón. Más aún cuando por aquellas fechas ya era representante del escudo armado del cártel del Golfo en tierras veracruzanas.

El Efra, como también le decían, contaba que un día decidió cambiar su vida de jodido por la fortuna y el poder del narcotráfico.

Resuelto a ser temido y respetado a cualquier costo, en aquella inolvidable fecha simplemente dijo:

—La miseria ya me hartó. Mi vida no tiene ya sentido. Me voy...

Incorporado poco después en las filas del cártel del Golfo, pronto destacó en el manejo de la droga y las confrontaciones a balazos que, con su plus de adrenalina, lo volvieron, en efecto, tan temido y respetado que el mando supremo del cártel del Golfo consideró que no había nadie más capacitado que él para encargarse del estratégico estado de Veracruz.

Sin embargo, provisto ya de fama, poder y dinero, muchísimo dinero, Teodoro Torres se percató de que necesitaba, además, esparcimiento y seguridad. Era perseguido en todas partes y resultaba imperativo relajar sus nervios. Se hizo entonces de una cuadrilla de caballos y, con apoyo de funcionarios de Veracruz y de la Secretaría de Gobernación —reguladora de estas justas—, consiguió carriles profesionales para organizar competencias internacionales sin que nadie perturbara su clandestinidad.

Pero como aún le faltaba el paradisiaco refugio de sus más recientes sueños, decidió visitar a los Nayen, y éstos, encantados, le brindaron el lugar. Allí tendría no sólo seguridad y tranquilidad, sino también cuidadores profesionales de caballos, y espacio para realizar las competencias e hincharse de dinero.

Con el respaldo oficial —no podía ser de otra suerte—, Villarín se convirtió de la noche a la mañana en una de las cuatro plazas más importantes de carreras ecuestres ilegales en el país. Comparte ese dudoso honor con las ciudades de Cintalapa (Chiapas) y Guadalajara, y con el estado de México. La localidad empezó a ganar celebridad tan pronto como se apersonaron grandes ganaderos y empresarios de historia nebulosa que veían en ella el sitio ideal para dar rienda suelta a sus pasiones.

—Esto es lo que quiero y necesito —había dicho sonriente el Z-14, puntero entre todos, al recorrer la población. Allí pasaría inadvertido, pensaba. Nadie lo conocía y podía tener bien atendidos a los caballos que más quería y que más satisfacciones y dinero le habían acarreado meses atrás.

Tan pronto como pudo, rentó una casa de dos niveles y nueve cuartos con amplios ventanales de vidrios polarizados; decoró los espacios con muebles rústicos de la región; se hizo de los servicios de numerosos empleados para mantener un espacioso corral con 14 caballerizas provistas de expertos que habrían de dedicar más tiempo a la atención de los equinos que a su vida familiar. El Efra acondicionó, asimismo, un carril en forma circular, al estilo de los hipódromos, para lizas de hasta cuatro caballos, lo ideal en las justas tipo *futurity* (carreras en las que sólo compiten cuatro potrillos menores de dos años).

Los malos signos, barruntos ya del fatídico 3 de marzo, se presentaron desde entonces. La primera cuadrilla alojada en Villarín no se aclimató. Acarreados de lugares altos y fríos, los animales resintieron de inmediato el clima cálido-húmedo y disminuyeron su rendimiento. Algunos bajaron de peso en unos cuantos días a consecuencia del calor, en tanto que otros sufrieron una merma preocupante en la velocidad cronometrada. Su propietario no tuvo entonces más remedio que llevarlos de regreso a las alturas, y sí: el clima frío les devolvió la prestancia.

La siguiente cuadrilla la conformaban seis animales de los más finos, que, a diferencia de los anteriores, presto se adaptaron. Para cuidarlos, atender la casa habitada y las caballerizas, el Z-14 tenía por lo menos diez empleados, tres de los cuales eran miembros de una familia afincada en el lugar.

Aparte de su chofer, los más importantes de sus colaboradores eran expertos concentrados en atender los caballos del "patrón", como todo el mundo le decía. Los cuidadores no tenían sueldo, pero estaban tan bien estimulados que funcionaban bajo un jugoso trato: les pagaban con 15% de la bolsa obtenida en una carrera estelar. Por ejemplo, si el Z-14 ganaba 1 millón de pesos, el cuidador del caballo se llevaba 150 mil libres de polvo y paja.

Cada uno de los cuadrúpedos era sometido a un riguroso régimen de alimentación, entrenamiento, atención médica y de laboratorio, superior al que se dispensa a un atleta seleccionado para los Juegos Olímpicos, pues los caballos de Teodoro, como los de Nerón, debían recibir, incluso, los más delicados afeites de peluqueros y otros especialistas de la estética ecuestre. Así lo exigía su dueño, quien, tratándose de sus animales, no escatimaba esfuerzos ni regateaba recursos.

La rutina comenzaba al romper el día. Con la frescura de la mañana, cada caballo era sacado a dar un paseo por las inmediaciones del pueblo. De ese modo, aflojaba los músculos, bajaba los niveles de tensión y tonificaba su sistema nervioso; luego era calado en el hipódromo para medir su rendimiento; más tarde venía el ejercicio complementario en una gran alberca especial para fortalecer patas, ancas, cuello y músculos, clave de su buena condición y rapidez; por las tardes llegaba el premio: una suculenta comida basada en alimento Tres Coronas, para culminar la jornada con las caricias y masajes necesarios para un completo relajamiento.

Además, el intenso calor que suele debilitar a los equinos tenía su remedio: del techo de cada pesebre pendía un potente ventilador para refrescarlos durante el día y, si era necesario, por las noches. Así vivía *Cuadritos,* el preferido del *Z-14.* Imponente, brioso, de prestancia elástica y alerta, el cuerpo bien torneado de *Cuadritos* lucía ancas soberbias, fuertes metacarpos y ágiles falanges.

Cuadritos, cuyo valor se calculaba en unos 350 mil dólares, dejaba con la boca abierta a cualquier entrenador. Era uno de los caballos más veloces del país. Cuando lo ponían a prueba, desplegaba toda su energía y alcanzaba una marca insuperable: 10.5 segundos en 200 varas. Por eso Teodoro Torres no solamente lo adoraba —la misma gente del pueblo enmudecía ante su velocidad y belleza—, sino que arriesgaba por él cualquier fortuna seguro de ganar.

Aunque algunos forasteros y lugareños apostaban entre 6 mil y 20 mil pesos por carrera, pronto fueron motivo de comentarios y murmuraciones las apuestas de los potentados. El *Z-14,* por ejemplo, no ponía sobre la mesa menos de 3 millones de pesos por justa, y cuando se trataba de competiciones mayores, su puja podía ascender hasta 1 millón de dólares.

Con toda aquella servidumbre y la seguridad que les infundía la comunidad, el *Z-14* y sus socios prácticamente se adueñaron de Villarín: aparte de las competencias, con frecuencia organizaban reuniones, *reventones* y todo tipo de encuentros relacionados con sus negocios, en particular el tráfico de drogas, según se supo más tarde.

Políticos y altos funcionarios municipales y estatales se refocilaban en los eventos. Aunque después de aquella fatídica carrera, fecha en que la sangre empezó a correr como el dinero, hasta los más asiduos negaron haber estado alguna vez allí…

DÍA DE FIESTA

Ya eran casi las 2 de la tarde cuando, aquel 3 de marzo, aguijoneados por el alcohol, varios concurrentes procuraban acercarse a los carriles centrales. Todo el mundo quería estar en primera fila, cerca de la pista, para no perder ningún movimiento de los animales y, en particular, del prodigioso favorito: *Alexander.*

Antes del disparo de salida —la primera competencia arrancaría a las 3:30 de la tarde—, habían arribado unas 750 personas que, a la sombra de los árboles y bajo las palapas, disfrutaban de las neveras repletas de hielo y cervezas que sudaban, así como de las botellas de tequila, ron y brandy pasadas de mano en mano. Todo el pueblo estaba enfiestado: lanzaba cohetes y escuchaba la música al máximo volumen, sin importar que en las caballerizas los cuarto de milla y los purasangre se pusieran nerviosos.

Los espectadores de la región se confundían con los narcotraficantes llegados de lejos, y el único indicio de peligro eran las personas armadas que miraban en todas direcciones mientras en los alrededores, recostados o alertas al pie de los árboles, acechaban varios policías municipales. Extrañamente, vigilaban una *narcocarrera* que carecía de todos los permisos. E, incluso después de lo ocurrido ese día, ni las dependencias municipales ni las estatales reconocieron haber mandado guardias al lugar.

—La autoridad reguladora de esos eventos es Gobernación —declararía más tarde Reynaldo Hernández Escobar, secretario de Gobierno del estado, quien añadió no haberse enterado de que allí se habían reunido algunos personajes buscados por la justicia y amigos del gobernador Fidel Herrera Beltrán.

El *Z-14* reía, rodeado de sus hombres y de selectos invitados del norte de Veracruz, Poza Rica, Coatzintla, Tuxpan y el puerto. Entre ellos departían, por ejemplo, Francisco Colorado, conocido como *Pancho Colorado,* un acaudalado contratista de Pemex —aunque a la postre negaría haber asistido—, y no pocos notables de Nuevo León, como Leandro Javier Garza Garza.

Los rancheros, animados, cerveza en ristre, iban y venían por los carriles contando bromas y exclamando con frecuencia: "¡Échame otra, pariente, que el calor está del carajo!" Entre taco y taco corrían también el brandy y el tequila que, aunados a la sofocante temperatura, empezaban a caldear los ánimos.

Oficialmente, los organizadores habían programado cinco carreras. En la última, la estelar, correrían *Huachinango, Huracán* y *Alexander,* tres de los caballos más rápidos de México, según rezaba la propaganda que circulaba por el pueblo. El tercero era propiedad de Efraín Teodoro Torres, quien se decía oriundo de Coatzintla. En las apuestas, la mayor parte de los presentes se volcarían en apoyo del portentoso corcel del *Z-14.*

De estatura mediana, piel morena, pelo raso, fornido como un militar y de maneras toscas, el *Z-14* llevaba ya algunos meses acercándose cada vez más a la gente y alejándose un poco del celoso grupo de gatilleros que lo cuidaban.

—Déjenme un rato solo, quiero convivir con el pueblo —decía tratando de relajarse. Y entonces los pistoleros de su equipo tenían que vigilarlo a la distancia. Para eso habían sido contratados.

Aunque las primeras cuatro justas cerraron sin contratiempos —los ganadores estaban contentos, los perdedores no tanto—, al hallarse próxima la quinta, menudeaban los rostros irritados que espetaban insolencias.

Eran ya cerca de las 6 de la tarde cuando se pusieron en la línea *Huachinango,* originario de Cintalapa, Chiapas; *Huracán,* de Tuxpan, y *Alexander,* programados para correr a cuatro mecates. (Cada mecate representa 100 varas, y cada vara equivale aquí a 1.19 m.) La bolsa: 10 millones de pesos.

Los efectos del alcohol no podían ya ocultarse. Con la voz descompuesta y la mirada extraviada, varios de los asistentes prorrumpían en improperios, entre los cuales sobresalían las mentadas de madre y los retos de revancha.

—No le saques, hijo de puta, te doy la revancha, pero por el doble de lo que perdiste. Atórale, a ver si eres tan cabrón como dices —alcanzaba a articular alguno de ellos.

—En la que viene te voy a chingar; aquí nos vemos la otra semana y vas a perder... —replicaba otro que no podía digerir su derrota.

Para entonces, los apostadores terminaban sus arreglos: que yo voy con 3 millones al *Huachinango,* que yo con 2 al *Huracán,* que yo le entro con 5 al *Alexander...*

Los elementos de la Policía Municipal, bajo el mando del comandante Gerardo Gutiérrez Monraga, no perdían de vista a su cliente, el *Z-14,* a quien brindaban protección.

Huachinango, Huracán y *Alexander* fueron conducidos ceremoniosamente, garbosos, elegantes, al punto de partida. El *Z-14* y su séquito se apostaron cerca del carril, pegados a la meta, donde el cronometrista, nervioso, preparaba el reloj.

¡Y ARRANCAN!

En medio de un creciente murmullo, resonó el disparo de salida.

Los tres dieron la largada con nerviosismo. *Huachinango* tomó ventaja de inmediato. La gente gritaba: "¡Apriétalo, apriétalo!", pero a las primeras de cambio perdió velocidad y fue alcanzado por *Alexander.*

Los partidarios del favorito aplaudían y daban taconazos en la tierra; sus contrincantes apretaban los puños y rechinaban los dientes.

Al aproximarse a la meta, los espectadores se desgañitaban: *Huachinango* y *Alexander* iban parejos.

De pronto se oyó gritar a uno de los espectadores, con voz grave y al parecer inapelable: "¡Ganó *Huachinango*!", "¡Ganó *Huachinango*!", a lo que vecino respondió: "¡Ganó *Alexander*, ganó *Alexander*!"

A ambos se sumaron, divididos, los demás espectadores, empezando por los dueños: había dos caballos "ganadores"... Y, al punto, entre los rostros enardecidos o asombrados, brotó la discusión:

—¡Te gané por media cabeza! —soltó el *Z-14* en medio de la confusión.

—¡Me ganaste madres, págame! —reclamó el propietario de *Huachinango,* con los ojos inyectados y la piel enrojecida.

Las disputas prosiguieron con el apoyo convencido de cada uno de los bandos... hasta que empezaron a brotar las dudas:

—Esto está muy apretado —dijo el fotógrafo contratado para el evento—. Denme media hora, voy ampliar las gráficas originales y regreso para que se decida.

Apenas pasaba de las 6 de la tarde cuando el fotógrafo partió rumbo al puerto de Veracruz...

Mientras tanto, la discusión subía de tono y de repente surgieron los disparos... Pero no provenían de los bandos rivales por la carrera, sino que, de acuerdo con testigos, los primeros balazos salieron del graderío. El autor de aquellas detonaciones era un sujeto de estatura mediana, piel morena, al parecer centroamericano, con dos armas a la vista: un rifle AK-47 y una pistola 9 milímetros.

Su cuerpo se cimbraba con las detonaciones.

De acuerdo con los testimonios, su probable y único objetivo era asesinar al *Z-14* por una vieja deuda. En torno de éste y por todas partes, la gente corría; se escondía detrás de las neveras, las camionetas, los matorrales, mientras los gatilleros de Teodoro y otros al servicio de los narcos disparaban hacia la multitud con la esperanza de parar a aquel "cabrón".

Las balas zumbaban y los presentes, aterrorizados, veían caer un cuerpo y otro y otro hasta que, incrédulos, observaron cómo el invencible *Z-14* manoteaba y se derrumbaba con la vista perdida en medio de una polvareda…

Aún recuerdan esa imagen como una pesadilla. Afirman que varios de los concurrentes fueron muertos en la refriega y que muchos otros gritaban de dolor por las heridas. Calculan que el tiroteo duró una media hora. Los policías que brindaban protección al *Z-14* tomaron partido y, junto con algunos sicarios, arremetieron contra el pistolero que salió del graderío y quienes parecían secundarlo. No cesaron de dispararle hasta que aquella masa humana se desplomó ensangrentada.

En medio de la batalla, los billetes volaban por todas partes. Mientras corrían, numerosas personas trataban de alcanzar algunas fajillas de dólares y billetes esparcidos por el piso. Se asegura que el comandante Gerardo Gutiérrez Monraga (*el Tigre*) y sus hombres se quedaron con la mayor parte: pescaron un maletín con más de 2 millones de dólares, propiedad de uno de los narcos.

En el momento en que partían a toda velocidad los coches y las *trocas,* los guaruras del *Z-14* levantaban a su jefe resollando todavía. Falleció mientras lo transportaban al hospital Milenio, del puerto de Veracruz. Había recibido siete balazos…

El gobierno de Veracruz aseguró que en el enfrentamiento sólo hubo dos muertos: Efraín Teodoro Torres, *el Z-14* —quien también se hacía llamar Roberto Carlos Carmona Casperín—, y el sujeto que desató la balacera y cuya identidad se desconoce. Pero en el pueblo la gente asevera que sobre los carriles había como 10 muertos, subidos a los vehículos por familiares y amigos que los arrastraban como fardos.

Tras la batalla, Villarín lucía desolado. Unas cuantas personas que se quedaron parecían como pasmadas. Nadie quería recordar la carrera ni la balacera, pero observaron que la Policía Intermunicipal tardó dos horas en llegar, cuando el escenario del enfrentamiento había sido "limpiado". Los gendarmes sólo encontraron un reguero de vasos, platos, botellas de licor, manchas de sangre y cientos de casquillos de todos los calibres.

Al empezar a interrogar a los pobladores, éstos, temerosos, decían no saber nada y poco a poco se retiraban a sus casas, a resguardo de la noche.

Ante el silencio, los agentes se dirigieron al hospital Milenio, donde los narcotraficantes rivales se lanzaban amenazas de muerte: Al parecer, se trataba de una lucha entre *Los Zetas* y la *Gente Nueva,* supuestamente ligada al cártel de Sinaloa, que pretendía ajusticiar al *Z-14* y a sus cómplices.

Los sicarios pensaban que Teodoro Torres había ingresado en el hospital con vida. Pero, según el reporte médico, *el Efra* había fallecido en el trayecto de Villarín al nosocomio. Su cuerpo, yerto en una camilla, empezaba a enfriarse y a endurecerse, su rostro perdía color y sus ojos ya estaban vidriosos.

Aun así, la puerta principal de la clínica fue cercada por los gatilleros que habían apoyado al moreno de aspecto centroamericano. Hubo jaloneos e insultos. Querían entrar por la fuerza para rematar a su enemigo. En el hospital cundió la alarma, y los encargados de seguridad llamaron a la policía.

Se esparció el rumor de que dentro de la clínica habían acribillado al *Z-14,* por lo que fueron enviadas las unidades policiacas IB-90 y IB-107, bajo el mando del comandante Jesús Ubieta Bucios y del policía Miguel Ángel Valdez Andrade, respectivamente. Al aproximarse al sitio, procedieron a detener a los sospechosos.

El primero fue José Francisco Mendoza Gómez, oriundo de McAllen, Texas, al que acusaron de haber intervenido en el tiroteo de Villarín. Los agentes intermunicipales persiguieron a otros sospechosos por diversas calles cercanas a la costera de Boca del Río. Al alcanzarlos, vieron que de una bolsa negra sobresalía un objeto metálico.

—¡Policía, policía! ¡Deténganse! —les gritaron.

La respuesta no se hizo esperar:

—¡No saben con quién se están metiendo, hijos de puta! —contestaron y todavía tuvieron tiempo de anunciar:

—¡Se van arrepentir!

Los agentes vencieron el miedo y detuvieron a Hugo Varona Placencia y Eduardo Lagunes Avelar. El primero, de 37 años y oriundo de San Luis Potosí, dijo ser ganadero; el segundo, nativo de Palma Sola, Veracruz, juró dedicarse al comercio.

Durante su aprehensión, uno de ellos arrojó una bolsa de plástico al pavimento. Los policías encontraron dentro una pistola Beretta 9 mm (con mira láser M6 Tactical Iluminator), supuestamente accionada en la balacera de Villarín.

Al no poder ingresar al hospital Milenio, los gatilleros y narcotraficantes se desperdigaron por diversas calles del puerto de Veracruz y del vecino municipio de Boca del Río. Por eso otro de los protagonistas de la confrontación, presunto protector de narcos, fue alcanzado cuando corría por el bulevar Adolfo Ruiz Cortines con una maleta negra. Su nombre: Francisco Javier Villarreal Reyna. Oficio: agente de la Policía Federal Preventiva adscrito a la plaza de Saltillo, Coahuila. Al verlo correr por una céntrica calle del puerto, los agentes le ordenaron detenerse. Por el contrario, Villarreal Reyna aceleró su carrera, al tiempo que gritaba:

—¡Soy policía federal, no me pueden detener!

Pero, al ser alcanzado, se le arrebató una bolsa con dólares y pesos, medicamentos (Dolo-Neurobión), varios celulares y una publicidad impresa con la leyenda "Primer cañonazo 2007".

Fue puesto a disposición de las autoridades del Ministerio Público del Fuero Común, donde horas antes habían ingresado otros presuntos implicados: Sergio Humberto de la Garza Almazán y Leandro Garza Garza.

Días después, todos ellos fueron entregados a la Procuraduría General de la República (PGR).

Pero ni en Villarín ni en las corporaciones policiacas nadie sabe nada de la suerte de aquel fotógrafo que, en medio de las airadas disputas, prometió volver con las imágenes de la carrera. Nunca regresó...

Sepultura exprés

El cuerpo del *Z-14* fue llevado al Servicio Médico Forense (Semefo) de Boca del Río, con tan mala fortuna que sobre una plancha de concreto fue colocado justamente a un lado del cadáver de su asesino. El hombre que había iniciado los disparos en Villarín lucía tatuadas en el pecho las figuras estilizadas de un dragón y una mujer. Como no había imágenes ni registros de él en los archivos, allí fue mantenido varios días, en espera de que algún amigo o familiar llegara por el cuerpo. En virtud de que nadie lo reclamó, vencido el plazo legal fue arrojado a la fosa común en calidad de desconocido.

En cuanto al *Z-14,* tardó al menos un par de días en ser reconocido por *presuntos* familiares. La prensa veracruzana, alimentada por rumores, había complicado aún más su identificación. Aseguraban que se trataba del mismísimo Heriberto Lazcano Lazcano, *el Z-3,* máximo jefe del grupo armado *Los Zetas,* quien había desertado del Ejército a fines de los noventa para llegar hasta la cumbre del círculo protector del cártel del Golfo. Como era uno de los hombres más buscados por la justicia mexicana, la propia PGR se puso a investigar si en efecto aquél era el cadáver de Lazcano. El dato resultó falso. "Heriberto Lazcano está vivo", concluyó la PGR, y sigue siendo el jefe supremo de *Los Zetas.*

En vez de ayudar, las autoridades veracruzanas multiplicaron las dudas, no sólo por los datos que filtraban a la prensa, sino por la displicencia mostrada para deshacerse del "bulto". Resulta que dos días después de que el cadáver del *Z-14* fuese alojado en el Semefo, llegó una mujer que se identificó como Julia Casperín Zapata.

—Quiero que me entreguen a mi hijo. Yo soy su madre —dijo la mujer blandiendo su credencial de elector.

Los responsables del Semefo le hicieron algunas preguntas. Ella respondió que era originaria de Catemaco, Veracruz, con domicilio en calle Oriente sin número; que su hijo se dedicaba a la compra y venta de caballos, borregos y vacas, y que la última vez que lo vio había sido el 31 de diciembre de 2006.

La explicación fue suficiente para convencer a las autoridades forenses de que el cuerpo de quien llegó identificado como Efraín Teodoro Torres, alias el *Z-14,* correspondía en realidad a Roberto Carlos Carmona Casperín, y de que aquella mujer era su mamá.

—Entreguen el cadáver —ordenaron sin rodeos.

Cubiertos los trámites, Julia Casperín contrató los servicios de una funeraria, mientras que otro supuesto familiar del occiso, José Juan Salazar Cruz, preparaba una tumba en el panteón Jardines de los Ángeles, de Poza Rica. Adquirió el lote 590 M-B, a un precio de 26 mil pesos.

Contra las arraigadas costumbres y tradiciones veracruzanas, el cadáver del *Z-14* no fue velado; tampoco le rezaron el rosario para "levantar su sombra" y despedirlo. A toda prisa, el cuerpo fue trasladado a Poza Rica para depositarlo en la cripta que, horas antes, se había comprado.

El lunes 5 de marzo fue así inhumado el cuerpo del *Z-14,* bajo el nombre de Roberto Carlos Carmona Casperín. En el entierro no hubo multitudes ni lágrimas; era una fría despedida con arreglos florales y ceremonia a cargo de la funeraria. Al descender el féretro, los trabajadores cerraron con rapidez la sepultura, y en el panteón volvió a imperar el silencio. Afuera, en la puerta principal, sólo permaneció don Inocencio Ruiz González, vigilante del cementerio.

Pero el *Z-14* no descansaría en paz.

Cerca de la medianoche del martes 6, don Inocencio, el velador, se despertó sobresaltado por el ruido de un vehículo que se aproximaba. Tomó su lámpara de mano e, intrigado, se acercó a la puerta. El miedo crudo lo asaltó al ver que de aquella carroza descendían abruptamente cuatro sujetos encapuchados y armados con fusiles AK-47.

—¡Abre la puerta! —le ordenaron.

—¿Quiénes son ustedes? ¿Qué quieren? —preguntaba don Inocencio con voz temblorosa.

—¡Que abras, hijo de la chingada! —fue la respuesta mientras lo encañonaban.

El velador abrió la reja haciendo tremolar las cadenas. Los cuatro sujetos le ataron las manos con una cuerda y se internaron en el camposanto. Cuando él les señaló la tumba del supuesto Efraín Teodoro Torres, los intrusos deshicieron los arreglos florales a punta de palos y marros, despedazaron la lápida y sacaron la tierra. Al descubrir el féretro, extrajeron la caja metálica, la subieron a la carroza y se perdieron en las sombras…

Casi paralizado, el velador ya no pudo dormir, según declaró posteriormente. Esperó que amaneciera y a las 7 de la mañana del 7 de marzo acudió ante las autoridades locales para denunciar lo sucedido. Con base en su testimonio, la Subprocuraduría de Poza Rica inició las investigaciones e integró la averiguación previa PZR3/266/07 por el delito de exhumación clandestina.

Pero el principal sospechoso resultó ser el propio vigilante del panteón… por no haber avisado pronto al responsable del mismo, Víctor Meza Ayala, sobre la profanación de la tumba y el robo del ataúd.

Ajustes de cuentas

El misterio que envuelve el caso de Efraín Teodoro Torres es todavía mayor debido a que su muerte y la extraña desaparición de su cuerpo fueron seguidas de una oleada de ejecuciones en el estado de Veracruz: las matanzas se intensificaron. Varias de las víctimas fueron muertas a tiros y "encobijadas", y otras decapitadas al nuevo estilo de la mafia.

Cuando apenas habían transcurrido 14 días de la balacera de Villarín, un grupo de policías intermunicipales de Boca del Río —otrora asiento del cártel de Juárez bajo el mando de Albino Quintero Meraz, *Don Beto*— fueron baleados por un comando que al parecer pertenecía al cártel del Golfo, en un ataque considerado como un claro "cobro de factura" de *Los Zetas* por los incumplimientos policiacos.

El 17 de marzo, una patrulla de la policía local detuvo su marcha cerca de una gasolinera ubicada en céntrica avenida de la ciudad. Los agentes descendieron de su vehículo muy quitados de la pena, sin advertir que un grupo de gatilleros los estaba "cazando".

El comando aprovechó la distracción y desenfado de los agentes para arremeter con una ráfaga tan sorpresiva como inclemente. Las balas silbaban por todas partes, dijeron los testigos, quienes aquella tarde corrieron a buscar refugio al ver cómo los policías Miguel Ángel de Jesús Bencomo, Joaquín Cueto Herrera y el comandante Gerardo Gutiérrez Monraga se desplomaban retorciéndose a un lado de su patrulla, antes de recibir el tiro de gracia, en tanto que su sangre se mezclaba en una verdadera charca.

Se trataba, de acuerdo con la principal hipótesis de las investigaciones de la Procuraduría del Estado, del "cobro" de una "deuda" reciente de Gutiérrez Monraga. La versión consiste en que el comandante había pactado con la mafia liberar a los presuntos narcos detenidos dentro y fuera del hospital Milenio, a cambio del maletín de billetes que se llevó de Villarín. Nunca, dicen, atendió los repetidos mensajes de *Los Zetas:*

—Si no vas a soltar a la gente, devuelve el dinero.

Se afirma que, debido a que Gutiérrez Monraga fue incapaz de liberar a los detenidos relacionados con el caso, un emisario de ese grupo criminal, cuyo nombre no se ha dado a conocer, se entrevistó con un alto funcionario del gobierno de Veracruz en una oficina de Plaza de las Américas. Su propósito era recuperar el maletín con 2 millones de dólares. Ante su interlocutor, reclamó el dinero con estas palabras:

—A mí me vale verga lo demás —dijo en referencia a las *vendettas* y secuelas de violencia derivadas de la carrera de caballos—: yo sólo quiero que me devuelvan mi dinero.

De manera que el grupo de sicarios de *Los Zetas* ajustó cuentas con Gutiérrez Monraga. Tras acribillarlo con sus acompañantes, arrancaron a toda velocidad en una camioneta con placas de Tamaulipas. Los disparos, según testigos de la ejecución, continuaron a lo largo de varias calles, pues la comandancia general de la Policía Intermunicipal de Boca del Río había ordenado un operativo para detener o matar a los sicarios.

En su loca huida, los narcotraficantes tomaron la avenida Ejército Mexicano y, a menos de un kilómetro de la zona militar conocida como *La Boticaria,* cerca de la Plaza de las Américas, chocaron contra un auto que era conducido por Jorge Fernández. Un civil ajeno a la trifulca murió tras el impacto. Más adelante, los sicarios abandonaron el vehículo y se refugiaron en una casa, a la que entraron por la fuerza, con las armas en las manos y, sin pensarlo dos veces, le dispararon a Higinio Yépez Casarini, quien estaba cómodamente sentado en la sala viendo un partido de futbol. Aparentemente, sólo querían asustarlo e inmovilizarlo.

Al llegar los policías a la vivienda, ubicada sobre la avenida Ejército Mexicano, los narcos ya se habían marchado. Desorientados, los agentes intermunicipales buscaban a los sicarios por todas partes, mientras algunos testigos les decían: "Se fueron por allá", señalando un caserío situado a pocos metros rumbo al sur, en tanto que otros aseguraban: "Los vimos correr para acá", apuntando al lado opuesto.

Como los policías consideraron que no podían regresar a la comandancia derrotados y con las manos vacías, tuvieron la gran idea de detener a Yépez Casarini y al resto de su familia —su padre y un hermano— como presuntos cómplices de *Los Zetas* que irrumpieron en su hogar. Fueron internados en el penal Ignacio Allende del puerto de Veracruz. Días después, tras acreditarse su inocencia, quedaron en libertad.

Pero las secuelas de la *narcocarrera* y del desvanecimiento de pruebas no pararon allí. Los interesados en desaparecer todos los rastros de Efraín Teodoro Torres también se dieron a la tarea de asesinar a Rafael Olivares Posadas, quien se encargó de sus funerales y de llevar el cuerpo al panteón de Poza Rica.

En el corazón del famoso barrio de la Huaca se internó, el 7 de marzo, un hombre armado que se detuvo en el número 284 de la calle Manuel Doblado. Era el domicilio de Funerales Olivares. En las oficinas, el desconocido preguntó por el dueño.

—Quiero hablar con el señor Rafael Olivares —le dijo a la secretaria.

—Ahorita sale. ¿Quién lo busca? —preguntó.

—Un cliente —respondió el pistolero.

En cuanto Rafael Olivares apareció en la puerta de su despacho, el sicario le disparó dos balazos: uno le dio en el pecho y otro en la espalda. El cuerpo de Olivares se desplomó al mismo tiempo que el gatillero emprendía la huida.

Y dos semanas más tarde, el 27 de marzo, el día rompió con una sorpresa: cerca de las instalaciones de Televisión de Veracruz (Telever), la filial de Televisa, la gente que circulaba por la avenida Salvador Díaz Mirón para dejar a sus hijos en las escuelas se vio estremecida por un hecho macabro:

Dos cuerpos envueltos en una sábana yacían sobre el pavimento. Correspondían a Víctor Manuel Pérez Rocha y Jesús Arano Servín, presuntos integrantes de *Los Zetas*. El Servicio Médico Forense confirmó que uno de los narcotraficantes murió por asfixia. El otro fue degollado, al parecer, con una sierra eléctrica.

Fue mediante un video, transmitido antes de cumplirse 24 horas del levantamiento de los cuerpos, como se conoció la identidad de los ejecutados. Según las investigaciones, varios días antes Pérez Rocha y Arano Servín habían sido secuestrados por sicarios de *Gente Nueva*, célula del cártel de Sinaloa asentada en el Golfo de México.

Luego los llevaron a una casa de seguridad y los ataron de pies y manos. Lo que siguió fue un largo interrogatorio que fue filmado y distribuido por los propios narcotraficantes a Televisa y Televisión Azteca.

En el video se observa que los sicarios son sometidos a un interrogatorio brutal por parte de sus captores, quienes visten un atuendo militar y llevan el rostro cubierto con pasamontañas. Pérez Rocha y Arano Servín no soportan la tortura y, además de revelar que son miembros de *Los Zetas*, afirman que toda la policía, tanto del puerto de Veracruz como de Boca del Río, está relacionada con ellos mediante el pago de cuotas.

La lista de sus cómplices incluye, según su versión, a Francisco Echeverría, jefe de la Agencia Federal de Investigación en Veracruz, a quien en el video sólo identifican como Echeverría o *Yanqui*.

Allí revelan también el móvil de la ejecución del comandante Gerardo Gutiérrez Monraga: *Porque no cumplió el compromiso de dejar en libertad a los muchachos que llegaron a la clínica Milenio* el 3 de marzo.

En el video *Los Zetas* mencionan a otros de sus cómplices, todos policías: *El comandante Miranda, el comandante Xicoténcatl* y otro a quien sólo se refieren como *el Tiburón* y que, de acuerdo con las indagatorias, responde al nombre de Jorge Iván Costilla.

No es todo: durante el interrogatorio videograbado salieron a relucir los nombres de varios periodistas de Telever y del periódico *Notiver*.

Esto generó honda preocupación en la prensa veracruzana, porque el 3 de mayo fue "levantado" Álvaro Hernández Malpica, de 29 años de edad, presunto distribuidor de drogas. Parte de su cuerpo descuartizado fue tirado cerca de un bar, en Boca del Río. Sus brazos aparecieron en lugares diferentes y su cabeza fue arrojada, desde un carro en movimiento, a la puerta principal de *Notiver*, con un mensaje de muerte contra reporteros de ese diario...

Sea cual fuere la verdadera identidad del *Z-14*, Efraín Teodoro Torres o Roberto Carlos Carmona Casperín —la PGR lo identificó con ambos nombres, mientras que el Servicio Médico Forense lo entregó bajo el segundo—, así como las causas del robo del cadáver y del ataque que segó la vida del dueño de la funeraria, la eficiente estructura administrativa del alto mando de *Los Zetas* dispuso de inmediato su reemplazo en Veracruz:

El nuevo jefe de *Los Zetas* en el estado se llama Miguel Treviño Morales, alias *el Z-40*, quien probablemente sepa más que las autoridades veracruzanas sobre las andanzas del cadáver de su antecesor... que aún no puede descansar en paz.

Epílogo

Después de poco más de cuatro años de guerra para abatir el crimen organizado, y en particular el narcotráfico, su expresión más violenta, las estructuras del narco y su nervio financiero siguen intocadas, como queda demostrado a lo largo de las páginas de este libro. De nada o de muy poco ha servido el despliegue militar a lo largo y ancho del país, pues la mafia se mantiene incólume y una vez más se demuestra que a las organizaciones criminales no se les puede derrotar sólo por medio de la represión. A la guerra de Calderón le faltaron muchos instrumentos que no quiso o no supo utilizar. El guerrero no supo pelear, eso nadie lo duda a estas alturas del sexenio. El enemigo resultó más poderoso. Calderón pasa a la historia como un presidente sin visión de Estado, encasillado en una tarea de gobierno monolítica —la guerra contra el narcotráfico— mientras el país se hundió en corrupción, desatención social, atrasos educativos, conflictos sindicales, graves problemas de salud y todo lo que desaten sus yerros y desatinos, cuyos efectos se resentirán más adelante. Sería exagerado afirmar que la lucha contra el narcotráfico resultó una farsa, pero por desgracia el estado en el que se encuentra el país raya esa realidad. La cruzada para derrotar al crimen organizado no pudo resolver nada de lo que Calderón se trazó al asumir el poder en diciembre de 2006: ahí siguen los cárteles de la droga en jauja, extendiendo sus redes hacia otros países de Centro y Sudamérica; ahí continúan, impunes, los capos emblemáticos del narcotráfico en México: Joaquín *el Chapo* Guzmán, jefe del cártel de Sinaloa; Ismael Zambada García, *el Mayo*, quien se dio el lujo de declararle a Julio Scherer García, el periodista más prestigiado de México y fundador del semanario *Proceso*, que si él faltase todo seguiría igual (en el narco). La entrevista a Zambada fue tomada por el poder central como una ofensa, pues no se explica —a menos que exista una velada protección— cómo es posible que nadie pueda localizar al capo más buscado del mundo, y que Scherer lo haya ubicado para dialogar con él. Ahí permanecen, intocados, los capitales del narco y sus testaferros. La lucha contra el crimen partió de un objetivo: garantizar la seguridad del país y rescatar los espacios públicos. Nada se ha cumplido. Todo el país está violentado y no existe un solo espacio libre de tensión por la violencia del narcotráfico. En más de cuatro años de gobierno se contabilizan 40 mil muertos, cifra sin parangón en los episodios de violencia de las dos últimas décadas. Con razón el hartazgo invade a buena parte de la sociedad que empieza a organizarse en torno al poeta Javier Sicilia, quien después de perder a su hijo, asesinado por criminales sin deberla ni temerla, emprendió la lucha de levantar un movimiento social en contra de la violencia y acuñando la frase mexicana que se ha convertido en un grito nacional: "¡Ya estamos hasta la madre!" En este México de guerra todo se ha convertido en caos. El combate delincuencial ha golpeado con sus nudillos criminales el corazón de muchas familias. Y es que el narcotráfico creció vertiginosamente en estos cuatro años y dejó ver su saña implacable. Incorporó a su abanico delictivo otras actividades ilegales que han lastimado directamente a la sociedad. Por todos lados hay denuncias de extorsiones, despojos con violencia, cobro de cuotas por parte de los grupos del narco, presiones a comerciantes pequeños y grandes para vender droga, secuestros, "levantones", asesinatos, amenazas contra periodistas, crímenes de comunicadores, presiones contra los medios de comunicación críticos, horror y más horror. Todos los días los periódicos abren sus páginas con noticias de violencia: que 10 ejecutados en Sinaloa; que 15 asesinatos en Nuevo León; que otros cinco muertos en Veracruz; que apareció un decapitado, que descuartizaron a otros tantos en Tijuana… Esta barbarie no parece tener fin, pues a la violencia cotidiana se suma el hallazgo de cientos de personas (migrantes todos ellos) que fueron secuestradas, posteriormente asesinadas por el crimen organizado y sepultadas en fosas clandestinas en San Fernando, Tamaulipas, que comenzaron a destaparse para rescatar los cuerpos de estas víctimas y así proceder a entregarlos a sus familiares.

La guerra de Calderón, como puede verse, no ha garantizado la seguridad a nadie. Su gobierno, penetrado por la mafia y totalmente desarticulado, no tiene capacidad para garantizarle a la sociedad ni la vida ni el patrimonio. Lo peor de todo es que las redes criminales en México se extienden, cada vez con mayor poder, en todo el país y más allá del territorio nacional. Poderoso e imbatible, ahora el narcotráfico le disputa al gobierno el control territorial. Mediante el financiamiento, los narcotraficantes han logrado hacerse del poder político en municipios y entidades federativas. Nadie duda de que el narco legisla en muchos estados de México, que gobierna en municipios y que se aprestan, apoyados en el dinero, la impunidad y el poder, a tomar participación en otros niveles de la política mexicana.

No hay manera de frenar al narco ni a su violencia. Han transcurrido más de cuatro años de guerra y 12 cárteles están de pie. Si bien muchos de estos grupos han perdido a sus cabecillas, lo cierto es que siguen operando como si nada hubiera pasado. Se trata de los cárteles de Sinaloa, Golfo, Tijuana, Juárez, *Zetas*, *La Familia* michoacana, Milenio, Pacífico Sur, Organización Díaz Parada, La Resistencia, cártel de Guadalajara Nueva Generación y los hermanos Amezcua Contreras.

Con sus redes intocadas, los tentáculos de estas organizaciones criminales controlan a buena parte del personal estratégico que opera en las 48 aduanas del país; están infiltrados en los puertos, aeropuertos y en todas las policías del país —a esa corrupción no ha sido ajeno el Ejército— tanto federales, estatales y municipales. Tan fuerte es el control que ejercen en estados y municipios, que los cuerpos policiacos han terminado al servicio del narcotráfico y se erigen ya como un cártel más, responsable de brindar protección a las bandas delictivas.

El problema de la corrupción policiaca fue una limitante para utilizar a los cuerpos de policía en el combate al narcotráfico, pero no se ha resuelto. Es lamentable que en cada cargamento que se asegura, en cada crimen que se comete con frecuencia aparecen policías en funciones de delincuentes o bien brindando protección a las bandas.

La de México, sin duda, es una descomposición terrible. Sin rumbo, sin gobierno, a merced del crimen organizado, no parecen existir posibilidades de solución si no se cambia la estrategia de combate y se mira hacia otros aspectos de la vida nacional —educación, atención social, entre otros— hoy abandonados por el régimen de Calderón.

Lo grave de todo es que el narcotráfico —y todas las modalidades criminales— forman parte de una historia abierta en la que todo puede ocurrir. Quizá lo peor esté por venir, quizá lo peor ya pasó. Nadie lo sabe. Lo cierto es que Felipe Calderón precipitó a México a la desgracia y el país sigue en caída libre, en una pobreza cada vez más aguda y atenazado por la violencia atroz que nadie puede frenar.

RICARDO RAVELO
Mayo de 2011

Índice onomástico